Florenz
Ein Reisebuch

W0066689

Syndikat

An diesem Buch haben mitgearbeitet: Willi Adelmann, Hermann Albertus, Guido Boulboullé, Dietmar Dörfel, Amadeus Gehlert, Heinz-Jürgen Gerke, Kornelia von Hammel, Hanna Herlyn, Norbert Lorenz, Birgit Müller, Michael Müller, Regina Peters, Evelyn Schreiber und Manfred Smiatek.

Die Redaktion besorgten Guido Boulboullé, Heinz-Jürgen Gerke, Norbert Lorenz und Michael Müller.

CIP-Kurztitelaufnahme der Deutschen Bibliothek

Florenz : e. Reisebuch / [an diesem Buch haben
mitgearbeitet: Willi Adelmann . . . Die Red.
besorgten Guido Boulboullé . . .]. – Frankfurt
am Main : Syndikat, 1982.
  ISBN 3-8108-0203-4
NE: Adelmann, Willi [Mitverf.]

Dritte Auflage 1983
© Syndikat Autoren- und Verlagsgesellschaft, Frankfurt am Main 1982
Alle Rechte vorbehalten
Motiv: Ausschnitt aus einem Fresko Ghirlandaios, *Heimsuchung der Maria*
(Abb. 107); nach einer Idee von Eva Maek-Gérard
Umschlaggestaltung nach Entwürfen von Rambow, Lienemeyer, van de Sand
Produktion: Klaus Langhoff, Friedrichsdorf
Reproduktionen: Reprotechnik D. Wörn & Co., Frankfurt am Main
Gesamtherstellung: Georg Wagner KG, Nördlingen
Printed in Germany
ISBN 3-8108-0203-4

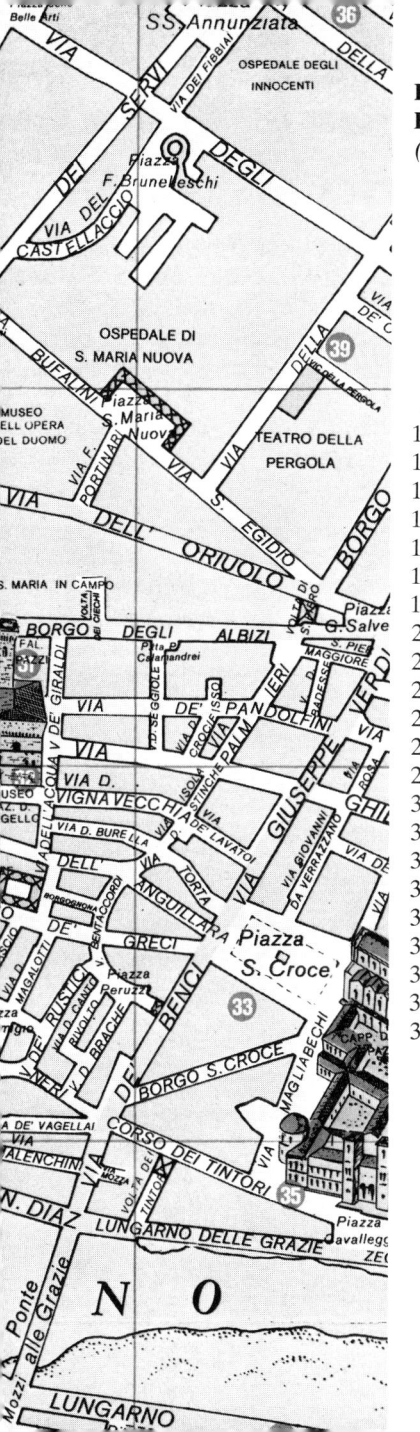

FLORENZ –
Historisches Zentrum
(Maßstab 1:6000)

Seit Giovanni Villanis großer Florenz-Chronik ist die Literatur über diese Stadt derart angewachsen, daß sich allein die Aufzählung aller Schriften leicht zu einem neuen Buch zusammenfassen ließe. Der Gegenstand aber, die Stadt mit ihrer Geschichte, ist keineswegs durchschaubarer geworden. In der Fülle der Literatur spiegelt sich eine nicht mehr zu überblickende Fülle des Materials.

Die Autoren dieses Reisebuchs hat vor allem interessiert, was man eigentlich über Florenz wissen muß und wie man mit diesem Wissen *vor Ort* umgeht. Entstanden ist dabei kein gewöhnlicher Kunst- oder Reiseführer, sondern ein Geschichtenbuch, das, ausgehend von einem Kunstwerk oder einem historischen Geschehen, versucht, den Zusammenhang von künstlerisch-kulturellen Leistungen der Stadt mit den in ihr wirksam gewesenen politischen, sozialen und wirtschaftlichen Kräften vor Augen zu führen.

Inhalt

Vorwort

Florenz war bereits um das Jahr 1300 so bedeutend und eindrucksvoll, daß ein gewisser *Giovanni Villani,* geradewegs von einer Pilgerfahrt aus Rom nach Florenz zurückgekehrt, begeistert notierte: »Rom versinkt, meine Vaterstadt aber steigt empor und ist bereit, große Dinge auszuführen; und darum habe ich ihre ganze Vergangenheit aufzeichnen wollen und gedenke damit fortzufahren bis in die Gegenwart« (Abb. 1).

1. Florenz, Ende des 15. Jahrhunderts.

Villani hat sein Wort gehalten. Und so verdanken wir ihm eine der ersten und die zugleich bedeutendste Chronik von Florenz. Sie beginnt mit dem Turmbau zu Babel, um dann aber rasch in mehreren Büchern die wechselreichen Ereignisse von Florenz zu erzählen. Villani starb 1348 als eines der unzähligen Opfer der in diesem Jahr in Florenz wütenden Pest.

Seither ist die Literatur über diese Stadt derart angewachsen, daß sich allein die Aufzählung aller Schriften leicht zu einem neuen Buch zusammenfassen ließe. Der Gegenstand aber, die Stadt mit ihrer Geschichte, ist damit keineswegs durchschaubarer geworden. In der Fülle der Literatur spiegelt sich eine nicht mehr zu überblickende Fülle des Materials. So benötigte *Robert Davidsohn* nicht weniger als dreißig Jahre, um seine *Geschichte von Florenz* abschließen zu können. Diese zwischen 1896 und 1927 geschriebene Kulturgeschichte ist wohl immer noch das umfassendste und an verschiedenem Material reichste Werk über Florenz. Die lebendige Art, mit der Davidsohn die damaligen Verhältnisse in dieser Stadt beschreibt, war der Anlaß, ihn in unserem Reisebuch öfters zu Worte kommen zu lassen.

Wie die Chronik jenes Villani, so entstand auch unser Buch aus einer Fahrt.* Sie ist nicht zu vergleichen mit der eines Pilgers, obwohl wir nicht ausschließen, daß sie das für den einen oder anderen Kunstliebhaber durchaus sein kann: Es ist die Rede von einer Reise nach Florenz.

Auf dieser Reise wurde uns deutlich, wie wenig sich der erdrückende Vorrat an ausgebreitetem Wissen *vor Ort* eignet, die Geschichte von Florenz, die ihrer Menschen und ihrer Kunstwerke anschaulich nachzuvollziehen. Mit der keineswegs einheitlichen Tradition der Florenz-Literatur hat unser Buch deshalb nur insoweit etwas gemeinsam, als es ohne die darin zusammengetragenen Dokumente und Überlegungen gar nicht hätte geschrieben werden können. Was aber die Anwendung dieses Wissens während eines Florenz-Aufenthalts betrifft, so will unser Reisebuch kein gewöhnlicher Kunst- und Reiseführer sein.

Kern des Buches sind verschiedene Geschichten. Als Bruchstücke einer Geschichte konzentrieren sie sich auf die Zeit zwischen dem späten 13. und dem 16. Jahrhundert.

Ausgehend von einem Kunstwerk, wie Michelangelos *David,* oder einem politischen, sozialen Geschehen, wie dem Aufstand der Florentiner Wolltucharbeiter 1378, oder der *Verbrennung der Eitelkeiten* durch den Dominikanermönch Savonarola 1497, haben wir diese Geschichten aufgeschrieben. Dabei bemühten wir uns, in das komplizierte Beziehungsgeflecht zwischen den künstlerisch-kulturellen Leistungen dieser Stadt und den in ihr wirksam gewesenen politischen, sozialen und wirtschaftlichen Verhältnissen etwas Licht zu bringen.

Nur selten lassen sich die einzelnen Geschichten eindeutig miteinander verbinden. Eine Kontinuität oder Geschlossenheit der historischen und künstlerischen Ereignisse haben wir nicht herstellen wollen. Auch dürfte

---

* Das vorliegende Reisebuch ist aus einer im Frühjahr 1980 von Hochschullehrern und Studenten des Studiengangs »Kunst/Visuelle Kommunikation« der Universität Bremen durchgeführten Studienfahrt nach Florenz hervorgegangen.

Wir möchten an dieser Stelle allen danken, die uns geholfen haben; vor allem Sigrid Wenzel, Inge Brüggemann und Marese Biron für ihre Schreibarbeiten.

es schwer sein, derartiges in Florenz wiederzufinden. Geschichte hinterläßt nun einmal – gerade in einer Stadt – mehr Brüche und Zerstörungen als Zusammenhänge.

Gleichwohl haben sich beim Aufbau des Buches sieben Schwerpunkte herausgebildet, die helfen, das Material zu ordnen. Unsere *Stadtansichten* leiten dazu über, sich näher mit Florenz zu befassen: Herumlaufen, Sehen, Eindrücke sammeln. Es geht um die räumliche Erscheinung der Straßen und Plätze und um die Bedeutung einiger ihrer Bauwerke – um Geschichte, wie sie in und an den Bauten, den Mauern und den Räumen der Stadt ablesbar wird. Danach wollen wir versuchen, die vielen Eindrücke ein wenig zu ordnen, das »Unterschiedliche zum Ganzen« verbinden, wie es der städtebauliche und politische Anspruch der Kaufleute und der sie repräsentierenden Stadtregierung in Florenz gewesen ist. Wir fragten uns, wie sich gerade in Florenz das so frühe Zustandekommen der vielfach gerühmten *Einmaligkeit des frühbürgerlichen Stadtlebens* erklärt.

Im fünften Abschnitt des Reisebuchs kommen zwei *Augenzeugen* zu Wort. Sie berichten vom Leben in Florenz zur Zeit der großen Pest 1348 und von den Lebens- und Arbeitsverhältnissen eines Wolltucharbeiters etwa um das Jahr 1380. Da Unruhen in der Stadt häufig durch schlechte Versorgung mit Nahrungsmitteln, insbesondere Brot, ausgelöst wurden, werden wir in diesem Abschnitt auch erzählen, *wer* in Florenz *was* zu essen hatte und was wir selbst dort heute essen können.

Kunst als Medium politischer Herrschaft und repräsentativer Macht- und Prachtentfaltung ist Gegenstand der beiden letzten Kapitel des Buches. Unter der Herrschaft der Medici entsteht im 15. Jahrhundert eine Kultur, die neben ihrer frühbürgerlichen Herkunft deutlich Züge einer bereits *höfischen* Kultur und Kunst annimmt. In der Loslösung der Bildenden Künste aus ihrer handwerklichen Zunftzugehörigkeit und in der bevorzugten esoterischen Beschäftigung mit Fragen der Poesie, der Schönheit und der Philosophie, draußen in den Villen der Medici, bahnt sich die Entfremdung der Kunst vom Volk, dem *Popolo,* an.

Die Antwort auf ein Leben, das sich der Muße und dem Reichtum verschrieben hat, gibt der Dominikanermönch *Girolamo Savonarola.* Seit Juli 1491 Prior der Klosterkirche *San Marco,* wird er zum politischen Gegenspieler von *Lorenzo de' Medici.*

Wie geht man mit der Kunst um in Florenz? Wie sind die Florentiner mit ihr umgegangen? Wie das im 15. und 16. Jahrhundert aussah, wird uns ausführlich beschäftigen.

Masaccios *Zinsgroschen,* ein zwischen 1425 und 1427 ausgeführtes Fresko in der *Brancacci*-Kapelle der Kirche *Santa Maria del Carmine,* wird abschließend noch einmal an die so radikal neue Aussagekraft der frühbürgerlichen Malerei in Florenz erinnern.

Für uns, die wir fremd nach Florenz kommen, ist es nicht leicht zu

verstehen, daß und wie die Stadt, angesichts ihres heutigen Charakters –
»Florenz, die Stadt der Künste« –, vormals von lebendigen und arbeitenden Menschen gestaltet wurde. Der bloße Anblick der Kunstwerke, um derentwillen täglich, von April bis Oktober, Tausende durch
die Straßen und Museen geführt werden, hilft da wenig. Aber wie soll
man sich dem entziehen und es anders machen?

Das Problem der Einzel- und Gruppenreisen hat es wohl auch schon
früher gegeben. So gab man Ende des 16. Jahrhunderts dem Reisenden
die Empfehlung mit auf den Weg, nicht alleine und nicht in einer zu
großen Gruppe zu reisen: »Er möge zuverlässige, treue Kameraden
wählen, die die gleichen Zwecke und Studien verfolgen; ihre Zahl soll die
der Grazien (3) erreichen, aber die der Musen (9) nicht übersteigen: Die
Menge soll die Reise nicht beschwerlich, und die geringe Zahl sie nicht
unsicher machen« (Abb. 2).

Nun ist Florenz heute alles andere als eine unlebendige oder gar tote
Stadt. Es wimmelt im Zentrum nur so von Menschen. Und trotz der seit
einigen Jahren eingerichteten Fußgängerzonen, der Schwierigkeit, ohne
besondere polizeiliche Erlaubnis tagsüber mit dem Wagen ins Innere der
Stadt zu fahren, ist der Autoverkehr immer noch unerträglich. Vor allem
abends, nach 22.00 Uhr, wenn Kino- und Theatervorstellungen beendet
sind, gibt es kein Durchkommen.
Die Stadt strengt an. Nicht selten hörten wir von Florenz-Besuchern, die
mit besten Vorsätzen dorthin kamen, daß sie schon am übernächsten Tag
wieder abreisten.
Auch ist der Vorwurf nicht übertrieben, daß die Lebendigkeit der Stadt
in ihrem Innern sich einzig der Anwesenheit der unzähligen Touristen
verdankt. Das Zentrum lebt von ihnen.
Von Ernst Bloch stammt der schöne Satz: »Nichts ist in der Fremde
exotisch als der Fremde selbst«. Florenz hat von dieser Exotik mehr als
einem lieb sein kann. Sich von ihr frei zu machen und eine Beziehung zur
Stadt aufzubauen, aus der ein Verstehen hervorgehen könnte, stößt
allenthalben auf Widerstände. Es ist aber nicht so sehr der Massentou-
rismus, der Unbehagen auslöst, sondern die Art und Weise, wie das
Interesse an Geschichte und Kunst vermarktet und umgebogen wird.
Bezeichnenderweise wird dieses Interesse auf den ausgetretenen Bahnen
eines esoterischen bürgerlichen Bildungsanspruchs hin und her bewegt,
von einem großen Kunstwerk zum anderen. Unser »Brückenbeispiel«
zeigt das (Abb. 3a/3b/3c). Eine solche Betrachtungsweise suggeriert
einen willkürlichen Zusammenhang. Mit der sozialen und kulturellen
Struktur der Stadt hat er nur die Gegenstände gemein. Das dabei
vermittelte Wissen ist bestes Herrschaftswissen. Und die Stadt kommt

2. Andrea del Verrocchio, »Christus und der ungläubige Thomas« (1465-1483), Orsanmichele.

dem in ihren meist selbstgefälligen, Kunst nur darstellenden und nicht erklärenden Ausstellungen entgegen. Der Besucher ist eingeschüchtert, in Staunen und fälschliche Bewunderung versetzt.
Keine Chance also, sich in diesem Kunstvermittlungsangebot auch einmal selbst zu begreifen; Fragen zu entwickeln und zu stellen. Kein Blick und keine Zeit für das scheinbar Nebensächliche; kaum Gelegenheit, über das Gesehene nachzudenken. Die Erfahrungen, die wir bei dem Versuch, ein solch fremdbestimmtes Verhalten zu durchbrechen, mit Reise- und Kunstführern machten, waren enttäuschend und ärgerlich.

Sicherlich kann man sich wie Guy de Maupassant in Florenz an der »bezaubernden Wanderung durch einen Wald von Kunstwerken« berauschen (in *La vie errante,* 1890). Es kann aber ebensowenig bestritten werden, daß diese Einstellung dazu führt, vor lauter Bäumen – sprich: Kunstwerken – den Wald – sprich: den gesellschaftlichen und kulturellen Zusammenhang – aus den Augen zu verlieren.

Der Hamburger Kunst- und Kulturhistoriker Aby Warburg hatte die Kultur der Frührenaissance in Florenz und deren geschmäcklerische Behandlung durch Kunsthistoriker und Bildungsreisende seiner Zeit vor Augen, als er zu Beginn unseres Jahrhunderts den Vorschlag machte, die

3a. Die Brücke Santa Trinita, aufgenommen um 15.40.

3b. Die Brücke Ponte Vecchio, aufgenommen um 15.40.

3c. Die Brücke Ponte delle Grazie, aufgenommen um 15.40.

Beschäftigung mit den *sichtbaren Werken* der Kulturgeschichte als ein *Sichwiedererinnern* zu begreifen. Und Warburg wollte unter sichtbaren Werken nicht nur die Kunstwerke verstanden wissen.

Nun setzt ein solches Sichwiedererinnern das Vorhandensein entsprechender Beziehungen zwischen denen, die erinnern, und den Gegenständen ihrer Erinnerung voraus. Natürlich bleibt es jedem von uns überlassen, diese Beziehungen selbst herzustellen. Dabei wird man sich nicht darauf verlassen dürfen, daß die Werke diese Beziehungen zwischen Gegenwärtigem und Vergangenem so ohne weiteres von sich aus freigeben. Um die Werke sowohl in ihrer Zeit als auch im Verhältnis zu der unseren angemessen verstehen zu können, müßten wir versuchen, an den Werken der Vergangenheit – sei es ein Bild, ein Raum, eine Plastik, ein Aufstand, ja selbst noch eine Straßenerweiterung, wie die der Via Calzaiuoli nach 1390 – die darin niedergelegten Erfahrungen freizulegen. Es sind dies sehr unterschiedliche Erfahrungen: Solche, die wir als veränderte Verhaltensweisen erleben, als neue Lebenseinstellungen der Menschen, auch als gebotene Verinnerlichungen im Sinne der Triebbeherrschung und Kontrolle ihrer Affekte und Emotionen. Auch handelt es sich um Erfahrungen, die neuen Wahrnehmungsformen zugrunde liegen. Schließlich sind es Erfahrungen, die sich in Florenz in Unterdrückung und Leid manifestieren und ihr Äquivalent in einer rücksichtslosen Ausübung von Macht besitzen.

Die verschiedenen Erscheinungsformen der ästhetischen Verarbeitung dieser Erfahrungen sind dabei zweifellos mehr als nur stilistisches Hilfsmittel, um etwa Künstlerhände und bedeutende Jahreszahlen auseinanderhalten zu können. Die künstlerische Form schafft nicht erst für uns die *sichtbare Form*. Es ist gerade ihre unmittelbar sinnliche Anschaulichkeit, der in Florenz seit Ende des 13. Jahrhunderts eine bis dahin nicht gekannte Bedeutung zuteil wird. Zu ihrer Aufgabe wird es, die neuen Erfahrungszusammenhänge des Stadtbürgertums, allen voran die der mächtigen Kaufleute, abzubilden und sie zu interpretieren.

Soweit es um die Charakterisierung dieses damaligen Verhältnisses von Stadt bzw. sichtbaren Formen und den daran geknüpften Erfahrungen der Menschen geht, haben wir auf eine vollständige Darstellung der Geschichte der Stadt und ihrer Kunstwerke verzichtet. Hier sollen der Hinweis auf Reiseführer und die von uns im Buch verschiedentlich erwähnte Literatur weiterhelfen, die diese nicht nur quantitative Vollständigkeit angemessen erfüllen.

Sehr zu empfehlen ist der *Florenz Stadtführer* von *Univis*. Ihn gibt es, wenn nicht gerade vergriffen, auch in Florenz deutschsprachig zu kaufen.

Wo man was, zu welcher Uhrzeit, wo und unter welcher Telephonnummer in Florenz erreichen, kaufen, treffen und sehen kann, erfährt man alles aus dem schmalen Bändchen *Firenze, Guida in Jeans* (1979, Vallecchi Editore Firenze.)

Bilder und Namen

Florenz, das sind schöne, direkte Bilder einer nicht immer einladenden Architektur; und Namen, die die Stadt weit über ihre Mauern hinaus berühmt gemacht haben.

Das Rathaus mit seinem hohen Glockenturm und die gewaltige Kuppel des Doms. Kein Touristenprospekt käme ohne diese Wahrzeichen von Florenz aus (Abb. 4).

Dann die so wundersam behauste, mit den Buden der Händler überbaute Brücke: *Ponte Vecchio,* die der Arno am 4. November 1966 bei der Überschwemmungskatastrophe beinahe weggerissen hätte.

Uffizien – auch ein Name und Ort; eine Erwartung, hier unzählige Kunstwerke erster Qualität versammelt zu finden. Kunsthistoriker sagen, man müsse unbedingt dort gewesen sein; auch sei man anschließend total erschöpft, kaputt. Das Gebäude? Das Bild eines langgestreckten Innenhofs, unendlich weit (Abb. 5).

Schließlich erinnert man sich an Fotos von einem achteckigen Gebäude mit einem erstaunlich modern anmutenden Äußeren. Das *Baptisterium* mit seiner so kühl gezeichneten Geometrie in zwei Farben, dem weißen Carrara-Marmor und dem grünen, dem *Verde di Prato.* Man wird noch oft erstaunt vor dieser Architektur stehen und nicht begreifen, daß sie hier schon vor über siebenhundert Jahren gestanden haben soll (Vgl. Abb. 20).

Und die Künstler? Ganz bestimmt *Botticelli* mit seinen Bildern der *Venus* und des *Frühlings.* Beide sind, tausendfach reproduziert, auch in Deutschland ein beliebter Wandschmuck geworden.

Und selbstverständlich *Michelangelo* und seine weltberühmte Skultpur des *David,* dessen Kopie vorm Rathaus, dem *Palazzo Vecchio,* nicht zu übersehen ist.

Bilder und Namen. Es sind nicht die einzigen, die wir mit Florenz verbinden und dort wiederfinden wollen.

Ach ja! Daß Florenz die Stadt der Medici sei, hätten wir beinahe vergessen. *Florenz und die Medici* nannte sich die 1980 inszenierte pompöse Europarat-Ausstellung. Man rekonstruierte ein Zusammenspiel von Macht und Kunst, bei dem die Stadt und das, was sich an Leben unterhalb des Niveaus der Medici in ihr abspielte, zum nebensächlichen Beiwerk verkamen. Alles sollte der Besucher über die Medici erfahren. Das Volk von Florenz kam im Gesellschaftsbild dieser Ausstellung nirgendwo zu Wort. Florenz war darin nicht eine von Menschen bewohnte Stadt, sondern ein abstrakter Raum, auf den sich die Medici militärstrategisch und ästhetisch durch geplante Eingriffe bezogen.

Aber Florenz – das sind nicht nur die Medici, wie es überhaupt nicht *das Florenz* gegeben hat.

Das Florenz, das 1865 für ganze sechs Jahre zur Hauptstadt des zur Nation geeinten Italien gemacht wurde, hat nichts gemeinsam mit dem Florenz der engen mittelalterlichen Gassen zwischen den Kirchen *Or-*

4. Blick auf Domkuppel und Glockenturm des Palazzo Vecchio

5. Uffizien, Innenhof

sanmichele und *Santa Croce.* Kein größerer Gegensatz ist denkbar als jener zwischen der heutigen *Piazza Repubblica* und dem alten Markt, dem *Mercato Vecchio,* der an dieser Stelle bis in die achtziger Jahre des vorigen Jahrhunderts das lebendige und ungeordnete Herz der Stadt war.

Dieses mittelalterliche Florenz mit seinen Kaufleuten und Arbeitern, die 1378 in einem Aufstand daran erinnerten, daß auch sie Menschen bzw. Bürger seien, verbindet kaum etwas mit der Stadt, die unter der Herrschaft des Großherzogs der Toskana, Cosimo I. de' Medici, seit den dreißiger Jahren des 16. Jahrhunderts zum *beherrschten Florenz* wird.

Das uns bekannteste Bild ist das von Florenz als der Stadt des Humanismus und seiner Gelehrten, der Wiege der Renaissance, der Wiederentdeckung der Antike – kurz: das Bild von einer einzigartigen kulturellen Blütezeit unter dem machtpolitischen Patronat der *Medici,* die noch *in* der Stadt wohnten. Cosimo de' Medici, der Ältere, baute keine Festung – wie 1534/5 Alessandro de' Medici –, um sich vor der Stadt zu schützen. 1444 beauftragte er den Architekten *Michelozzo,* in der Stadt einen neuen Palast für sich und seine Familie zu bauen. Einen Entwurf *Brunelleschis* soll Cosimo abgelehnt haben, weil er ihm zu herrschaftlich erschien. Wohl waren die Medici jetzt die Ersten in Florenz. Aber man wollte sich nicht unnötig unbeliebt machen. Die Erinnerung an die Zeit, in der sich die Stadt eine ›demokratische‹ Verfassung gegeben hatte, über deren Einhaltung gewählte Ratsmitglieder wachten, war noch stark genug. Auch konnte es nicht entgangen sein, daß dieses Florenz der reichen Bankiers, der humanistischen Gelehrten und der allseitig ausgebildeten Künstler ohne seine politische und wirtschaftliche Blütezeit – im 13. und 14. Jahrhundert – nicht vorstellbar war.

Der kulturelle Überbau, so sagt man, verändere sich meist langsamer als die Ökonomie. Florenz ist dafür ein schönes Beispiel. Demnach wäre die Florentiner Renaissance des Quattrocento das kulturelle Resultat eines wirtschaftlichen Wachstums, das im Jahrhundert zuvor, im Trecento, seine eigentliche Blüte erlebt hatte. Im 15. Jahrhundert, so fanden Wirtschaftshistoriker heraus, sei die Wirtschaft in Florenz bereits rückläufig gewesen. Die Möglichkeiten, das überschüssige Kapital in neue Geschäfte zu investieren, wurden geringer. Das erklärt möglicherweise, warum Kaufleute und Bankiers ihre Gelder seit Anfang des 15. Jahrhunderts verstärkt für Kunstwerke ausgaben.

Ungeachtet der Richtigkeit solcher Thesen über das Zusammenwirken kultureller und wirtschaftlicher Entwicklungen – Tatsache ist, daß darüber leicht in Vergessenheit gerät, daß das mittelalterliche Florenz, das *Florenz vor der Renaissance,* kulturell mindestens ebenso spannend und eindrucksvoll gewesen ist.

Der 1400 in Florenz geborene Architekt und Bildhauer Antonio Averlino *Filarete* hat zwischen 1460 und 1464 ein *Traktat über die Baukunst* verfaßt. Er sagt darin etwas über sein Verhältnis zur gotischen Architektur: »Auch ich liebte einst die modernen (d. h. gotischen) Gebäude, aber als ich die antiken zu schätzen begann, erregten die modernen meine Abneigung. Nach dem ich gehört hatte, daß man in Florenz auf antike Weise (a questi modi antichi) zu bauen begann, beschloß ich, einen von denen (gemeint ist ein Architekt), die man mir genannt hatte, anzustellen; und als ich mit ihm arbeitete, regte es mich derartig an, daß ich jetzt nicht die kleinste Sache hervorbringen kann, die nicht auf antike Weise gemacht wäre«.

Nicht genug damit, daß Filaretes einstige Liebe für gotische Architektur in Abneigung umschlägt. Er kommt dabei zu Überzeugungen, die die kulturellen schöpferischen Leistungen des mittelalterlichen Florenz pauschal diffamieren. Filarete gibt die anerkannte Meinung seiner Zeit wieder, wenn er an anderer Stelle ausführt: »Wie die Wissenschaften in Italien, d. h. wie das Volk grob wurde in seiner Sprache und seinem Gebrauch des Latein und allgemeine Roheit folgte (so daß es noch keine fünfzig oder vielleicht sechzig Jahre her ist, daß die Geister wieder verfeinert und erweckt wurden) . . ., so ging es auch der Baukunst und blieb es als Folge der zerstörerischen Einfälle nach Italien und der Kriegszüge der Barbaren, die es mehrmals ausraubten und unterwarfen«. Filarete spricht von »Gewohnheiten und Überlieferungen von nördlich der Alpen, die nicht wirkliche Architekten mitbrachten, sondern Maler, Steinmetzen und besonders Goldschmiede«.

Wir sehen, daß man sich im 15. Jahrhundert auf kulturellem Gebiet dem mittelalterlichen, dem »gotischen Florenz« haushoch überlegen vorkam. Die Rückkehr zur klassischen Antike in der Architektur, die man in erster Linie den Werken Brunelleschis verdankte, beendet die dunkle Zeit der Barbarei. Filarete spricht von 50/60 Jahren, die es her sei, »daß die Geister wieder erweckt wurden«: Er meinte damit die Wende vom Trecento zum Quattrocento.

Fast vierhundert Jahre nach Filaretes Traktat verfaßt der Kulturhistoriker Jacob Burckhardt eine umfangreiche »Anleitung zum Genuß der Kunstwerke Italiens«: seinen 1851 erschienenen *Cicerone*. Und es ist, als habe sich an den Vorurteilen nichts geändert. Auch Burckhardt zeigt sich immer noch überzeugt, daß das »Eindringen der gotischen Bauformen aus dem Norden . . . für die italienische Kunst ein Schicksal, ein Unglück« war.

War es das wirklich? Wir sind da anderer Meinung. Uns ist es so gegangen, daß wir, von Ausnahmen abgesehen, eher die Renaissance-Architektur der Paläste wo nicht als »Unglück« für das mittelalterliche Florenz, so doch als Fremdkörper wahrgenommen haben, die sich nicht integrieren.

Vielleicht lag dies auch daran, daß uns an Florenz mehr die Stadt interessierte. Genauer gesagt: Wir fragten uns, wie diese erste große frühbürgerliche Stadt entstand, welche Kultur sich schon vor der Renaissance in ihr ausbildete und welchen Anteil die sichtbare Form der Stadt bei der Entstehung bürgerlichen Bewußtseins gehabt hat. Spuren einer Stadtkultur haben wir in Florenz gefunden, die unseren Städten unwiderruflich abhanden gekommen sind. Aber nicht erst unseren Städten. Beinahe sympathisch an Florenz ist, daß es nicht nur zeigt, wie diese Stadtkultur als Resultat einer *korporativen Zunftregierung* entstand, sondern auch, auf welche Weise diese Kultur seit Anfang des Quattrocento ihrer Möglichkeiten durch die kulturellen Ansprüche der jetzt privaten Auftraggeber beraubt wird. Unter der oligarchischen Herrschaft der Medici löst sich nämlich im 15. Jahrhundert der kollektive Rahmen der früheren Auftragstätigkeit auf.

Daß wir das frühbürgerliche Florenz mit seinem Pathos städtischen Gemeinschaftslebens mitunter idealisieren, werden wir kaum verleugnen können. Immer noch gibt es im Zentrum von Florenz, etwas abseits der schicken und teuren Geschäfte, die engen Gassen mit den Schreinerwerkstätten, die sich in ihrer Arbeit auf den Straßenraum beziehen. Leon Battista *Alberti* (1404-1472), dem man nachsagt, er sei der gebildetste Florentiner seiner Zeit gewesen, soll stolz darauf gewesen sein, »alle Fertigkeiten der Welt« gelernt zu haben, »indem er Künstler, Gelehrte und Handwerker jeder Art bis auf die Schuster um ihre Geheimnisse und Erfahrungen befragte«. Gewiß ist es der universelle Bildungsanspruch, der den Humanisten Alberti sich auch für die Erfahrungen der Handwerker interessieren läßt. Aber noch ist es die konkrete Anschauung der Dinge, aus der gelernt zu haben auch den ›Kopfarbeiter‹ Alberti auszeichnet.

Oder wir lesen in einem Reisebuch, früher hätten in den geöffneten Arkaden Familienfeste stattgefunden (vgl. Abb. 38a), an denen Quartierbewohner unterschiedlichen sozialen Standes teilnehmen konnten. Sogleich ahnt man, daß das frühbürgerliche Leben in Städten wie Florenz lebendig und durchschaubar war, weil sich vieles von dem, was wir an uns selbst nur noch *privat* erleben, im *öffentlichen Raum* der Stadt zutrug.

Reste dieser Anschaulichkeit des Lernens und Erfahrens meint man zuweilen noch heute in Florenz aufspüren zu können.

Stadt-Ansichten
Foto-Ansichten

Die *Stadtansichten* zeigen Fotos, wie sie tagtäglich tausendfach in Florenz gemacht werden, und die auch wir aufgenommen haben. Ab-Bilder unserer Reiseeindrücke?
Kleine Auszüge aus älteren Florenz-Reisebeschreibungen sollen unsere Bilder ergänzen und korrigieren.

Man kann den Namen Florenz nicht aussprechen, ohne an hohe Paläste im Mondschein, Gärten, Terrassen, kühle Kirchen, Pinien und tiefviolette Bergschluchten zu denken; hier beginnt das Land der Träume, hier spielen die Novellen des Boccaccio. Und diesen romantischen Duft hat die Arnostadt keineswegs eingebüßt, noch behält sie ihre, dem Ideal einer Stadt sich nähernde Schönheit, und wird sie, so Gott will, noch lange behalten zum Entzücken des nordischen Wanderers und zum tiefinnigen Behagen ihrer Bewohner. Die Stadt bildet ein kompaktes Ganzes von tausend Dingen, von denen jedes einzelne die Zierde einer Stadt sein könnte. Dazu kommt noch die einzige Lage im Apennin, das milde Klima und die ungemeine Wohlfeilheit, und so wird die Stadt der behaglichste und angenehmste Aufenthalt, den man sich denken kann. Hier kann man anständig faulenzen und daneben doch Fortschritte machen.

Jacob Burckhardt, 1839

Schauen Sie sich den großen Dom von Florenz an – ein riesiges Gebäude, das seit fünfhundert Jahren die Börsen seiner Bürger aushöhlt
und noch nicht annähernd fertig ist. Wie alle anderen Leute fiel ich
nieder und betete es an; aber als die schmutzigen Bettler um mich
herumschwärmten, war der Gegensatz allzu auffallend, allzu sprechend,
und ich sagte: »O Söhne des klassischen Italiens, ist der Geist der
Unternehmungslust, des Selbstvertrauens, des edlen Strebens tatsächlich ganz und gar in euch erloschen? Fluch eurer trägen Unwürdigkeit,
warum beraubt ihr nicht eure Kirche?« Dreihundert glückliche, behaglich lebende Priester sind im Dom beschäftigt.

Mark Twain, 1867 (Die Arglosen im Ausland)

Gottlob, in Florenz fängt mir das Herz wieder an aufzugehen; hier sind, wie jener Schiffer sagte, doch wenigstens Fußtritte von Menschen, von großen Menschen aller Zeiten, die alle auf diesem Punkt gelebt und gewirkt haben. Denke Dir, wie ich heut nachmittags in der Kirche S. Croce unvermuthet auf dem Ort stand, wo Michel Angelo Buonarotti, Galilei, Machiavell, drei der größten Geister, die Florenz und durch sie die Welt gehabt hat, begraben liegen, unter schönen Monumenten. Und neben ihnen andere brave Männer . . . auch Staatsmänner u. a. Und zwischen ihren Grabmalen Altäre mit Werken der denkendsten Maler, die die Florentinische Schule fast ausschließend hat, in simple Bedeutung gezieret . . . Hier sind Fußtritte von Menschen, nicht Heilige und Götzenbilder allein. Morgen geht's in den Palast Pitti usw. Der heutige Tag ist in der Witterung so schön gewesen, daß nichts darüber gehet. Die Straßen und Kirchen sind schön kühl und der Boden so rein, daß man allenthalben niedersitzen und Gastmahl halten möchte.

Johann Gottfried Herder, 1789 (Aus einem Brief an seine Frau)

»Das schönste an Florenz ist McDonalds«   Andy Warhol

. . ., und in der Zwischenzeit standen wir auf den Brücken und bewunderten den Arno. Es ist allgemein beliebt, den Arno zu bewundern. Er
ist ein großes Rinnsal von vier Fuß Breite in seinem Bett und mit einigen
Prähmen, die auf ihm herumschwimmen. Es wäre ein recht überzeugender Fluß, wenn man etwas Wasser hineinpumpen würde. Alle bezeichnen ihn als Fluß, und sie glauben ehrlich, daß er ein Fluß ist, diese
finsteren und blutigen Florentiner. Sie helfen dieser Täuschung sogar
noch nach, indem sie Brücken darüber bauen. Ich sehe nicht ein, wieso
sie zu fein dazu sind, durchzuwaten.

Mark Twain, 1867 (Die Arglosen im Ausland)

Was war das für ein sonderbarer erster Nachmittag, den wir in Florenz
zubrachten! Heißhungrig suchten wir von der »Künstlerkneipe« San
Luigi aus den Domplatz, durchliefen den Dom, das Baptisterium, rann-
ten dann auf den Signorenplatz, dann längs des Arno abwärts zur Brücke
der Dreifaltigkeit, von da zu San Spirito, und gerieten dann plötzlich vor
einen ungeheuren Palast, daß wir nicht wußten, wie uns geschehen; es
war der Palast Pitti. Neugierig wie Kinder liefen wir in den Hof und von
da aufwärts in den Garten Boboli, beim Obelisken vorbei, von Terrasse
zu Terrasse, von Höhe zu Höhe, bis wir am Piedestal der großen
freundlichen Pomona von Marmor stillstanden, uns umsahen und das
göttliche Florenz zu unseren Füßen erblickten, mit seiner ungeheuren

Domkuppel, seinen hochragenden Türmen und Palästen, seinen Gärten, Hainen und Brücken, und ringsum den blauen, schroffen Apennin mit seinen hochliegenden Felsennestern von Pistoja bis Fiesole, alles schön und still, wie der süßeste Traum eines Kindes; ich hielt es beinahe für optische Täuschung, aber diesmal war eines meiner Ideale wahrgeworden, und doch war alles unendlich schöner, als ich es vorher zu denken imstande gewesen war.

J. Burckhardt, 1839

Ein Gang durch die Stadtgeschichte

Der Weg zum Belvedere

In Florenz angekommen empfiehlt es sich, am ersten Tag noch einen kleinen Bogen um das historische Zentrum zwischen Dom und Palazzo Vecchio zu machen. Besser ist es, einen der höher gelegenen Aussichtspunkte aufzusuchen, um sich von dort einen ersten Überblick über die Stadt und ihre Lage im Tal des Arno zu verschaffen. Man kann dazu mit einem Bus (Linie 13, von der Piazza della Stazione) hinauf zur Piazzale Michelangelo fahren, einem Aussichtspunkt, den wir den Stadterweiterungsplänen des späten 19. Jahrhunderts zu verdanken haben.

Gewiß eindrucksvoller ist es, den Weg zu Fuß hinauf zum *Belvedere* zu wählen.

Vorausgesetzt man wohnt irgendwo im Stadtzentrum, wird man den Arno über die Brücke *Santa Trinità* überqueren. Sie gehört zu den Brücken, die die deutschen Besatzungstruppen 1944 zerstörten. Von Ammanati 1570 fertiggestellt, ist sie nach dem Krieg mit den aus dem Fluß geborgenen Steinen nach dem alten Vorbild wiederaufgebaut worden. Von hier aus sieht man hinüber zur ältesten Brücke von Florenz: zum *Ponte Vecchio.*

An der Stelle, an der wir stehen, überspannte erstmals 1251 eine Brücke den Arno. Vorher, 1220, hatte nicht die Stadt, sondern, wie es bis dahin üblich war, die Kirche als Bauherrin den Ponte Nuovo und heutigen *Ponte alla Carraia* und 1237 die Brücke des Podestà Rubaconte, den *Ponte delle Grazie,* errichten lassen. Auch war es üblich, Kapellen auf die Brücken oder an deren Zugang zu bauen. Das 19. Jahrhundert hat sie entfernt.

1333 riß eine große Arnoüberschwemmung drei der prächtigen Steinbrücken fort. Der Ponte Vecchio wurde 1345 wieder aufgebaut und hat als einzige nicht von den Deutschen gesprengte Brücke (Abb. 6) die mittelalterliche Form beibehalten. Die Lauben auf dem Ponte Vecchio verpachtete die Stadt sehr bald an Metzger und Fleischverkäufer. Brücken zu bauen war recht kostspielig, so daß die Stadt den Pachtzins gut gebrauchen konnte.

Großherzog Ferdinand I. de' Medici vertrieb 1593 die Metzger und erlaubte nur noch den Gold- und Silberschmieden und den Juwelieren, sich hier niederzulassen. Die »schmutzigen Gewerbebetriebe« mit ihren schlechten Gerüchen durften eine Brücke, die für den Herrscher den Palazzo Pitti mit den Uffizien und dem Palazzo Vecchio verband, nicht länger verunstalten.

Man stößt auf die Piazza Frescobaldi, von der geradeaus die *Via Maggio* (eigentlich Via Maggiore, wegen ihrer Breite) zur Porta Romana führt. Diese Straße ist sehr früh eine der prächtigsten in Florenz gewesen. Zuerst hatten die von ihrem zerstörten Kastell in Semifonte in die Stadt gezogenen *Velluti,* später die *Corsini, Michelozzi,* die *Biliotti, Capponi,*

6. Das von den deutschen Besatzungstruppen im Zweiten Weltkrieg zerstörte Florenz zwischen der *Via Por Santa Maria* und dem *Borgo San Jacopo*, also diesseits und jenseits des Ponte Vecchio. Auf diesem Foto erkennen wir den *Palazzo* der *Guelfen-Partei* mit den großen Bogen- und Rundfenstern des Versammlungssaals, den Brunelleschi zur Via della Terme hin ausgeführt hat.

Pitti und *Ridolfi* ihre großen Paläste an diese Straße gebaut. Gerade weil die Häuser an der Via Maggio(re) geräumig waren, verbot die Kommune 1295 hier erstmals die beliebten *sporti,* Vorbauten, die die Häuser etwas über Kopfhöhe zur Straße hin verbreitern. Durch die Brücke mit der Via Tornabuoni verbunden, war die Via Maggio auch ein bevorzugter Schauplatz großer Karnevalsumzüge und Prozessionen. Seit dem 16. Jahrhundert verstand man es, einen Straßenraum wie den der Via Maggio anläßlich eines auswärtigen hohen Besuchs durch das Aufstellen fahrbarer Triumphbögen und Monumente in die theaterhafte Kulisse höfischer Prachtentfaltung zu verwandeln.

Ursprünglich zog sich diese Straße durch ein Quartier (*Sesto di Oltr'Arno* mit Santo Spirito als Hauptkirche), in dem sehr viele *Lanaioli* (Mitglieder der Wolltuchzunft) wohnten und arbeiteten. 1332 waren es von 689 Mitgliedern der Zunft über 250. Es soll hier an die 60 Werkstätten (Botteghe della Lana) gegeben haben. Die Paläste, die im 16. Jahrhundert in der Via Maggio errichtet wurden, haben davon viel zerstört.

Rechts von der Piazza Frescobaldi zieht sich die Via Santo Spirito hin zum *Borgo San Frediano*, der durch das noch heute vorwiegend von Arbeitern und Handwerkern bewohnte Quartier gleichen Namens führt.

Der Borgo endet an der *Porta San Frediano,* dem besterhaltenen Stadttor des 1284 begonnenen Mauerrings. Villani schreibt, daß jedes Jahr im
Sommermonat Juli 4000 Lastesel, voll bepackt mit Melonen aus den
Anbaugebieten bei Poggibonsi, Castelfiorentino und Empoli, durch
dieses Tor in die Stadt zogen.

Zum Belvedere führt, vorbei an einer grotesken Brunnenmaske, die *Via
dello Sprone.* Sie stößt an einem kleinen Platz, an dem man eine gute und
preiswerte Trattoria findet, auf die *Via Toscanella.* Sie geht man weiter
hinauf, an Häusern mit solchen *sporti* vorbei, wie man sie 1295 in der Via
Maggio verboten hatte, bis man schließlich, linker Hand durch eine enge
Gasse kommend, am unteren Rand eines weiten und ansteigenden
Platzes steht. Er gibt den Blick frei auf eine gewaltige Architektur,
einem riesigen »Steinhaufen« vergleichbar: den *Palazzo Pitti.*

Einer der reichsten von Florenz, der Kaufmann *Luca Pitti,* hatte hier in
einer Zeit großer Wohnungsnot für seinen von Brunelleschi 1440 sieben-
achsig geplanten und zunächst auch so ausgeführten Palast (Abb. 7) und
für den sich davor ausbreitenden Platz 1469 ein ganzes Wohnviertel mit
Läden einreißen lassen.

Die Bauarbeiten an diesem Palast begannen 1458. Später residierte hier
Cosimo I. de'Medici. Er war bereits 1540 vom Palast seiner Familie in
der Via Cavour in den Palazzo Vecchio, die neue Residenz seiner
absoluten Herrschaft, übergesiedelt, bevor er sich nach seiner Ernennung zum Großherzog den Pitti-Palast als zweite Residenz aus-
bauen ließ. 1556 werden beide Paläste durch einen von Giorgio Vasari
(1511-1574) in wenigen Monaten ausgeführten Gang verbunden, damit
der Herrscher ungesehen und ungefährdet vom Pitti-Palast über die
Uffizien (1560 ebenfalls unter Vasari begonnen) zum Palazzo Vecchio
gelangen konnte. Ein Flucht- und »Verbindungsweg durch die Luft«, wie
ihn schon *Leonardo da Vinci* projektiert hatte. Im zweiten Weltkrieg
diente dieser Korridor den im Zentrum der Stadt Widerstand leistenden
Partisanen als Verbindung mit dem Hauptquartier der Alliierten auf der
anderen Seite des Flusses. Man hatte eine Telephonleitung durch den
Korridor gelegt. Die Brücke selbst war unpassierbar, da die Deutschen
die Häuser vor der Brücke gesprengt hatten. Der »Kunstliebe« des
deutschen Konsuls ist es zu »verdanken«, daß der Ponte Vecchio nicht
auch zerstört wurde.

Die Architektur des Pitti-Palastes rechnet bewußt mit der Distanz des
Betrachters. Ihre erhöhte und isolierte Lage schafft diese Distanz. Keine
Architektur für die Nähe. Die Fassade ist ohne Schmuck, das Mauer-
werk ist roh, abweisend.

Um zum Belvedere zu gelangen, müssen wir durch den Palast hindurch.
Der Innenhof und der sich daran anschließende *Boboli-Garten* sind
Ergebnisse der von Cosimo I. eingeleiteten Ausbauarbeiten.

Der über die von Ammanati ausgeführte Hofanlage architektonisch auf

7. Detail des *Kettenplans* (vgl. Abb. 47) mit dem Palazzo Pitti. Wir sehen den ursprünglich siebenachsigen Bau mit dem bereits angelegten Platz. Hinter dem Palast ist noch keine Gartenanlage zu sehen.

den Palast bezogene Teil des Gartens mit seinem großen Amphitheater wird uns wie der Zuschauerraum eines großen und freien Theaters vorkommen. »Bühne« dieses Theaters ist der Palast.

Oberhalb des Amphitheaters biegt links ein Weg ab. Er führt vorbei an einem sehr schönen Kaffeehaus, das von einem gewissen Zanobi del Rosso 1775 errichtet wurde. Es liegt unterhalb einer mächtigen Festung, der *Fortezza di San Giorgio* oder *di Alto;* einer Anlage, die Bernardo Buontalenti zwischen 1590 und 1595 für den Großherzog Ferdinand I. de'Medici vollendet hat.

Das eigentliche Belvedere, ein kleiner dreistöckiger Palast, befindet sich auf dieser gewaltigen Anlage. Von hier aus hat man den besten Blick über Florenz, seine Hügel mit dem gegenüberliegenden *Fiesole,* das Florentiner Truppen 1125 zerstörten und das später in einen Villenvorort verwandelt wurde.

Zu Seiten des Belvedere können wir uns noch heute ein Bild davon machen, wie nahe früher das bearbeitete Land an die Stadtmauer heranreichte. Denn diese Festung ist, wie die im Nordwesten 1533 unter Alessandro de' Medici begonnene und nach Entwürfen von Antonio Sangallo (dem Jüngeren) ausgeführte *Fortezza di San Giovanni* oder *di Basso* (mit exakt 118.884 m^2 das größte historische Monument in Florenz), in den 1284 begonnenen Mauerring eingebunden.

Wir blicken hier also von der ursprünglichen Begrenzung auf die Stadt und gewinnen einen ersten authentischen Blickpunkt. Er vermittelt uns in etwa den Eindruck, den Florenz noch bis in unser Jahrhundert auf Reisende machte.

Preußens berühmter Baumeister Schinkel (1781-1841) notierte während seines Aufenthalts in der Stadt:
»Je mehr man sich Florenz nähert, je abwechselnder wird die Gegend. Paläste, von Zypressen und Piniengruppen umgeben, krönen die Gipfel der Berge, ein schönes Tal aus Villen und Städten bietet die reichsten Aussichten. Die Zahl der Landhäuser nimmt immer mehr zu, schöne Gärten an den Abhängen der Berge, reiche Weinpflanzungen in den Tälern künden die Nähe von Florenz. Endlich erscheint es am Fuß des Gebirges in einem von Ölbäumen üppig bewachsenen Tal. Die ganze, mit unzähligen Villen besetzte Gegend scheint eine weitläufige Stadt. Die Vegetation ist unendlich reich und üppig.«

Der besagte authentische Blickpunkt (Abb. 8) entspricht zugleich einer historischen Sicht: Er symbolisiert die Einstellung der Medici ihrer Stadt gegenüber; und er charakterisiert über zwei Jahrhunderte, seit Beginn der Herrschaft Cosimo I., die Lebenswirklichkeit des Florentiner Volkes.

Dazu weiß ein englischer Reisebericht von Edward Wright aus dem Jahre 1720 zu berichten: »Das Volk von Florenz ist hart besteuert; es liegen Abgaben auf allem, was es trägt oder ißt. Um es in Unterwürfigkeit zu halten und um zu verhindern, daß es sich in aufrührerischen Reden ergeht, fanden sich, als wir dort waren, Spione in allen Gruppen, durch die Seiner Königlichen Hoheit alles zur Kenntnis gebracht wurde, was dort vorging. Die Kanonen des Kastells waren auf die Stadt gerichtet und für den Fall eines Volksaufstandes bereit und geladen«.

Nach Verlassen des Belvedere durch den nördlichen, steil abfallenden hohen Auffahrtstollen mit den »Kanonenrinnen« kann man die Via S. Giorgio und die Via della Costa hinunter zu *Ponte Vecchio* laufen.

Ebenso reizvoll ist es, außen an der hier noch sehr gut erhaltenen Stadtmauer entlangzugehen zur *Porta San Miniato*, einem außerordentlich schönen Stadttor.

Etwas weiter oberhalb des Tors, in östlicher Richtung und immer noch in der Nähe der Mauer, öffnet sich der Blick durch ihren Zinnenkranz auf unmittelbar an ihrer Innenseite gelegene Häuser. Sie werden vom Zentrum aus eindrucksvoll von der Domkuppel überragt.

Von hier aus sieht man auch die etwas weiter östlich unten am Arno gelegene *Porta San Nicolo*. Den noch erhaltenen hohen Turm dieses Tors aus der Nähe zu studieren, sollte man sich nicht entgehen lassen.

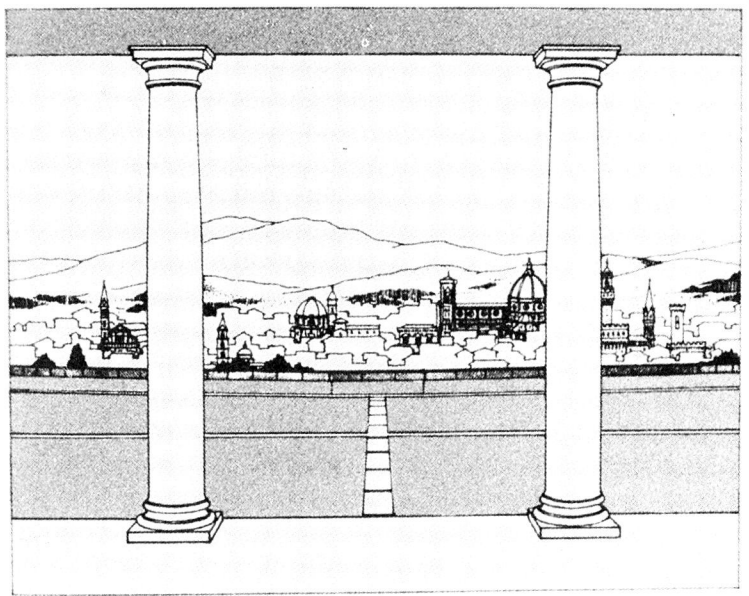

8. Der geordnete Blick vom Belvedere auf Florenz. Schematische Wiedergabe der Stadtansicht durch den Portikus des Belvedere.

Zwischenbemerkung zur Wahrnehmung

Dieser erste Eindruck des aus der Entfernung gewonnenen Blicks auf die Stadt könnte dazu verführen, Florenz wie ein *imaginäres Museum* zu durchlaufen; in der Stadt nur nach einzelnen Objekten zu suchen, die aus ihrem historischen Zusammenhang herausgerissen werden, wie die 2500 Bilder in den Uffizien. Und es kommt erschwerend hinzu, daß ja gerade Bauten mehr noch als mit dem Auge durch den *Gebrauch* wahrgenommen werden. Diese Erfahrung machen wir dort, wo wir zuhause sind und uns der Gebrauch der Architektur vertrauter ist. In einer fremden Stadt, wie Florenz, haben wir zunächst nur unsere Augen. Vom Gebrauch der Stadt durch ihre Bewohner werden wir uns erst ganz allmählich ein Bild machen können.
Andererseits wissen wir, daß sich in Florenz sehr wohl eine Vorstellung davon entwickelt hat, daß und wie Stadt und Architektur planvoll auch auf das Auge wirken. Die Größe der *Civitas*, Rang und Würde einer Zunft, einer Familie und schließlich die einer einzigen Person hängen

9. Fenster des Palazzo Pitti

von ihrem räumlich-architektonischen Erscheinungsbild ab. Dessen Wirkung auf das Auge ist aber nie eindeutig gewesen. Es kam auf die soziale Lage an, aus der heraus man »seine Stadt« wahrnahm.

Wenn vorhin vom *authentischen Blickpunkt* und von *historischer Sicht* gesprochen wurde, so waren damit der Standpunkt bzw. der Blick des Reisenden und des absoluten Fürsten gemeint. Der Blick vom Belvedere hat für beide eine Bedeutung, da er etwas mit ihren Interessen zu tun hat. Ein Wolltucharbeiter oder ein kleiner Handwerker hat dieses Interesse nicht teilen können. Seine Sichtweise war eine andere. Auf dem Weg zum Belvedere haben wir vielleicht etwas davon mitbekommen. Fast überflüssig zu betonen, daß Palast und Belvedere in den Augen der Arbeiter und Handwerker nicht Orte des »freien Blicks« gewesen sind. Vielmehr waren sie das Symbol fremder Macht, in deren Ermessen es lag, Häuser der »kleinen Leute« zu enteignen, ohne daß diese dagegen etwas hätten ausrichten können. Angst und Haß kennzeichnen deren Sicht auf die gewaltigen Architekturen der Macht, von denen aus das Volk beherrscht wurde. Sie sind im übertragenen Sinn Ausdruck eines Verhältnisses, das den Wolltucharbeiter zu einem rechtlosen Wesen machte.

Um sich die Verschiedenheit dieser Sichtweisen zu verdeutlichen, genügt es, einen solchen Palast aus der Distanz, die dieser ja vorschreibt, auf

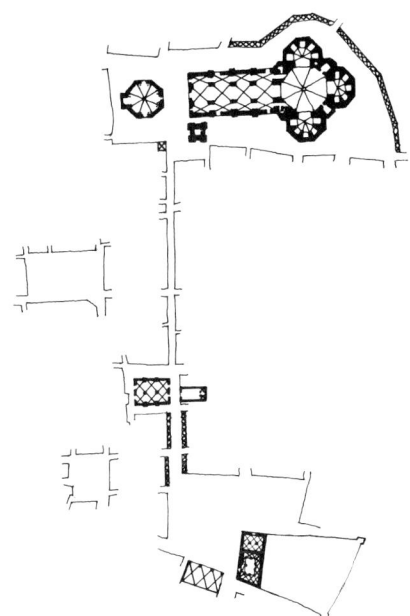

10. Die »monumentale Achse des 14. Jahrhunderts«. Die Erweiterung der Straße zwischen Orsanmichele und Piazza Signoria deutet darauf hin, daß die Via Calzaiuoli die beiden Plätze nicht nur miteinander verbinden sollte, sondern auch die Funktion eines öffentlichen Raums einnahm. Die Straße als ›Platz‹ für Gespräche, Geschäfte, Prozessionen, Feste etc. Gegenüber von Orsanmichele liegt die Kirche San Carlo. Der kleinere Platz ist der Mercato Nuovo, der größere der Mercato Vecchio. An der Piazza San Giovanni erkennen wir an der Ecke zur Via Calzaiuolo ganz klein die *Loggia di Bigallo* und gegenüber vom Palazzo Vecchio die *Loggia dei Lanzi.*

sich wirken zu lassen und dann in den Palast hineinzugehen, um durch die stark vergitterten unteren Fenster dorthin zu schauen, wo man gerade noch stand (Abb. 9).

Es gibt viele Möglichkeiten in Florenz, diese Verschiedenheit der Wahrnehmung nachzuvollziehen und es lohnt sich, das hin und wieder auszuprobieren.

Im historischen Zentrum

Wir haben die Stadt von einem erhöhten Standort aus gesehen und uns einen Eindruck davon verschaffen können, wie sehr auch heute noch der gewaltige Bau des Doms mit Kuppel und Campanile sowie der Turm des Palazzo Vecchio das Stadtbild beherrschen. Zwischen ihnen liegt der in seinem Obergeschoß die Dächer gleichfalls überragende rechteckige Block von Orsanmichele.

Auf der Karte (Abb. 10) erkennen wir, daß sich dieses Gebäude etwa in der Mitte der Achse befindet, die das kirchliche mit dem weltlichen Zentrum der Macht in Florenz verband: Die *Via Calzaiuoli* zwischen der *Piazza S. Giovanni* und der *Piazza della Signoria.* Braunfels nennt sie die »monumentale Achse des 14. Jahrhunderts«. Sie ist Ausdruck der

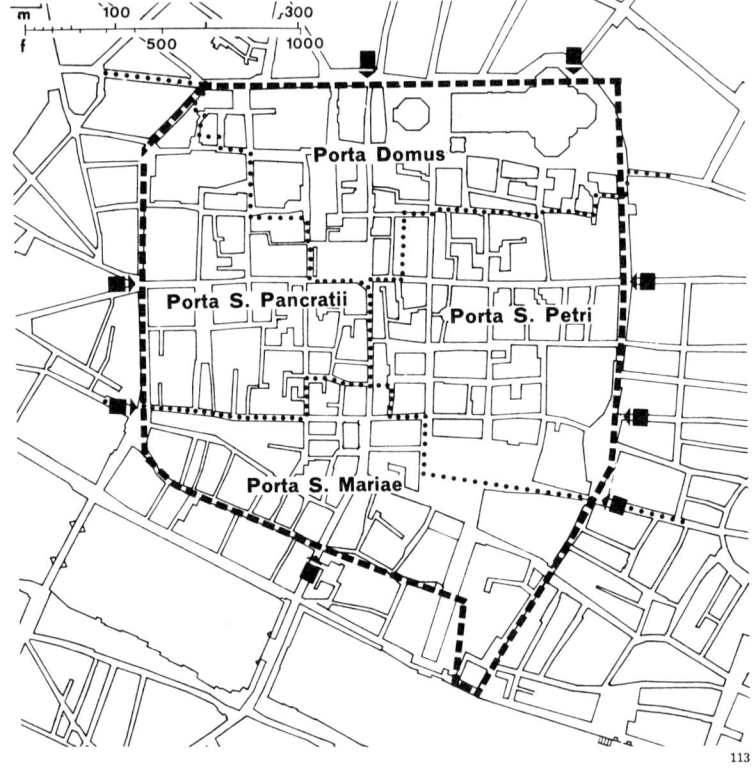

11. Der Verlauf der römischen Befestigungsmauer, der *Cerchia,* mit den vier Stadtteilen, den *Quartieri.*

Ende des 13. Jahrhunderts einsetzenden Bauaktivitäten unter der Planungsanleitung des ersten Stadtbaumeisters von Florenz, *Arnolfo di Cambio* (1232-1302). In ihr spiegelt sich eine für das 14. Jahrhundert charakteristische Auffassung von der Umgestaltung des alten Stadtkerns und der gleichzeitigen Erweiterung der Stadt über ihre ursprünglichen und zu eng gewordenen Begrenzungen hinaus.

Das historische Zentrum erscheint im Stadtplan (Abb. 11) gut sichtbar als eine schachbrettartige, vormals *römische* Anlage. Caesar hatte an der Via Cassia 59 v. Chr. eine Kolonie mit dem Namen *Fiorentia* gegründet. Das außerhalb der Stadtmauer in östlicher Richtung gelegene römische *Amphitheater* ist noch zu erkennen in dem seinen Grundmauern folgenden, gekrümmten Verlauf der Häuser in der Nähe des *Borgo dei Greci* (Piazza dei Peruzzi, Via Torta).

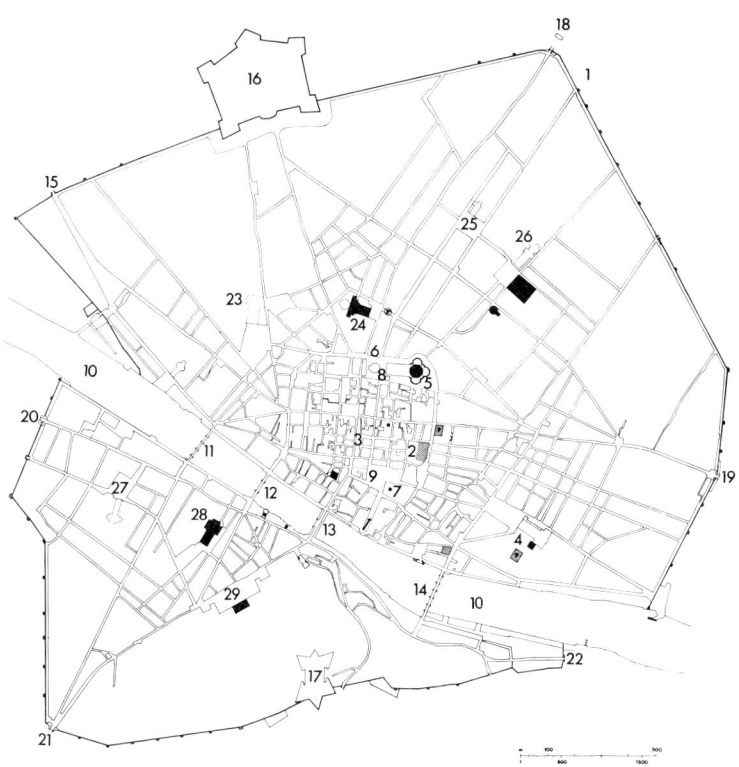

12. Die Karte zeigt zunächst die unter Arnolfo di Cambio begonnenen baulichen Änderungen: 1 Die neue Stadtmauer, von 1284 bis 1333 / 2 Umbau der Badia, 1285-1310 / 3 Orsanmichele, 1290 / 4 Santa Croce, 1295 / 5 Die Anlage des neuen Doms, seit 1296 / 6 Baptisterium / 7 Palazzo dei Priori, von 1299 bis 1310; später Palazzo Vecchio / 8 Die Neuanordnung des Domplatzes / 9 Die Neuanordnung der Piazza Signoria / 10 Arno / 11 Ponte alla Carraia / 12 Ponte Santa Trinità / 13 Ponte Vecchio / 14 Ponte delle Grazie / 15 Porta Prato / 16 Fortezza di Basso, 1533 begonnen / 17 Fortezza di Alto mit dem Belvedere, 1590 begonnen / 18 Porta San Gallo / 19 Porta Santa Croce / 20 Porta San Frediano / 21 Porta Romana / 22 Porta San Nicolo / 23 Santa Maria Novella / 24 San Lorenzo / 25 San Marco / 26 Santissima Annuziata / 27 Santa Maria del Carmine / 28 Santo Spirito / 29 Palazzo Pitti.

Die *Stadtmauer* verlief im Norden bei der *Via Cerretani;* im Osten um den heutigen Chor des Doms herum zur *Via Proconsolo,* wo die Mauer bis an den Arno heranreichte. Im Süden verlief sie entlang dem *Borgo S. Apostoli* bis zur heutigen *Piazza S. Trinità.* Dort schließt sich die Stadtmauer entlang der *Via Tornabuoni.*
Wo sich der *Cardo maximus* (nord-südliche Hauptachse, jetzt die *Via*

Calimala und *Via Roma*) mit dem *Decumanus* (ost-westl. Hauptachse, jetzt *Corso* und *Via Strozzi*) kreuzten, befand sich in römischer Zeit das *Forum,* die heutige *Piazza della Repubblica.*

1172/75 erweiterte man diesen Mauerring und teilte die Stadt nicht mehr in vier »Quartieri« (zu denen man 1292 aber wieder zurückkehrte) sondern in sechs »Sestieri« ein. Das neue Stadtgebiet umfaßte 97 ha, darunter erstmals auch Teile auf der anderen, der südlichen Arnoseite: das Gebiet *Oltr'Arno* um Santo Spirito.

Vom letzten und seiner Größe und Schönheit wegen so viel gerühmten Mauerring, dessen Bau das ›Priorat‹ der Stadt 1283 beschlossen hatte, sind heute noch Teile erhalten. Sie findet man im »Quartiere di Santo Spirito« beim Stadttor *San Frediano,* an der *Piazza Tasso,* entlang der *Viale Petrarca* zur *Porta Romana* und entlang des *Boboli*-Gartens, vorbei am *Belvedere* hinunter zur *Porta San Miniato* (Abb. 12).

Die alten Tore hat man Ende des 19. Jahrhunderts teilweise auf den neu geschaffenen Plätzen (*Piazza Beccaria, Piazza della Libertà)* frei stehen lassen, nachdem man die Stadtmauer eingerissen und so die Struktur der Stadt in Funktion und Form an der Peripherie aufgeweicht hatte. Die alten Stadttore sollten das neue mit dem alten Florenz verbinden.

Zur Geschichte von Florenz

Die 1283/84 eingeleitete gewaltige Erweiterung der Stadt um das Sechsfache ihrer bis dahin ummauerten Fläche – wer eigentlich hatte die Idee dazu? Und was war ausschlaggebend gewesen für diese weitreichenden Entscheidungen?

Die Geschichte, mit der wir uns an dieser Stelle etwas allgemeiner vertraut machen, zeigt, daß Florenz Ende des 13. Jahrhunderts bereits eine bürgerliche Stadt war. Die Ausübung verschiedener Handwerke sowie die in Betrieben konzentrierte Herstellung von Waren und der Handel mit ihnen – weit über die Grenzen der Toskana hinaus in die entferntesten Länder Europas und des Orients – bildeten die Grundlage einer für Florenz charakteristischen *städtischen* Produktion. Die Möglichkeiten für Tausch und Barzahlung wurden durch dieses international ausgedehnte Handelsnetz schon bald erheblich eingeschränkt, was die Einrichtung von Banken erforderlich machte. Indem sie Kredite und Wechsel gaben, machten sie neue Investitionen möglich. Etwa 80 Banken konnten zu Beginn des 14. Jahrhunderts in Florenz daraus bereits ihre teilweise großen Profite ziehen.

Die Entfaltung dieser neuen städtischen Produktion war von sicheren Handelswegen ebenso abhängig wie von einer gesicherten Versorgung der Stadtbevölkerung mit Nahrungsmitteln aus dem umliegenden Land,

13. Siena, Stadtbibliothek, Die Schlacht von Montaperti

dem *Contado*. Florenz hatte sehr früh damit begonnen, den Landadel aus seinen Kastellen und feudalen Ländereien zu vertreiben. Es rivalisierte darin mit anderen Städten in der Toskana, mit *Volterra, San Gimignano, Lucca, Pisa,* und vor allem mit *Siena*. Aber auch diese Städte waren spätestens mit dem Sieg der Florentiner Truppen 1555 über Siena der Herrschaft von Florenz unterworfen.

Zur ersten »bürgerlichen« Volksregierung, dem *Primo Popolo*, kam es 1250 in Florenz. Das Regierungsorgan bildete eine *Signoria*, die sich aus einem *Podestà* und dem vom Volk gewählten Rat der *12 Anziani* und weiterer 36 *Buonomini* zusammensetzte. Alles sollte durchschaubar und demokratisch vonstatten gehen. Die *Anziani* (je zwei »Ältere« aus den damals sechs Stadtbezirken) wurden z. B. nur auf zwei Monate gewählt und mußten sich während dieser Zeit im Haus der Regierung aufhalten. Um ihrer Bestechlichkeit vorzubeugen, war es ihnen nur erlaubt, in Gruppen durch die Stadt zu gehen.

Florenz erlebte politisch und ökonomisch eine erste Blütezeit, in die die Prägung einer eigenen Münze fiel: des *Fiorino d'oro* (Goldflorin), der als stabile Währung bald die Märkte Europas dominierte.

Streitigkeiten zweier Parteien, der *Guelfen* und *Ghibellinen,* hatten schon vor 1250 das Leben auf dem Land und in den Städten der Toskana unsicher gemacht. Nur soviel sei angemerkt, daß es sich bei ihnen um eine kaiserliche (die Ghibellinen) und eine papsttreue (die Guelfen) Partei handelte. Und da der Papst an einer territorialen Aufteilung Italiens zur Sicherung des eigenen Kirchenstaats interessiert war, der Kaiser aber einen terrritorialen Gesamtanspruch stellte, waren die Guelfen die Partei der wirtschaftlich aufstrebenden Stadt-Kommunen. Nur in einem nicht geeinten Italien konnten sie ihre Autonomie als republikanische Stadtstaaten behaupten.

Durch den sich immer wieder verschärfenden Konflikt zwischen diesen beiden Parteien war das guelfische Florenz nach einer vernichtenden Niederlage im September 1260 bei Montaperti (Abb. 13) noch einmal zur Stadt der Ghibellinen geworden. Florenz geriet aber nur für sechs Jahre unter die Einzelherrschaft des kaiserlichen Vikars Guido Novello. Heute erinnert eine *Via Ghibellina* an diese Zeit. Besagter Novello stammte nämlich aus dem ghibellinischen Arezzo und hatte diese Straße bauen lassen, weil sie in die Richtung seiner Vaterstadt führte.

Für die weitere politische Entwicklung in Florenz war entscheidend, daß sich hier schon früh Handwerker, Gewerbetreibende und Kaufleute in Zünften, den *Arti,* zusammengeschlossen hatten (Abb. 14).

Zünfte in Florenz

Es gab sie Ende des 13. Jahrhunderts nicht nur in Florenz, sondern überall dort in Europa, wo die städtische Produktion eine Rolle spielte. »In der Zunft waren die Handwerker – und wenig später auch die Kaufleute – in einer Weise zusammengeschlossen, daß alle wichtigen Entscheidungen über die innerhalb des Arbeitsbereichs einer Sparte anfallenden Probleme von allen Mitgliedern eben dieses Berufszweigs beredet und gemeinsam gelöst wurden. Selbstverständlich ist das nur das Idealbild der Zunft; tatsächlich haben sich auch dort die größeren und mächtigeren Mitglieder durchgesetzt und eine Demokratie hat es dort wohl niemals gegeben«. (Raith).

Florenz zählte 21 Zünfte. Zu den sieben großen Zünften, den *arti maggiori,* gehörten die *Calimala* (Tuchhändler), *Giudici e Notai* (Richter und Notare), *Cambio* (Geldwechsler), *Lana* (Wollhersteller und -händler), *Della Seta* (Seide), *Medici e Speziali* (Ärzte und Apotheker) und die *Vaiai e Pellicciai* (Kürschner und Pelzhändler).

Zu den 14 niederen Zünften, den *arti minori,* gehörten die *Spadai e Corazzi* (Waffenschmiede), *Chiavaioli* (Schlosser), *Calzolai* (Schuhmacher), *Cuoiai e Galigai* (Gerber), *Correggiai* (Sattler), *Legnaioli* (Leinenhändler und Trödler), *Fabbri* (Schmiede), *Maestri di Pietra e di Legname* (Steinmetze und Zimmerleute), *Legnaioli* (Tischler), *Fornai* (Bäcker), *Beccai* (Metzger), *Vinattieri* (Weinhändler), *Oliandoli* (Ölhändler) und die *Albergatori* (Gastwirte).

Diese Zünfte gewannen gegen Ende des 13. Jahrhunderts erneut die Oberhand über den stadtansässigen Adel und erwirkten 1293 durch eine reformierte Rechtsverfassung, die *Ordinamenti di Giustizia* (»Ordnung der Gerechtigkeit«), den Verlust der politischen Rechte des Adels innerhalb der Stadt. Und durch die 1289 verfügte *Aufhebung der Leibeigenschaft* (siehe S. 152 ff.) hatte man die Voraussetzung dafür geschaffen, daß Menschen vom Land – aus feudaler Abhängigkeit entlassen – nach Florenz ziehen konnten, um dort ihre dringend gebrauchte Ar-

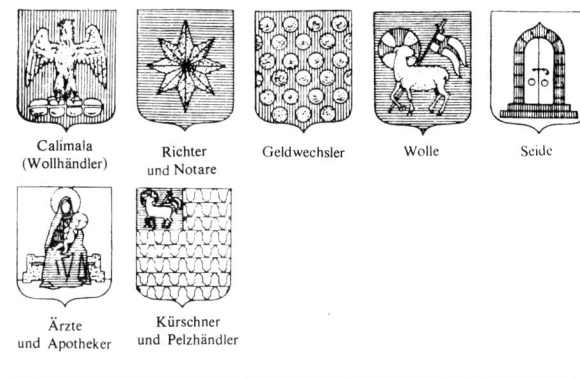

Calimala
(Wollhändler)

Richter
und Notare

Geldwechsler

Wolle

Seide

Ärzte
und Apotheker

Kürschner
und Pelzhändler

Waffenschmiede

Schlosser

Schuhmacher

Sattler

Gerber

Leinenhändler
und Trödler

Schmiede

Steinmetze
und Zimmerleute

Tischler

Bäcker

Metzger

Weinhändler

Ölhändler

Gastwirte

beitskraft anzubieten. Die von solchen Maßnahmen wirtschaftlich und
politisch hart getroffenen Adeligen und Ritter zogen – soweit sie es nicht
schon früher getan hatten – ebenfalls nach Florenz. Dort konnten sie sich
durch ihren Eintritt in eine der Zünfte auch weiterhin eine Beteiligung
am politischen Geschäft sichern.

Florenz wurde in dieser Zeit zu einer selbständigen Republik. Politisches
Wirken war jetzt abhängig von der Mitgliedschaft und der ökonomischen
Stellung in einer der sieben großen Zünfte. So wurde in der *Arte della
Lana* nur Zunftkonsul, wer die Produktion von jährlich 100 Tuchen

nachweisen konnte. Auch hat man errechnet, daß in Florenz nur etwa 25% der Bevölkerung wählen durften. Frauen und das Proletariat, dem jede Mitgliedschaft in einer der Zünfte verwehrt war, besaßen kein Wahlrecht. Der demokratische Verfassungsrahmen war also beschränkt; woran sich im weiteren Verlauf bis zur Herrschaft der Medici als Großherzöge nichts ändern sollte.

Oberstes Regierungsorgan blieb auch nach 1283 die *Signoria*. In ihr saßen die Vertreter der Zünfte, acht *Prioren* mit einem *Gonfaloniere di Giustizia* (dem »Bannerträger der Gerechtigkeit«) als dem nominellen Kopf der Signoria. Wichtige Entscheidungen wurden unter Hinzuziehen des Rates der 12 *Buonomini*, gleichfalls Vertreter der Zünfte, und der 16 *Gonfalonieri di compagnia*, den Bannerträgern der Milizen der einzelnen Stadtbezirke, getroffen. 1299 begann man, für den Sitz der Signoria ein neues Gebäude zu errichten: den *Palazzo dei Priori*, der erst seit 1559, als Cosimo I. de' Medici ihn verließ, um im fürstlicheren Palazzo Pitti zu residieren, den Namen *Palazzo Vecchio* trägt (Abb. 16). Bis zu dem verheerenden *Pest*jahr 1348 (siehe S. 136 ff.) hatte sich Florenz zu einem der bedeutendsten Wirtschaftszentren und mit seinen gut 90 000 Einwohnern zu einer der größten Städte in Europa entwickelt. Neben

15. Ein Mitglied, vielleicht aber auch nur ein Arbeiter der Gerberzunft *(Cuoiai)*. Sie hatten ihre Werkstätten an einem kleinen Platz hinter der Kirche Santa Trinita.

16. Dieser Ausschnitt aus dem nach 1472 entstandenen sogenannten »Kettenplan«, der *veduta »della catena«* (siehe Abb. 47), zeigt neben dem Palazzo Vecchio die in ihrer politischen Bedeutung überhöhten Gebäude der *Loggia della Signoria* (später *Loggia dei Lanzi*) und auf der linken Seite *Orsanmichele* und den *Palazzo del Podestà* mit Turm und Zinnenkranz. Dieser Palazzo in der Via del Proconsolo ist 1250 von der Regierung des *primo popolo* beschlossen und zwischen 1255 und 1261 erbaut worden. Er war Amts- und Wohnsitz der *Podestà,* des Stadtrats. Zwischen 1574 und 1859 hatte hier der *Bargello* oder auch *Capitano di Giustizia,* der Polizeihauptmann, seinen Sitz. Heute ist der *Bargello* ein Nationalmuseum mit einer bemerkenswerten Skulpturensammlung (Werke von Donatello, Verrocchio, Michelangelo u. a.).

Gegenüber vom Palazzo Vecchio erkennen wir weiter einen hohen Turm, wohl noch einer der alten Geschlechtertürme, in denen der Adel vor 1293, als das Schleifen der Türme beschlossen wurde, gewohnt hatte.

dem Herzogtum Mailand, der Republik Venedig, Rom als Kirchenstaat und dem Königreich Neapel war Florenz zugleich eine der großen machtpolitischen Zentralen Italiens.

Gesellschaftlich treibende Kraft und Gewinner in dieser ökonomisch und politisch so unvergleichlichen Stadtrepublik war das *Bürgertum.* Erstmals hat es sich wohl hier in Florenz als das *handelnde Subjekt* der Geschichte zu behaupten und zu begreifen gelernt. Es war etwas, ein Bürger zu sein. Wie sehr, das sagt uns der Dominikanermönch *Remigio Girolamo,* der noch vor dem Pestjahr in seiner Klosterzelle im Kloster von *Santa Maria Novella* geschrieben hatte: »Wer kein Bürger ist, ist kein Mensch, denn der Mensch ist von seiner Natur ein stadtbürgerliches Wesen«.

Erwähnen wollen wir noch, daß es innerhalb der Florentiner Bürgerschaft unter den Zünften eine starke soziale und politische Differenzierung gab. Man sprach sehr bald vom *Popolo grasso,* dem »fetten Volk«, und meinte damit die wirtschaftlich und politisch starken *Arti maggiori.*

Das Kleinbürgertum setzte sich aus den in 14 Zünften, den *Arti minori,* organisierten Handwerkern, Kleinhändlern und Gewerbetreibenden zusammen. Das *Popolo minuto,* das »kleine Volk«, waren die Lohnarbeiter, kleine Krämer, Ladenbesitzer, Dienstboten und Bettler.

Eine Figur ragte aus diesem neuen Stadtbürgertum in besonderer Weise hervor: die des *Kaufmanns* und späteren Bankiers. In der reichsten Zunft, der *Arte della Lana,* begegnen wir ihm am häufigsten (Abb. 17). Er zog aus der neuen städtischen Produktion die größten Profite. Seine Werkstätten waren die wichtigsten in Florenz. Er beschäftigte die meisten Arbeiter und verfügte über die besten Handelsbeziehungen und Kenntnisse der Import- und Absatzmöglichkeiten. Angaben über die Zahl der Werkstätten, die Anzahl der produzierten kostbaren Tuche und die Zahl der Arbeiter macht Giovanni Villani. Bezogen auf das Jahr 1338 schreibt er: »Es gibt über 200 Werkstätten der Arte della Lana, die 70 bis 80 000 Stück Tuch herstellen im Wert von über 1 200 000 Florin. Ein gutes Drittel oder noch mehr verbleibt im Lande für die Arbeiter, ohne Gewinn für den Wollhändler. Von der besagten Arbeit leben über 30 000 Personen. 30 Jahre vorher waren es noch etwa 300 Werkstätten und sie machten 100 000 Stück Tuch im Jahr. Aber sie waren zu groß und nur halb soviel wert, weil man damals noch nicht Wolle aus England einführte und zu bearbeiten wußte, wie man es später tat«.

Alfred Doren charakterisiert in seiner 1934 erschienen *Italienischen Wirtschaftsgeschichte* den Wolltuchhändler wie folgt: »Der *lanaiolo* . . . ist hier zugleich Kaufmann und Leiter des Herstellungsprozesses, er ist, soweit Ordnungen der Zunft und des Staates ihn nicht an gewisse allgemeine, übrigens leicht zu umgehende Normen binden, schrankenloser Herr über Sachen und Menschen, deren Zusammenarbeit das

17. Ein Wolltuchhändler (lanaiolo), 15. Jahrhundert.

industrielle Produkt erzeugt und vertreibt . . . Persönlich oder durch Mittelsmänner, Faktoren, Werkmeister oder Vorarbeiter . . . beherrscht und überwacht er den ganzen Arbeitsprozeß; denn vom Rohstoff bis zur Verkaufs- und Gebrauchsreife wechselt das werdende Produkt niemals den Eigentümer: Wollenkauf und Tuchverkauf liegen im allgemeinen in den gleichen Händen«.

Die Klasse der Großkaufleute brachte die Klasse der Handwerker politisch und ökonomisch unter ihre Gewalt. Sie konnte das, ohne die handwerkliche Arbeit verändern zu müssen. Die mühsame körperliche Arbeit blieb die Grundlage der städtischen Produktion in Florenz. Zwischen ihr und den Geschäften der Kaufleute, ihrer schier grenzenlosen und oft riskanten Kalkulation über den Fernhandel, gab es noch nicht die dialektischen Beziehungen, die das Verhältnis zwischen Lohnarbeit und Kapital in der Industriearbeit charakterisieren. Unter der Herrschaft des *Kaufmannskapitals* verwandelten sich die Handwerker in bloße Lohnarbeiter und Proletarier. Ihre Mehrarbeit eignete sich der Kaufmann auf der Basis der alten Produktionsweise an. Es kam zwar in Florenz in den Betrieben der *Arte della Lana* zu neueren Formen der Arbeitsteilung (siehe dazu S. 148 ff.). Doch hören wir kaum etwas über Investitionen im Bereich der Produktion mit dem Ziel, diese – im Sinne unseres Verständnisses von Effektivität und Rationalisierung – produktiver zu gestalten.

Der Florentiner Kaufmann gab sein Geld, das er als Reingewinn aus dem Handel zog, auf andere Weise aus. Entweder spekulierte er damit, indem er es über Banken verlieh. Oder er gab es als Überschuß schlicht für Luxusgüter aus. Als Stifter großer Kunstwerke und Sammler kostbarer Kunstschätze begegnet er uns vor allem im 15. Jahrhundert. Giovanni Rucellai, einer dieser Kaufleute des 15. Jahrhunderts, wird an seinem Lebensabend bekennen: »Ich habe mir mehr Ehre und meiner Seele größere Befriedigung verschafft, indem ich das Geld ausgab und nicht indem ich es verdiente, besonders im Hinblick auf die von mir erbauten Bauwerke«.

Nach diesem Geschichtsexkurs und der Charakterisierung der neu auf den Plan getretenen Figur des Kaufmanns setzen wir unseren Stadtspaziergang im Zentrum von Florenz bei der Via Calzaiuoli fort.

Via Calzaiuoli – Zwischen Piazza San Giovanni, Orsanmichele und Piazza Signoria

Was die Fresken Ghirlandaios in der *Sassetti*-Kapelle der Kirche Santa Trinità (vgl. Abb. 111) oder die Masaccios und Masolinos in der *Brancacci*-Kapelle (vgl. Abb. 114) in ihren Stadtszenen aus Florenz nicht zeigen, ist die ungeheuere Enge, die im 14. und 15. Jahrhundert in den Straßen und auf den Plätzen der Stadt herrschte. Die Menschen lebten und arbeiteten in dieser Zeit und wohl noch bis in unser Jahrhundert hinein häufig in den Gassen ihrer Quartiere (Abb. 18).

Eine Straße wie die *Via Calzaiuoli,* die uns heute, trotz ihrer Breite zu bestimmten Tageszeiten mit all den sich zwischen Dom und Palazzo Vecchio hin und her schiebenden Touristen eng und überlaufen vorkommt, ist erst Ende des 14. Jahrhunderts auf ausdrücklichen Beschluß des Stadtrats verbreitert worden. Die Bedeutung der durch sie verbundenen Gebäude sollte in der Breite der Straße und der Schönheit der neu errichteten Häuser zum Ausdruck kommen. Ein Dokument vom März 1390 verlangt, daß die für die Bauaufsicht verantwortliche Dombaubehörde bestrebt sein müsse, »die neuen Gebäude auf beiden Seiten der Straße so zu erbauen, daß sie schön und edel gestaltet genau dem Haus der Guelfenpartei gleichen, das an der gleichen Straße liegt«.

Die Straßenerweiterung kam damals nicht über den Abschnitt zwischen Orsanmichele und der Piazza della Signoria hinaus und blieb, von einigen anderen Straßen abgesehen, eine Ausnahme. Ansonsten mochte wohl der Eindruck zutreffen, den uns Davidsohn vom Leben in den Gassen von Florenz gibt. Seine Schilderung ist so anschaulich, daß man meinen könnte, er sei nicht zu Beginn des 20., sondern zu Beginn des 14. Jahrhunderts in Florenz gewesen.

18. Eine Gasse im historischen Zentrum vor etwa einhundert Jahren.

19. Die Ärmsten der Armen: Krüppel mit abgeschlagenen Händen, erblindet und nur noch auf Krücken sich schleppend. So hat sie Francesco Traini in einem Ausschnitt des großen Freskos »Triumph des Todes« (Pisa, Campo Santo) um 1350 gesehen.

»Ein Wagenverkehr war in den engen Gassen nicht möglich und die im ersten Viertel des Trecento aufkommende Sitte, daß reiche oder hochgestellte Frauen Sänften benutzen, noch wenig eingebürgert. Um so häufiger durchritten vornehme Bürger und fremde Söldner die Straßen, und die rücksichtslose Art, in der übermütige junge Leute dabei bisweilen die Fußgänger in Gefahr brachten, bildete eine Ursache tiefer Erbitterung der Popolanen. Die Waren- und Materialientransporte erfolgten auf dem Rücken von Eseln und Maultieren, die deren Führer mit dem herkömmlichen schrillen Ruf »Arri« »Arri« antrieben. Hausierer zogen, zumal mit den Gegenständen des Frauenputzes, doch auch als Einkäufer alter Sachen, mit lautem Preisen ihres Krames oder mit dem Anerbieten trefflicher Gelegenheit, unbrauchbar Gewordenes zu veräußern, durch die Menge, und im Dugento boten auch die Wechsler noch vielfach solcherart ihre guten Dienste an; Kräuterhändler beiderlei Geschlechtes standen mit ihren Körben an bestimmten Punkten oder suchten ihre Ware im Umherziehen abzusetzen. Häufig staute sich die Menge, um Ausrufern verlorener Gegenstände zuzuhören, und so groß war die Zahl dieser Verkünder, daß sie eine eigene, kleine Gewerkschaft zur Aufbringung der ihnen von der Kommune auferlegten Gewerbesteuer bildeten. Andere Ausrufer fesselten die Neugier oder die Teilnahme der Menge durch die im Auftrage der Familien erfolgende Anzeige soeben eingetretener Todesfälle. Herolde der Kommune durchschritten oder durchritten würdevoll und wichtig die Stadt, um mittels dreimaligen Geschmetters ihrer Trompete das bewegliche Volk der Straßen, die Handwerker von ihrer Arbeit, die Verkäufer aus den Läden herbeizurufen und Verordnungen der Behörden, Gesetze, Urteilssprüche, Fallimente, Einsetzung von Vormündern und Kuratoren kundzutun, was an achtund-

dreißig besonders verkehrsreichen Stätten, an Straßenkreuzungen und auf Brücken zu erfolgen hatte. In der Menge bewegten sich Almosen heischend zahlreiche Bettler, vielfach indem sie verstümmelte Gliedmaßen oder traurige Gebrechen zur Schau stellten, und alle Kirchentüren waren von ihnen umdrängt (Abb. 19). Als bevorzugte Kaste fühlten sich die Blinden, die an langen Stäben, von Hunden geführt einhergingen, manche die Augen mit einem Schirm bedeckt, andere deren leere Höhlen oder den erloschenen Blick als Mittel benützend, das Erbarmen anzuregen, damit sich die Holzteller, die sie den Vorübergehenden entgegenstreckten, um so schneller mit Münzen füllten, und dies gedieh manchen so trefflich, daß sie es zu ansehnlichem Wohlstand brachten; in bestimmten Speisehäusern pflegten sie sich nach erfolgreicher Betteltätigkeit gütlich zu tun. Bisweilen zogen drei, die Kompagniegeschäfte machten, sich an der Hand haltend, durch die Gassen, während andere ihren festen Standort, etwa an dem Gnadenbilde der Madonna von Or San Michele, hatten, wo sie denn gelegentlich, wenn es zu Tumulten kam, mit ihren Stöcken recht kräftig dreinzuschlagen verstanden. Im Gedränge, hauptsächlich auf den Märkten, hatten die Beutelschneider leichtes Spiel, um so leichteres, als Männer wie Frauen die Geldtasche am Gürtel hängend trugen. Die Florentiner Taschendiebe galten weit über die Stadt hinaus als gefürchtete Gäste, und wenn irgendwo in Toskana eine Menschenansammlung zu erwarten stand, waren sie zur Stelle. Oft gingen sie zu zweien ihrem Gewerbe nach, ein Meister und sein Gehilfe, beide mit scharfen, im Ärmel verborgenen Scheeren ausgestattet. (. . .)
Wenn sich das Gerücht von Wundern verbreitete, die irgendeine soeben verstorbene Nonne oder ein toter Klosterbruder aus ihren Gräbern bewirkten, wenn Leidende in Massen herbeiströmten, war im Gedränge der gläubig des Mirakels Harrenden die Gelegenheit zu ergiebigen Beutezügen eine unvergleichliche, und enttäuscht Heimkehrende trösteten sich bisweilen mit dem Witz: ›sie fühlten sich in der Tat erleichtert, wenn auch nur um ihre Börse.‹«

Angesichts der hier beschriebenen Enge und Undurchschaubarkeit des Geschehens in den Straßen, muß ein Bauwerk von der Größe des *Doms* und der so wunderbaren architektonischen und dekorativen Klarheit des *Baptisteriums* nicht nur über die Stadt hinaus, sondern vor allem innerhalb ihrer Mauern die Menschen maßlos beeindruckt haben.
Das *Baptisterium* ist vielleicht das geheimnisvollste, sicherlich aber über Jahrhunderte im Bewußtsein der Florentiner das bedeutendste und wertvollste Gebäude (Abb. 20). *San Giovanni,* Johannes der Täufer, ist der Schutz- und Stadtpatron von Florenz. Das alljährlich stattfindende *Johannisfest* ist ein großes Stadtfest. Früher war es üblich, daß am Johannestag, dem 24. Juni, die unterworfenen Städte, Feudalkastelle und Grafen ihre Kerzenspende nach Florenz brachten, als Ausdruck der Verehrung der herrschenden Kommune. In seiner *Istoria di Firenze dal 1380 al 1405* (›Geschichte von Florenz zwischen 1380 und 1405‹), beschreibt der Florentiner *Gregorio Dati* ein solches Johannisfest: »Am Morgen des heiligen Johannes; wer auf die Piazza della Signoria geht, glaubt eine so triumphale und herrliche und wunderbare Sache zu sehen, daß kaum der Sinn dazu ihm genügt. Da sind rings um den großen Platz hundert Türme, welche aus Gold zu sein scheinen, manche von Karren

getragen, und manche von Trägern, und sie heißen *Ceri* (das sind die dargebotenen Kerzen – d. Verf.), aus Holz, Papier und Wachs gemacht, mit Gold und mit Farben, und mit erhabenen Figuren, innen hohl, und innen sind Männer, welche jene Figuren beständig drehen und ringsherum kreisen lassen. Da sind Menschen zu Pferde darauf, fechtend, und dort Fußknechte mit Lanzen und manche mit langen, viereckigen Holzschilden laufend, und einige davon sind Fräulein, die zur Lustbarkeit tanzen. Und es sind auf ihnen Tiere eingeschnitten und Vögel und verschiedene Sorten Bäume, Apfelbäume und lauter Sachen, die das Gesicht und das Herz erfreuen können«.

Nachdem die Prozession mit einem großen Gottesdienst im Baptisterium beendet war, fand am Nachmittag ein großes Pferderennen statt, ähnlich dem *Palio* in Siena, das heute noch jeweils am 2. Juli und am 16. August ausgetragen wird.

Der Brauch in Italien schrieb vor, daß man nur getauft die Kirche betreten durfte. Das Florentiner Baptisterium ist eine Taufkirche, vergleichbar mit denen in Pisa, Parma, Cremona, Pistoia oder Volterra.

Die Proportion des Gebäudes hat sich im 15. Jahrhundert gegenüber dem Platz und dem Dom durch eine Erhöhung des Platzniveaus verändert. Seine frühere Bedeutung ist dadurch zumindest räumlich nicht mehr entsprechend faßbar.

Wann das Baptisterium entstanden ist, war den Zeitgenossen Dantes (gest. 1321) oder Albertis nicht bekannt. Dante glaubte in ihm einen römischen Ursprungsbau zu erkennen, einen ehemaligen Mars-Tempel aus der Zeit des Kaisers Augustus. Damit war zugleich die römische Herkunft von Florenz augenfällig genug bewiesen. Und man konnte darauf verweisen, zu welch hoher kultureller Leistung die Stadt in ihrer weit zurückliegenden Geschichte schon einmal fähig gewesen war. Somit ist das Baptisterium zu einem auch architektonisch bedeutsamen Anknüpfungspunkt geworden: Über Jahrhunderte das einzige ganz in Marmor ausgeführte Bauwerk der Stadt (neben *San Miniato*, das sich vor der Stadt erhebt), wurde es zum Vorbild für die dekorative Verkleidung des *Doms* und des *Campaniles*.

Später (1470) sollte Alberti im Auftrag des Giovanni Rucellai die Fassade der Kirche *Santa Maria Novella* im Dekorationsstil des Baptisteriums vollenden.

In seiner jetzigen Gestalt datiert man das Baptisterium in die Mitte des 12. Jahrhunderts (Grundsteinlegung 1059; die Laterne über dem Zeltdach ist 1150 errichtet worden). Die Ornamentik der Wandverkleidung dieses Oktogons ist geprägt von einer erstaunlich sachlichen Geometrie. Die Wände sind durch Ausschälung bis auf die tragenden Bauelemente erleichtert worden. Verkleidet sind sie mit 4 bis 5 cm starken Marmorplatten. Bemerkenswert an dieser Verkleidung ist, daß sie sich der eigentlichen Architektur einordnet. Die durch die Marmorinkrustation

20. Diese Illustration der Chronik Giovanni Villanis zeigt den Aufbau der Stadt. Symbol der Stadt ist das Baptisterium, um das herum die schützende Mauer errichtet wird. Zwei Türme stehen bereits, wobei den rechten Turm eine Fahne mit dem Stadtwappen von Florenz, der Lilie, schmückt.

in dunklen Streifen gezeichnete, horizontal, vertikal und in kleinen Rundbögen verlaufende Ornamentik unterstreicht die architektonische Struktur des Baptisteriums. Man mag sich das an den horizontalen Streifen im zweiten Geschoß einmal verdeutlichen. Sie verlaufen in Höhe der Fensterbänke, beziehen sich also auf die Architektur und die von ihr hervorgerufene Gliederung der Wandfläche.

Die drei vergoldeten *Bronzetüren* des Baptisteriums orientieren sich am römischen Straßenverlauf und öffnen sich nach drei Himmelsrichtungen. Die *südliche* Tür ist die älteste. In ihren Vierpaßfeldern schildern Reliefs zwanzig *Szenen aus dem Leben Johannes des Täufers. Andrea Pisano* hat an ihnen zwischen 1330 und 1336 gearbeitet. Der Rahmen für die acht Allegorien der *Kardinal- und theologischen Tugenden* (1452-1462) stammt von *Vittorio Ghiberti,* einem Sohn Lorenzo Ghibertis. Dieser *Lorenzo Ghiberti* (1378-1455) hat zwischen 1403 und 1424 an der *Nord-tür* die Reliefs mit *Szenen aus dem Leben Jesu,* der *vier Evangelisten* und der *vier Kirchenväter* geschaffen. Von ihm stammen auch die Bronzetü-ren der *Porta del Paradiso*, der *Paradiestür,* an der *Ostseite.* Hier sind Szenen aus dem *Alten Testament* dargestellt, beginnend mit der Erschaf-

21. Der Kopf Lorenzo Ghibertis an der östlichen Bronzetür, der *Porta del Paradiso*.

fung Adams und Evas, dem Sündenfall und der Vertreibung aus dem Paradies (im oberen Feld der linken Tür) und endend mit der Abbildung des Tempels Salomons und des Besuchs der Königin von Saba bei König Salomon.

Ein Detail sollten wir nicht übersehen, weil es einiges Licht auf das Selbstbewußtsein des Künstlers wirft. In der Mitte und am Fuß der Tür sehen wir nämlich kleine Köpfe, die etwas mit der Familie Ghibertis zu tun haben. Mit Sicherheit hat sich Lorenzo im oberen linken Kopf selbst dargestellt (Abb. 21). In den anderen Bildnisköpfen sah Vasari die Portraits von Ghibertis Stiefvater Bartoluccio und von seiner jungen Mutter, die sich herausbeugt, den Sohn zu küssen.

Ghiberti hat an dieser Tür sehr lange, von 1425 bis 1452, gearbeitet. Neben den Werken Masaccios, Brunelleschis, Donatellos und denen einiger anderer Künstler gehören diese Arbeiten Ghibertis mit zu den eindrucksvollsten Zeugnissen der Florentiner Frührenaissance und kündigen gleichzeitig eine neue künstlerische Ausdrucksweise an. Und Ghiberti verdiente nicht schlecht mit seiner Kunst. An die 21 Mitarbeiter konnte er für die Anfertigung der Türen beschäftigen. Mit etwa 200 Goldflorin, die er jährlich einnahm, lag er zwar weit unter dem Gehalt des Kanzlers der Signoria, der – wie Coluccio Salutati – 600 Florin verdiente. Aber Ghiberti besaß immerhin neben seiner Werkstatt ein

22. Eine Fotografie des Domes vor 1871. Links erkennen wir das Baptisterium, rechts den Campanile und im Hintergrund die Kuppel des Doms.

Haus in Florenz, im *contado* einen Weinberg und etwas Land. Auch sonst muß er recht geschickt gewesen sein, beispielsweise im Anlegen seiner Gelder auf Bank- und Sparkonten.

Erstmals lernen wir in Ghiberti auch einen »Kunst-Handwerker« kennen, der auf sein künstlerisch-schöpferisches Vermögen ebenso stolz ist wie auf seine rein handwerklichen Leistungen. Er verfaßte 1445 eine Selbstbiographie, die *Commentarii,* an deren Ende es gar nicht bescheiden heißt:»Es gibt nur wenige Dinge von Bedeutung in unserem Lande, die nicht von mir entworfen und mit eigener Hand ausgeführt worden wären«.

Den *Dom* gibt es mit seiner marmorverkleideten Schauseite zum Baptisterium hin noch nicht sehr lange. Alte Fotos zeigen die Westseite bis in die Zeit, da Florenz bereits Hauptstadt geworden war, als eine recht unansehnliche Wand aus Ziegelsteinen (Abb. 22). Tatsächlich ist diese Fassade des Doms erst zwischen 1871 und 1887 durch *Emilio de' Fabris* verkleidet worden.

Bevor nach den Plänen *Arnolfo di Cambios* an dieser Stelle 1296 mit dem Bau des heutigen Doms begonnen wurde, stand hier eine bescheidene, im 11. Jahrhundert geweihte Kirche namens *Santa Reparata.* Arnolfo starb etwa sechs Jahre später und hinterließ einen Dom, von dem nur der untere Teil der Fassade und die drei ersten Fensterachsen der Seitenschiffe (auch nur bis zur halben Höhe) fertig waren. Dazu noch ein paar Zahlen: Der Dom ist 38 m breit und immerhin 158 m lang und damit, wie jeder Florenz-Führer stolz verkündet, die viertgrößte Kirche der Christenheit! Als man nach vielen Unterbrechungen der Bautätigkeit 1434 endlich die Kuppel des Doms einweihen konnte und schließlich 1466 die Laterne mit der Kugel auf ihrer Spitze auf der Kuppel ihren Platz fand, hatte man etwa 18 Millionen Goldflorin für »eines der kostspieligsten Bauwerke der Welt« (Montaigne, 1586) ausgegeben.

Natürlich mußte sich eine solche Summe rechtfertigen, zumindest für diejenigen, die den Bau finanzierten. Eine inzwischen nicht mehr auffindbare Urkunde aus dem Jahre 1294, der Zeit der Grundsteinlegung des neuen Doms, gibt dazu einen ersten Hinweis. Dort steht geschrieben:»In öffentlichen und in privaten Versammlungen wurde gesagt und betont, daß man die Bauten der Kommune nur dann beginnen solle, wenn die Absicht besteht, sie nach einem Gedanken zu machen, der sehr groß ist, weil er von dem Geist vieler Bürger belebt wird, die sich in einem Wollen verbunden haben.«

Das Baptisterium war aufgrund der Geschichte, die man mit ihm – wenn auch irrtümlich – verband, und als Kirche, die den Namen des Stadtpatrons trägt, in seiner Bedeutung für Florenz unumstritten. Aber *San Giovanni* ist die Taufkirche und symbolisiert im Verhältnis zum Dom so etwas wie den *Anfang des Lebens.* Der Dom erst ist der Versammlungsort der städtischen Gemeinde, Symbol des Lebensablaufs und als solcher das Gotteshaus, in dem sich die Gläubigen als Gemeinschaft verkörpert und aufgehoben sehen. Villani schreibt, daß sich die Florentiner für den Neubau entschlossen, weil die alte Kirche Santa Reparata zu »klein im Verhältnis zu der Stadt« geworden war. Als Gläubige verehrten die Florentiner ihren Dom als ein *Bild des Himmels.* Als Repräsentanten einer Stadt, die sich anschickte, ihre Herrschaft weit über ihre Mauern hinaus auszudehnen, übertrugen sie nun dieses himmlische Bild auf das gesamte Florenz, indem sie den Dom neu zu bauen begannen. Er wird zum »Spiegel der Stadt«: *Lo specchio di tutti e'cittadini.* In dem für den Dom beanspruchten Raum spiegeln sich Größe und Weite des zur gleichen Zeit um einen gewaltigen Mauerring erweiterten Florenz mit seinen vielen Bewohnern. 30 000 von ihnen sollte der neue Dom aufnehmen können.

Für kein anderes Bauwerk haben sich die Florentiner so sehr »in einem Wollen verbunden«, wie für diesen 1296 begonnenen Dom. Er allein gab ihnen stets die gegenwärtige sinnliche Gewißheit von ihrer Stadt als einer »Himmelsstadt auf Erden« – Florenz als das diesseitige Abbild des »himmlischen Jerusalem«. Um das zu bekräftigen, entschied sich der Rat der Stadt sehr bald, den alten Namen durch *Santa Maria del Fiore* zu ersetzen. In deutlichem Anklang an den antiken Stadtnamen *Fiorentia* wurde Maria als Muttergottes zur Stadt- und Staatsgottheit der Stadt und Republik Florenz erklärt.

Es überrascht kaum, daß nicht die Kirche, sondern die Stadt und ihre Bürger die Finanzierung des Doms getragen haben. Die Verwaltung der Bauhütte verantwortete eine Dombaubehörde, die *Domopera.* Sie setzte sich aus erfahrenen Kaufleuten zusammen, die zugleich Mitglieder einer der reichen und politisch den Ton angebenden Zünfte in Florenz waren: der *Arte di Calimala,* Zunft der Großhändler. Architekt Arnolfo di Cambio war übrigens gleichzeitig Dom- und Stadtbaumeister von Florenz.

Die Erhebung zusätzlicher Steuern und prozentualer Abgaben auf jeden in die Staatskasse eingegangenen Goldflorin (8½%) machten es möglich, dieses gewaltige Bauvorhaben nach über 170 Jahren abzuschließen. Die 1434 vollendete Kuppel trug der Kirche den Ruhm der schönsten und erhabensten in der ganzen Toskana ein. Von Weitem sollte man die Florentiner Kuppel erkennen können. Im nahegelegenen Pistoia trägt eine Straße, von der aus man die Kuppel sieht, sogar den Namen ›Straße der Erscheinung‹ (Via del Apparenza).

Im Dom versinnbildlicht sich ein großer, *vom Geist vieler Florentiner belebter Gedanke,* dessen über die Stadt hinausweisendes Symbol, die Kuppel, als Zeichen Florentiner Vorherrschaft schon aus der Ferne von den beherrschten Städten und Gemeinden in der Toskana wahrgenommen werden sollte.

Nach soviel bekundetem Willen zur Gemeinsamkeit, wie er sich hier an der Piazza del Duomo über Jahrhunderte in Stein und Marmor erhalten hat, wäre es an der Zeit, etwas über ein Mitglied dieser Gemeinschaft zu erfahren, dessen Geschichte für einige Jahre sogar mit der des Dombaus eng verknüpft ist. Es ist die Rede von *Giotto* di Bondone (Abb. 23).

Um 1266 in Colle di Vespignano im Mugello geboren, war er einer der größten Künstler seiner Zeit. Giorgio Vasari hat ihm 1550 in seinen *Lebensbeschreibungen der ausgezeichnetsten Maler, Bildhauer und Architekten der Renaissance* (den *Viten*) ein Denkmal als Neuerer in der abendländischen Kunstgeschichte gesetzt. Vasari schrieb: »Schulden die Meister der Malerkunst der Natur dafür Dank, daß sie immer für diejenigen zum Vorbild dient, die das Gute aus ihren besten und schönsten Teilen auszuwählen wissen, und sich unausgesetzt bemühen, sie nachzuahmen, so gebührt derselbe Dank, wie mir scheint, dem Florentiner Maler Giotto. Denn nachdem gute Malerei und Zeichnung durch die Verheerung der Kriege lange Jahre ganz zugrunde gegangen waren, war er es durch die Gnade des Himmels allein, der (. . .) die fast erstorbene Kunst wieder erweckte . . .«.

Ein 1971 ediertes *Lexikon der Kunst* würdigt Giotto mit den Worten: »Das materielle und geistige Leben, das G. umgab, schärfte seinen Wirklichkeitssinn, interessierte ihn an den natürlichen Reaktionen, am sinnvollen Handeln des Menschen und förderte sein großes Talent. Wahrscheinlich von Cimabue, (. . .) und sicherlich beeindruckt von der Kunst Giovanni Pisanis . . . durchbrach G. die byzantinische Tradition und stellte sich an den Anfang der Entwicklung der neuzeitlichen Malerei, den bis dahin hochentwickelten dekorativen Sinn in den Dienst einer neuartigen menschlichen Selbstbestätigung und Seinsbejahung nehmend«.

Um so verwunderlicher, daß man diesen großen Maler 1334 zum Dom- und Stadtbaumeister ernannte. In Florenz hatte er 1317 mit den Ausmalungen der Kapellen der Bankiers *Peruzzi* und *Bardi* in der Kirche *Santa Croce* begonnen. Als Architekt ist Giotto auch außerhalb von Florenz nirgendwo je erwähnt worden. Aber die Dombaubehörde war wohl auch nicht sonderlich interessiert an einem gelernten Architekten. In der Ernennungsurkunde vom 12. April 1334 ist vor allem von einem »erfahrenen und berühmten Mann« die Rede, von einem »großen Meister«, aus dessen »Wissenschaft und Lehre« man »großen Nutzen« ziehen wolle.

Bevor wir uns jedoch ansehen, inwieweit Giotto den Florentinern beim Bau ihres neuen Doms wirklich hatte von Nutzen sein können, soll uns Davidsohn aus seiner »Geschichte von Florenz« etwas von der gar nicht künstlerischen Seite dieses so »erfahrenen und berühmten« Mannes erzählen:

23. Sehr wahrscheinlich zeigt das Bild Giotto. Detail des Freskos in der »Spanierkapelle« in Santa Maria Novella. Siehe auch Abb. 48.

»In das Dasein Giottos fielen, soweit wir es kennen, keine Schatten, und auch die Nachwelt entdeckte solche nicht an dem großen Künstler. Es ist eine schmerzliche Pflicht der Wahrhaftigkeit, daß der unparteiische Geschichtschreiber, der das Wesen einer Zeit darstellen will, nicht verschweigen darf, wie der Maler harmonischer Bibeldarstellungen, anmutreicher Madonnen und der Apotheose des Heiligen von Assisi gleich der Mehrzahl seiner Mitbürger ein allzu gewandter Geschäftsmann war, daß er, um es gerade herauszusagen, Ererbtes oder mittels seiner Kunst Gewonnenes durch Wucher mehrte. Unter seiner Leitung, wohl nach seinem Entwurf, wurde im Kreuzgewölbe der Unterkirche von Assisi die Vermählung des Franziskus mit der Frau Armut gemalt, der viele, echt Giotteske Engel freudig beiwohnen. Aber Giotto war neben seiner allseitigen künstlerischen Betätigung auch Dichter, und als solcher verfaßte er eine Canzone, in der er nichts weniger als das Lob der Madonna Povertà anstimmte; nur die freiwillig erwählte Dürftigkeit ließ der Maler des Poverello und seines Ordens gelten, die Heuchler, die, Armut im Munde führend, in Wahrheit ihre begehrlichen Hände nach den Gütern der Welt ausstreckten, erschienen ihm hassenswert. Solche Maske hat er selbst in der Tat verschmäht und seine Geschäfte vor aller Augen getrieben, was in seiner Umwelt allerdings durchaus nicht als Makel galt. Er verlieh Webstühle an Tuchmacher, die zu bedürftig waren, um das unentbehrliche Werkzeug anzuschaffen, was in der kapitalistisch gewandten Stadt ein übliches Mittel war, Geld nutzbar und überdies unter frommer Umgehung des kirchlichen Zinsverbotes anzulegen, wobei der Künstler denn, aufs Jahr berechnet, 120 Prozent seines Geldes herauszuschlagen verstand. In Florenz geben bisweilen auch nebensächliche Einzelheiten höchst fesselnde Einblicke ins wirkliche Leben; Lapo di Gianni, der Dichterfreund Dantes, schrieb als Notar die Urkunde über

24. Die *Weberei – la tessitura –* zeigt eine Frau am Webstuhl, wie sie von einer anderen und ihrem Gewand nach zu urteilen auch gesellschaftlich höher gestellten Frau beaufsichtigt oder auch in die Arbeit eingewiesen wird. Die hier dargestellte Arbeit konnte man mit Recht als *die* materielle Voraussetzung für den Reichtum der Tuchhändlerzunft und der Stadt Florenz begreifen.

Was dieses Täfelchen von Andrea Pisano nicht zeigt, was man damals aber wußte, ist der Umstand, daß die Arbeit des Webens häufig außerhalb von Florenz in den Stuben der Bauern auf dem Lande verrichtet wurde. Die städtischen Arbeiter sahen darin eine der Stadt durch das Land »gestohlene Arbeit«. Vielleicht war es nur Zufall, daß man unter den vielen Arbeitsvorgängen, die zur Herstellung der Tuche erforderlich waren, gerade solch einen zur Illustration auswählte, der den Wolltuchhändlern die geringsten Probleme bereitete. Die Arbeit auf dem Land konzentrierte sich nicht in großen Werkstätten, und manchmal waren die Bauern noch Besitzer des Webstuhls. Von der Zunft und den Händlern als Rohstofflieferanten und Abnehmer waren aber auch sie auf Gedeih und Verderb abhängig, der Lohn war kümmerlich. Und über Giotto haben wir ja bereits gehört, daß er mit dem Verleih solcher Webstühle ein gutes Geschäft zu machen verstand.

den Leihvertrag. Mit anderen übernahm Giotto Bürgschaft für mäßige Darlehen, was vielleicht aus Freundschaft geschah, aber als der Empfänger nicht zahlte, ließ er sich vom Gläubiger zum Bevollmächtigten ernennen, um für die ausgeklagte Schuldsumme über Besitzungen zu verfügen, die das Stadtgericht dem Geldgeber zugesprochen hatte. Bisweilen, im Jahre 1314, ernannte er zu gleicher Zeit nicht weniger als sechs Notare, um gegen säumige oder zahlungsunfähige Schuldner Prozesse zu führen und sich in deren Besitz einweisen zu lassen; zu anderer Zeit genügten ihm zwei solcher Prokuratoren für die gleichen Zwecke, jedenfalls war er neben seiner Kunst stark mit Eintreibung von Forderungen befaßt, was mehr dem Wesen eines berufsmäßigen Geldverleihers, der mit Buch und Tasche auf Mercato Vecchio oder Mercato Nuovo an seiner Wechselbank saß, als dem eines Heiligenmalers entsprach.«

Als Giotto mit der Arbeit am Dom begann, war die Fassade Arnolfo di Cambios mit drei der Joche zur Hälfte fertig. Dahinter standen immer noch die alte Kirche Santa Reparata und im Norden ein Glockenturm. Es scheint, als habe Giotto von all dem kaum Notiz genommen und sich ganz auf den Entwurf und den Bau eines neuen Campaniles konzentriert (Vgl. Abb. 22). Giotto starb 1337 in Florenz und hinterließ nur das untere Geschoß dieses insgesamt 88 m hohen Turms. Sein Grundriß ist quadratisch, die Kanten sind durch achteckige Pfeiler verstärkt. Die Marmorverkleidung ist am Inkrustationsstil des Baptisteriums orientiert. Ohne die Schönheit und raumgreifende Linearität des Campaniles

25. Die Darstellung der *Grammatik*. Schüler sitzen ihrem Lehrer in einem Raum gegenüber, dessen Tür deutlich erkennen läßt, daß es sich um einen Raum der Frührenaissance handelt. Brunelleschi hat am Findelhaus an der Piazza SS. Annunziata über der Loggia Fenster eingesetzt, deren Form hier Pate gestanden haben könnte.

Latein- und Grammatikschulen, auf denen man Grundkenntnisse zur Vorbereitung des Universitätsstudiums erwerben konnte, sind gegen Mitte des 15. Jahrhunderts längst in Florenz etabliert. Die Darstellung der *Grammatik* soll zeigen, daß es einen Fortschritt gibt vom rein handwerklichen, an körperlich mühsame Arbeit gebundenen Lernen zur abstrakten Vermittlung von Wissen und Theorie, wie es in Büchern aufgeschrieben ist.

Einen handfesten ökonomischen Grund für das Erlernen des Latein sieht Werner Raith im zunehmenden Bedürfnis der sich entwickelnden Warengesellschaft, Handel und Geschäfte auch juristisch zu fixieren. Dazu »trug auch wesentlich der sich immer weiter ausbreitende und in weitere Fernen vorstoßende Export bei, da man insbesondere bei Kaufleuten aus anderen Städten und Ländern eine Rechtsgrundlage benötigte, um nicht am Ende hereingelegt zu werden. Die lateinische Sprache war das einzige universelle Verständigungsmittel des Abend- und zum Teil auch des Morgenlandes, und so erstellte man juristische Urkunden und internationale Verträge am sinnvollsten in dieser Sprache«. (W. Raith, Florenz vor der Renaissance. 1979)

schmälern zu wollen, meinen wir, daß die sechseckigen Relieftäfelchen in seiner unteren Sockelzone noch interessanter und aufregender sind. Diese von Giotto vielleicht noch angeregten, von *Andrea Pisano* um 1340 und *Luca della Robbia* zwischen 1437 und 1439 angefertigten Tafeln sind eine große Darstellung des menschlichen Lebens, die mit der Erschaffung des Menschen beginnt und, sich fortsetzend, die menschliche Kultur und Zivilisation als einen durch Wissenschaft und Künste vorangetriebenen Prozeß interpretiert. Es wird die Geschichte des Gattungsfortschritts der Menschen erzählt: Die Stadt Florenz und das sie tragende Bürgertum werden darin gewissermaßen als das reifste Ergebnis dieses Fortschritts begriffen. Diese Veherrlichung der Stadt und des in ihr durch Fleiß und Arbeit erzeugten Reichtums ist am Campanile so ausgestellt worden, daß alle Bürger sich ein anschauliches Bild davon machen konnten.

Von den Reliefs befindet sich heute keines mehr an seinem ursprünglichen Ort. Man kann sie sich alle aus nächster Nähe und wunderbar erhalten im Dommuseum, dem *Museo dell'Opera del Duomo,* zwischen 9.30 und 16.00 Uhr, sonn- u. feiertags von 10.00-13.00 Uhr ansehen und

26. Dieses Relieftäfelchen zeigt die *Baukunst*, mit einem großen *capomastro*, dem Baumeister. Arnolfo di Cambio und auch Giotto bekleideten dieses Amt. Seine herausragende Körpergröße im Vergleich zu den am Turm mauernden Arbeitern spiegelt die hervorragende Bedeutung seiner künstlerisch planenden Tätigkeit gegenüber der bloß ausführenden Handarbeit.

– wenn man Zeit und Geduld hat – in Ruhe studieren. Es lohnt sich! Die Tafeln und was sie darstellen: Erschaffung Adams / Erschaffung Evas / Erste Arbeit / Jabal (Hirtenleben) / Jubal (Musik) / Schmiedekunst / Noah / Astronomie / Hausbaukunst (Abb. 26) / Medizin / Jagd / Weberei (Abb. 24) / Gerichtsbarkeit / Dädalus, der erste Mechaniker / Schiffahrt / Herkules besiegt den Giganten Cacus – das Soziale siegt! / Ackerbau / Theaterkunst / Architektur / Bildhauerkunst (Phidias) / Malerei (Apoll)

Von Lucca della Robbia stammen die Tafeln mit der Darstellung der Grammatik (Abb. 25), Logik und Dialektik, Poesie, Geometrie und Arithmetik und der Astronomie.

Wir wollen den Platz zwischen Baptisterium, Dom und Campanile nicht verlassen, ohne vorher noch etwas über die *wilden Tiere* erfahren zu haben, die es hier einmal gegeben hat. Dazu Davidsohn: »Am Eingang der jetzigen Via Calzaiuoli, die in ihrem oberen Teile damals Corso degli Adimari hieß, erhoben sich zu beiden Seiten hohe Geschlechtertürme, die erst 1843 der Straßenerweiterung zum Opfer gefallen sind, und die den Geschlechtern Adimari, della Tosa, Rocchi zu eigen waren. Schräg dem Südtor des Battistero gegenüber lag das 1321 von der ersteren dieser Familie erkaufte Haus der ›Misericordia‹, der Verwaltung des Hospitals der Lastträger; daneben, dort, wo nachmals die zierliche Loggia des Bigallo erbaut wurde, befand sich seit den 1250er Jahren der Löwenzwinger der Kommune, bis er 1319 nach dem Platz der Prioren, nahe der Stelle verlegt wurde, an der sich jetzt die Loggia dei Lanzi befindet, um später seine Stätte in einem großen, mit stattlichem Hof versehenen Hause an der Rückseite des Volkspalastes zu finden, wo

27. Fresko im Bigallo, Mitte des 14. Jahrhunderts.

denn die Erinnerung an ihn im Namen der Via dei Leoni fortwährt. Hier versorgten drei Wärter diese Tiere, die den Stolz der Bürgerschaft, das Sinnbild der Macht ihres Stadtstaates bildeten. Bis zu vierundzwanzig von ihnen, zum Teil am Arno geboren, tummelten sich zeitweilig in dem geräumigen Behälter. Im Zwinger am Battistero hatte man in einem ihm errichteten eigenen Häuschen auch einen Leoparden gehegt und für die Besichtigung der für groß und klein wunderbaren Bestien erhob man ein Eintrittsgeld, während im übrigen die Kommune für die Kosten ihrer Pflege aufkam.«

In der *Loggia del Bigallo* ist heute gegen ein Eintrittsgeld zwar kein Löwe, im Bigallo selbst aber ein Fresko mit der frühesten Gesamtdarstellung von Florenz zu besichtigen (Abb. 27). Es befindet sich im Saal des *Consiglio*. Florenz ist als eine vertikal zum Himmel emporstrebende *Civitas* abgebildet. Schlanke Türme dominieren das mittelalterliche Stadtbild, in dem noch nicht der Dom sondern das Baptisterium hervorgehoben ist.

Die Loggia und der kleine Palazzo dahinter sind mit Geldern der *Compagnia della Misericordia* zwischen 1352 und 1358 erbaut worden. Aus dieser Zeit stammt auch das Fresko, das sich ursprünglich außen in der Loggia befand. Unter ihren Bögen stellte die Gesellschaft der

28. Orsanmichele.

Barmherzigen Brüder elternlose und alleingelassene Kinder aus, um an die Barmherzigkeit der Vorbeigehenden zu appellieren.

Etwa auf halber Höhe zwischen Piazza San Giovanni und Piazza Signoria liegt, wie wir auf dem Plan (vgl. Abb. 10) bereits gesehen haben, an der Via Calzaiuoli das 40 m hohe Gebäude Orsanmichele (Abb. 28). Die Straße, das sei nachgetragen, hat ihren Namen übrigens von den hier vom 14. bis 16. Jahrhundert angesiedelten Geschäften, in denen man die Strümpfe – *le calze* –, ein damals für Männer wichtiges Kleidungsstück, herstellte.

An *Orsanmichele* (oder auch *Or San Michele,* wobei *Or* für *orto,* der Garten, steht) überrascht zunächst einmal die urplötzlich aufragende Höhe des Gebäudes. Kein frei gelassener Raum, der auf diese Architektur vorbereitet, weder an der Via Calzaiuoli noch an den drei anderen Straßenseiten. Auch dürfte es schwer fallen, auf Anhieb zu sagen, um was für ein Gebäude es sich handeln mag. Ein rechteckiger, dreigeschossiger Kasten, durchaus mit einem Stadtpalast in Verbindung zu bringen, wenn es im Untergeschoß nicht diese großen, geschlossenen gotischen Fenster gäbe. Zwischen ihnen, auf 14 Nischen verteilt, befinden sich Statuen, denen man schon ansehen kann, daß es sich bei ihnen nicht um ganz gewöhnliche Bürger der Stadt, sondern um Heilige handelt. Also doch eine Kirche? Oder was sonst?

Die Geschichte beginnt mit einer dem Hl. Michael geweihten Kirche eines Nonnenklosters, das an dieser Stelle seit dem 8. Jahrhundert

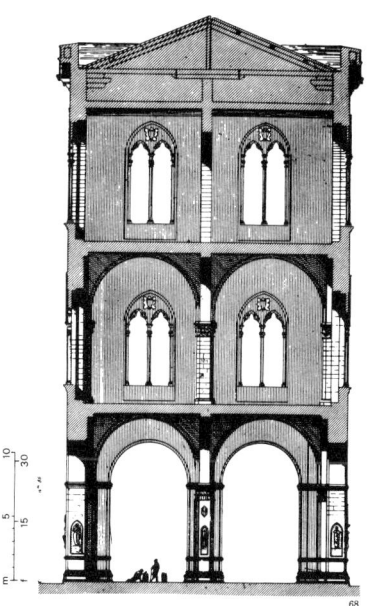

29. Orsanmichele (Querschnitt)

stand. Noch vor Mitte des 13. Jahrhunderts bestimmte man diesen Platz für den zukünftigen Getreidemarkt. Die kleine Kirche wurde abgerissen. Schließlich beauftragte der Rat der Stadt Arnolfo di Cambio, zum Schutz der Getreidehändler vor Regen und Schnee eine offene Loggia für den Markt zu errichten. An zwei ihrer Pfeiler brachte man zur Erinnerung an die ehemalige Kirche ein Bild des Hl. Michael und das der Muttergottes an. Es heißt, daß das Bild der Maria Wunder vollbrachte und Gläubige zu Ehren der *Madonna der Gnaden* ihre Loblieder darbrachten. Und da die Loggia des Getreidemarkts seit einem Brand im Jahre 1304 nur notdürftig wiederhergestellt worden war, beschloß der Stadtrat am 25. September 1336 den Neubau eines Getreidespeichers und eines dazugehörigen Oratoriums (Abb. 29).

»Der geplante Bau sei ›ein repräsentativer Palast, der inmitten des Stadtkörpers läge‹ . . . ›Eine Kirche in der Form eines Palastes‹ sollte entstehen, ›in dem man die ruhmreiche Jungfrau Maria besser verherr- lichen und das Korn und Mehl besser aufbewahren könne‹. Religiöser und praktischer Zweck werden in einem Satz genannt, sie gehören zusammen und bedingen sich gegenseitig. Die Aufbewahrung des Korns und die Verherrlichung des wundertätigen Marienbildes sind gleich wichtig für Wohl und Gedeihen der Stadt. Der Bau sollte ›über die Maßen prächtig‹ werden, damit sich ›die Herrlichkeit der Stadt an ihren

Künsten und Kunstwerken zeige‹. Für den Bau hatte die Kommune zu sorgen, für die Innenausstattung die wohltätige Gesellschaft von Or San Michele – man nannte sie die Laudesi –, für die Figuren des Äußeren die Zünfte. Die Gemeinde beauftragte ihrerseits die Zunft von Por San Maria mit der Durchführung des Auftrags, in der die Goldschmiede die maßgebenden Entscheidungen zu fällen hatten. Das ganze Werk sollte 80 000 Goldstücke kosten, wahrscheinlich mehr, als man für den Palazzo Vecchio aufgewendet hatte. (. . .) Orcagna hat für Or San Michele seit 1352 sein berühmtes Tabernakel geschaffen. Die erste Enthüllung noch vor der Vollendung 1359 löste ungeheure Begeisterung aus. Marchionne di Coppo zählt es unter die Weltwunder und beteuert, es sei in Marmor schöner und ebenso kostbar, als wenn man es in Silber gebildet hätte. (. . .) Zwei Jahre früher schon fällt eine Eingabe, in der die Verlegung des Kornmarkts gefordert wird, ›weil wegen des Korns, das dort verkauft wird, und wegen des Marktes, der dort stattfindet, der Glanz und die Schönheit des Tabernakels verblasse‹.

Die Bemühungen um die Erhaltung dieses Glanzes haben dann dazu geführt, daß man die Loggia mit jenen reichen Fensterwänden schloß, deren Entwurf und Ausführung von Simone Talenti stammen. Der Getreidemarkt wurde verlegt. Die Getreidebörse fand nunmehr im Obergeschoß statt (. . .) Orcagnas Tabernakel wird zu einem Meisterwerk und Ruhmestitel der Stadt, das man den ›Fremden‹ zeigt. Es gibt einen Erlaß, nach dem der Pförtner von Or San Michele berechtigt ist, gegen Entgelt den Vorhang vor dem Madonnenbild zurückzuziehen, falls Fremde es zu sehen wünschen« (nach W. Braunfels, Mittelalterliche Stadtbaukunst in der Toskana, 1953, 1979).

Im Innern sind noch bemerkenswert die schmalen Öffnungen an zwei der äußeren Wandpfeiler, durch die man vom ersten bzw. zweiten Obergeschoß das Korn hinunterschüttete, um es in bereitgehaltene Säcke einzufüllen. Über einer Tür, die nach oben führte, hat man einen Maßbehälter in Stein abgebildet. Maße an öffentlichen und kirchlichen Gebäuden waren besonders vertrauenswürdig.

In den Obergeschossen finden heute wechselnde Ausstellungen statt. Von dort oben hat man einen ganz ausgezeichneten Blick über die Stadt, muß dazu aber den Weg über den Palazzo der Arte della Lana nehmen, der durch eine Brücke mit Orsanmichele verbunden ist. Sie ist erst 1569 von Buontalenti im Auftrag Cosimos I. ausgeführt worden. Die Wolltuchproduzenten hatten hier ihren Sitz, und es spricht einmal mehr für ihre privilegierte Stellung unter den Florentiner Zünften, daß nur sie ihrem Zunfthaus den Namen eines *Palazzos* geben durften. Eines der teuersten Bekleidungsgeschäfte hat hier – wohl nicht ganz unpassend – seine Verkaufsräume eingerichtet.

Die Nischen in den vierzehn Erdgeschoßpfeilern von Orsanmichele sind 1336 den dreizehn einflußreichsten Zünften und dem Handelsgericht zugewiesen worden. Sie sollten ihre Schutzheiligen um Orsanmichele versammeln, was allerdings erst seit Anfang des 15. Jahrhunderts geschah. An der Via Calzaiuoli hatten links vom Eingang die *Calimala* (Tuchhändler) ihre Nische mit *Johannes dem Täufer,* eine Bronzestatue von Ghiberti (1416). Rechts davon der Bildstock des Handelsgerichts, ausgeführt von Donatello und Michelozzo (1425) mit einer Bronzegruppe »Christus und der ungläubige Thomas« von Andrea del Verocchio (1465-83; vgl. Abb. 2). Ganz rechts der Zunftheilige der Richter und Notare, der *Hl. Lukas* von Giambologna (1601). Man kann hier also *an einem Ort* drei Stufen der Entwicklung der Florentiner Plastik nachvollziehen.

Die anderen Statuen und ihre Zünfte:
Gegenüber vom Palast der Arte della Lana von links der *Hl. Matthäus* von Lorenzo Ghiberti 1419-23 für die Geldwechsler / *Hl. Stephanus* von L. Ghiberti 1422 für die Wolltuchzunft / *Hl. Eligius* von Nanni di Banco 1414 für die Schmiede.
An der *Via Orsanmichele* von links die Marmorstatue des *Hl. Petrus* von Donatello 1413 für die Metzger / *Hl. Philippus* von Nanni di Banco 1415 für die Gerber / *Vier Gekrönte Heilige* (vgl. Abb. 104) von Nanni di Banco für die Steinmetze und Zimmerleute mit einem Relief am Fuß des Bildstocks, das Bildhauer und Baumeister bei der Arbeit zeigt / *Hl. Georg* von Donatello um 1418 für die Waffenschmiede.
An der *Via de' Lamberti* die Marmorstatue des *Hl. Markus* von Donatello 1411-13 für die Zunft der Leinenhändler und Trödler / *Hl. Jakobus* von Niccolò di Piero Lamberti für die Kürschner und Pelzhändler / Die *Madonna della Rosa* für die Ärzte und Apotheker / *Johannes der Evangelist* von Baccio da Montelupo 1515 für die Seidenweber und Goldschmiede.
Über den Nischen der Zünfte hat man deren Wappen in Rundbildern – zehn als Fresko und vier in glasierter Terrakotta – angebracht. In der Via de' Lamberti kann man übrigens einen ausgezeichneten Kaffee trinken.

Die Via Calzaiuoli endet dort, wo man sie ebenso gut beginnen lassen könnte: an der *Piazza della Signoria.*
Eine Pflasterung mit Ziegelsteinen und Platten hatte der Stadtrat 1330 angeordnet, »weil dieser Platz ansehnlicher und gleichmäßiger sein müsse, als jeder andere Platz und jede andere Straße der Stadt«. Die Piazza della Signoria erhielt die Musterung, die wir von dem Bild mit der *Verbrennung Savonarolas* her kennen (vgl. Abb. 92).
Damals war der Platz nicht sonderlich schön. Es standen hier noch Reste der hohen Wohntürme der verhaßten ghibellinischen Familie Uberti. Gegen Ende des 13. Jahrhunderts wurde mit dem Abriß ihrer Häuser

begonnen, um einen Platz für das neue Zentrum der politischen Macht zu schaffen. Zwischen 1299 und 1314 entstand der ursprüngliche Kern des *Palazzo Vecchio* (vgl. Abb. 16) mit seinem Turm nach einem Plan von Arnolfo di Cambio. Am 13. Oktober 1313 soll erstmals der große Rat in den Räumen des Palastes getagt haben. Wie schon zuvor im Palazzo del Podestà (Bargello) hatten die Prioren hier ihren Amtssitz und ihre Wohnungen. Auch an der Vorschrift, daß sie den Palast während ihrer zweimonatigen Regierungszeit nur zu Amtsgeschäften verlassen durften, hielt man fest.

Was wir heute nicht mehr sehen können, ist das 1323 errichtete und später wieder abgerissene Geländer um den Sockel des Palastes, die *Aringhiera*. Von hier aus wandte sich die Signoria mit Reden und zu bestimmten zeremoniellen Anlässen öffentlich an das Volk. (Unsere Abb. 92 und 110 zeigen den Palazzo Vecchio mit dieser Aringhiera).

An deren Stelle tritt die 1376 begonnene und 1382 vollendete *Loggia dei Priori* (Abb. 30), wie man sie zunächst nannte. Im Vergleich zur bescheidenen Rednertribüne vor dem Palast ist die sich in drei hohen Rundbögen zur Piazza hin öffnende Halle schon zum architektonisch überhöhten Ausdruck dessen geworden, was sich in ihr an öffentlichen Amtseinführungen und anderen repräsentativen Staatsakten vollziehen sollte. So hat es auch verständlichen Widerspruch unter den Florentinern gegeben, weil man in diesem Bau ein Symbol der Tyrannis sah. Es heißt, damals hätten in Florenz nur adlige Familien gegenüber von ihren Häusern solche Loggien bauen lassen, um sich in ihnen *vor* dem Volk zu festlichen Anlässen, wie Hochzeiten und prächtigen Festbanketten, darzustellen.

Die leider nicht gerade billigen Cafés an der Piazza bieten Gelegenheit, sich länger und bequem von diesen beiden Monumenten aus der Zeit der Florentiner Republik beeindrucken zu lassen: Hier der mit rauhen Bossenquadern bewehrte Klotz des Regierungspalastes mit seinen erstaunlich kleinen Fensteröffnungen – nicht nur im Untergeschoß –, dem vortretenden, zinnengekrönten Wehrgang und dem aus der Mittelachse verschobenen Glockenturm. Daneben die Loggia, die die ihr ursprünglich zugedachte Funktion des öffentlichen Versammlungsorts der Staatsgewalt nicht mehr so recht hatte erfüllen können. Die oligarchische Herrschaft der Albizzi und Uzzano und seit 1434 die der Medici hatte mit diesem öffentlichen Gebäude nichts mehr anfangen können; es wurde schließlich von Cosimo I. de' Medici im 16. Jahrhundert zum »Spielplatz für Landsknechte« bzw. zur Ruhmeshalle der Kunst umfunktionierte. Die in der Loggia heute zu bestaunenden Skulpturen – die bekannteste unter ihnen ist Cellinis *Perseus* (1553; vgl. Abb. 105) – sind nach dem Sturz der Republik hier aufgestellt worden. Die herzogliche Wache der *Lanzichenecchi,* die zwischenzeitlich in der Loggia unterkam, hat ihr den Namen *dei Lanzi* eingebracht.

30. Ausschnitt aus einem Fresko Ghirlandaios. Siehe Abb. 110.

Nähert man sich der Piazza della Signoria von der *Via dei Cerchi* aus, so gewinnt man – noch unter dem Raumeindruck der engen Straße – einen interessanten Blick auf den langgestreckten Korridor der Uffizien bis hin zum Arno und vorbei an der Loggia und der Fassade des Palazzo Vecchio und den vor ihm aufgestellten Skulpturen des Neptun und David.

Durch eine noch engere Gasse kann man die Piazza della Signoria verlassen, und zwar rechts von der Loggia durch den *Chiasso dei Baroncelli* in Richtung Arno. Kurz nach Betreten dieser schmalen und hohen Gasse wird man rasch vergessen, daß man eben noch über einen der belebtesten Plätze von Florenz gegangen ist. So wie hier werden wohl die Wege hinter und zwischen den Häusern in der mittelalterlichen Stadt ausgesehen haben. Auch der Gestank dürfte in solch einer Gasse nicht die Ausnahme gewesen sein. Gewiß ist der *Chiasso,* wie viele andere vergleichbare Straßen, heute nicht mehr mit Abfällen und Fäkalien übersät. Das aber waren die Straßen und Gassen im alten Florenz, wenn man sie nicht aufgrund irgendeines Ratsbeschlusses »zur Ehre, zur Schönheit und zur Vollendung der Stadt« als »überaus schöne« Straßen angelegt hatte.

»Die *Straßenhygiene* ließ sehr viel zu wünschen übrig. Bei dem lebhaften gewerblichen Treiben waren die mannigfachsten Verunreinigungen durch Abfälle und Abwässer unvermeidlich, und die gelegentlich dagegen getroffenen Maßnahmen vermochten die Übelstände zu mildern, nicht sie zu beseitigen. In dem kleinen San Gimignano bemerken wir 1249 ein Vorgehen wider die Bürger, die an der Vigilie von Festtagen das Pflaster von ihren Häusern nicht fegen ließen, und das Statut von 1255 bestimmte dort, Offiziale hätten in jedem Stadtviertel die Aufsicht über die Straßenreinigung zu üben, aber aus der Metropole Toskanas ist uns eine regelmäßige Fürsorge solcher Art nicht bekannt. Nur wenn die Not am höchsten stieg, raffte man sich zu Vorkehrungen auf; so erfolgte 1348, als die furchtbare Pest ihre Schatten vorauswarf, die Ernennung von Bürgerbeamten, auf deren Veranlassung »die Stadt von vielem Unrat befreit wurde«. Einen Abtritt besaßen nur die Häuser Wohlhabender, die Masse der Unbemittelten befriedigte ihre Bedürfnisse ehedem vor den Mauern des ersten, aus Römerzeiten stammenden Cerchio, und darin war im Dugento, im Trecento nur insofern ein Wandel eingetreten, als jene Gegenden inzwischen längst von Straßen durchzogen waren, so daß statt ihrer mit Vorliebe die Trümmerstätten von der Parteiwut zerstörter Häuser zu solchem Zweck benutzt wurden, was denn für die öffentliche Wohlfahrt noch gefährlicher war. Gegenüber dem ältesten Florentiner Gotteshause, der Basilika San Lorenzo, war 1297 die Beschwer so stark, daß der aufsteigende Geruch Betende und Priester bei der Andacht störte. Am Rande der Stadt dienten in hergebrachter Art die unbebauten Stellen vor dem zweiten Mauernkreise dem Umherwohnenden als Ersatz dessen, was in ihren Wohnungen nicht vorhanden war. Im Jahre 1317 befaßten sich die Prioren mit dem zwischen der alten Porta San Frediano und der Kirche Santa Maria del Carmine herrschenden Zustande; die Gegend sei, wie berichtet wurde, eine Ablagerungsstätte allen Schmutzes, Männer, Frauen und Kinder entleerten dort »den Überfluß der Natur«, und man beschloß, den Ort in einen Platz der Kommune zu verwandeln, wodurch denn freilich das Übel nur anderswohin abgedrängt wurde.« (Davidsohn)

Wo die Gasse auf die *Via Lambertesca* stößt, liegt an der Ecke eine *Latteria*. Wer sich um die Mittagszeit in der Nähe aufhält und nicht viel essen möchte, dem seien die belegten und gerösteten Brote mit Ei und Spinat empfohlen, die man hier auch mit frischer Milch bekommt. Es gibt zwei, drei Tischchen, an denen man sich ausruhen kann.

Unterhalb der Via Lambertesca (man geht links und bald wieder rechts, also nicht unter den Uffizien hindurch, die sich hier rücksichtslos ausbreiten) verläuft eine der ältesten Gassen, die sich seit dem Mittelalter kaum verändert hat: die *Volta dei Girolami*. Es ist eine dunkle, weil mehrfach überbaute Gasse mit alten, eisenbewehrten Fenstern und Toren. Nicht umsonst nennt sie sich *Volta*, das »Gewölbe«.

An ihrem Ende geht es rechts in ein Kellergewölbe hinunter zu einem der Restaurants, in denen man hervorragende toskanische Küche serviert: das *Buca dell' Orafo*.

31. Die Rekonstruktion einer Turmgemeinschaft, wie sie im Idealfall um 1250 ausgesehen haben könnte.

Über das Wohnen in Türmen und Palästen

Es fallen einem im historischen Zentrum der Stadt immer wieder wuchtige und hohe Türme auf. Sie sind stark gemauert mit einem ockerfarbenen Haustein; die Türen sind schmal und nicht sehr hoch, ebenso wie die wenigen Fenster. Nur selten stehen sie so frei wie der Turm der Alberti in der *Via dei Benci*, Ecke *Borgo S. Croce,* der darüber hinaus als einziger von der üblichen quadratischen Grundform abweicht. Im historischen Zentrum stehen die Türme zwischen der Via Calzaiuoli und Via Proconsolo, z. B. an der Ecke *Via delle Oche/Via dello Studio*, an der Ecke *Corso/Via delle Oche* und *Corso/Via San Elisabetta,* und am *Vicolo dei Cerci.* Schöne Türme findet man an der Via Toscanella und am Borgo S. Jacopo auf der anderen Arnoseite im Viertel von Santo Spirito. Hier hat man nach der Zerstörung durch die Deutschen 1944 u. a. auch den aus dem 13. Jahrhundert stammenden Turm der Rossi-Cerchi wieder aufgebaut. Ein weiteres schönes Beispiel ist der *Torre della Castagna* in der Nähe der Via Dante, gegenüber vom Eingang der kleinen Kirche *San Martino.* Dieser Turm diente 1282 den Prioren als sicherer Amtssitz. Das war insofern kurios, als der Rat der Stadt, mit den Prioren und dem Gonfaloniere di Giustizia an seiner Spitze, genau zehn Jahre später

32. Ein Kampf zwischen zwei Türmen in Genua (Manuskript der Annalen von Genua, Bibliothéque Nationale Paris).

Eine Genueser Chronik schildert uns solch einen Kampf aus dem Jahr 1194: »Die Volta und ihre Partei konstruierten eine neue mächtige Waffe. Sie richteten diese Waffe gegen Oberto Grimaldis Turm und gegen Oberto Spinolas neuen Turm. Es gelang ihnen, während alle zuschauten, ein Loch in den neuen Turm von Bulbunoso zu schlagen, der an der Kreuzung von St. Syrus steht. Auf diese Weise zerstörten sie den Großteil des Turms und brachten ihn zum Einsturz. (. . .) Später stellten sie noch weitere ›Maschinen‹ auf, und auch die andere Partei konstruierte viele ›Maschinen‹ und schleuderten viele Steine gegen die Häuser und Türme . . .«.

beschloß, alle Türme in Florenz auf eine bestimmte Höhe zu schleifen. Aber warum?

Diese Türme waren seit Ende des 12. Jahrhunderts Wohnsitz der in der Stadt ansässigen Adelsfamilien. Sie bildeten hier ihre Interessen- und Blutsgemeinschaften, wobei die Türme so dicht aneinanderrückten, daß sie nach außen wie eine kleine Festung Schutz vor feindlichen Übergriffen anderer Familienverbände boten (Abb. 31). Die kleinen Löcher und Konsolen im Mauerwerk waren dazu bestimmt, hölzerne innere und äußere Umgänge zu schaffen, die an friedlichen Tagen die räumliche Enge in den Türmen erträglicher machten. Wurde aber gekämpft, dann konnte man mit ihrer Hilfe Brücken von einem feindlichen Turm zum anderen schlagen (Abb. 32).

Warum die Türme oft eine solch schwindelerregende Höhe erreicht haben – wie ein fast 100 m hoher Turm in Bologna – mag mit der räumlichen Enge in der Stadt zu tun gehabt haben. Immerhin will ein gewisser *Lago di Castiglionchio* damals 150 Türme in Florenz gesehen haben. Andererseits war die Höhe eines Turmes die einzige Form, in der man sich architektonisch voneinander unterscheiden und gleichzeitig seinen Machtanspruch gehörig zum Ausdruck bringen konnte.

Das Fresko aus der Loggia del Bigallo (Vgl. Abb. 27) zeigte uns Florenz um die Mitte des 14. Jahrhunderts als eine in der Vertikalität betonte und wenig raumgreifende Stadt. Erst der *Kettenplan* (Vgl. Abb. 47) um

33. San Gimignano.

1480 betont erstmals die horizontale Ausdehnung. Das Florenz um die Mitte des 13. Jahrhunderts muß mit seinen 150 Wohntürmen wie ein himmelstürmender Wald von Türmen ausgesehen haben.

Ein annäherndes Bild davon kann man sich heute in dem toskanischen Städtchen *San Gimignano* machen. Auf der Fahrt von Florenz nach Volterra, etwa hinter Colle di Val d'Elsa, erkennt man bei guter Sicht schon von Weitem die »Hochhaus-Silhouette« der auf einem Hügel gelegenen Gemeinde (Abb. 33). Auch hier macht man die bereits erwähnten Streitigkeiten zwischen den Guelfen, angeführt von der Familie der Ardinghelli, und den Ghibellinen mit der Familie der Salvucci an ihrer Spitze verantwortlich für den Bau von insgesamt 72 Türmen mit einer Höhe von etwa 50 Metern. Die Pest 1348 und die hier nicht abreißen wollenden Kämpfe schwächten San Gimignano, so daß es sich 1352 Florenz unterwerfen mußte.

Mit der Änderung der Rechtsverfassung, den *Ordinamenti della Giustizia,* beschloß das republikanisch gewordene Florenz 1293, daß alle Türme des Adels auf eine Höhe von dreißig Metern abzutragen seien. Es sollte nicht mehr die unzähligen Türme verfeindeter Familien, sondern nur noch *einen* Turm geben, der die Herrschaft der Stadt und der gewählten Signoria symbolisierte: den Turm des Palazzo Vecchio (vgl. Abb. 16). Im Gesetzestext stand geschrieben:

34. Turnierkampf nach einem Holzschnitt, Venedig 1522.

»Um dem Hochmut der Türme Einhalt zu gebieten und damit ihre Konstruktion
nicht zum Verrat führt, ordnen wir an, daß es niemandem erlaubt ist, in der Stadt,
sei es in den Bezirken oder in den Vorstädten, Türme, Paläste, Häuser oder
irgendwelche anderen Gebäude aufzumauern oder zu errichten über das Maß
hinaus, das sich aus den Abmessungen des Turms von Santo Stefano ergibt.
Dieser Turm, nach dem alle anderen bemessen werden, ist 50 Ellen hoch.«

Das war das sichtbare Zeichen der Zerstörung der aristokratischen
Turmgesellschaft, der *società delli torri*. Dabei scheint das adlig-ritterli-
che Leben in der Folgezeit ein beliebtes Versatzstück zur Aufwertung
der bürgerlichen Lebensführung geworden zu sein. So beklagt sich der
bekannte *Franco Sacchetti* über den inflationären und unwürdigen Gebrauch ritterlicher Verhaltens- und Würdeformen gegen Ende des
14. Jahrhunderts. Er schreibt:
»Vor ein paar Jahren hat jedermann sehen können, wie sich Handwerker, bis zu den Bäckern herunter, ja bis zu den Wollekratzern,
Wucherern, Wechslern und Halunken zu Rittern machen ließen. Weshalb braucht ein Beamter, um als Rettore in eine Landstadt gehen zu
können, die Ritterwürde? Zu irgendeinem gewöhnlichen Broterwerb
paßt dieselbe vollends nicht. O wie bist du gesunken, unglückliche
Würde! Von all der langen Liste von Ritterpflichten tun diese Ritter das
Gegenteil. Ich habe von diesen Dingen reden wollen, damit die Leser
inne werden, daß das Rittertum gestorben ist. So gut wie man jetzt sogar
Verstorbene zu Rittern erklärt, könnte man auch eine Figur von Holz
oder Stein, ja einen Ochsen zum Ritter machen.«
Bei aller Lächerlichkeit, der das ritterliche Adelsleben in Florenz ausge-
setzt gewesen zu sein scheint, hatte es seine Faszination auf reiche
Florentiner nicht verloren. Die ritterlichen Turniere mit ihren gefährlichen Lanzenrennen und den Mut- und Kraftproben fanden vor allem in
der Zeit des Lorenzo de' Medici begeisterte Nachahmer (Abb. 34).
Damit wir uns ein rechtes Bild machen können, wie das reiche Stadtbürgertum nach der Zerstörung der Türme gewohnt hat, ist von der
Kommune in der *Via Porta Rossa* ein Palast aus der Zeit des frühen

14. Jahrhunderts zu einem Museum für florentinische Wohnkultur eingerichtet worden. Es handelt sich um das *Museo dell'Antica Casa Fiorentina* im *Palazzo Davanzati*.

Als wir vorhin von der Piazza della Signoria durch den Chiasso dei Baroncelli zur Via Lambertesca gegangen sind, hätten wir auch rechts diese Straße bis zur *Via Por Santa Maria* weiter laufen können. Sie ist die älteste Straße in Florenz, weil sie dem Verlauf der Via Cassia folgt, nach der der *Cardo maximus* der römischen Stadt ausgerichtet war. Nach den Zerstörungen durch die Minen der Deutschen ist die Straße mehr schlecht als recht wiederaufgebaut worden.

Um zum Palazzo Davanzati zu gelangen, können wir durch die *Via delle Terme* gehen, an der neben alten Turmhäusern (man nennt sie auch *Geschlechtertürme*) auch den *Palazzo di Parte Guelfa* (Sitz der Guelfen-Partei) mit seiner Rückseite liegt (vgl. Abb. 6).

Geschichte und Beschreibung dieses Palastes entnehmen wir einmal dem *Univis*-Florenzreiseführer:

»Der Palazzo di Parte Guelfa ist ein Baukomplex, der, da er im Verlaufe der Jahrhunderte umgebaut und erweitert wurde, eine Synthese der Entwicklung der Baukunst vom 14. bis zum 16. Jahrhundert ist.

Die Teile aus den verschiedenen Epochen harmonisieren miteinander vollkommen; die Erweiterung von Brunelleschi (15. Jh.) mit der glatten Steinverkleidung und den anderen großen Bogenfenstern über dem Gebälk wächst organisch aus dem Erdgeschoß des 14. Jahrhunderts, ebenso wie die kleine Loggia des Vasari aus dem Teil des Baus von Brunelleschi.

Heute ist der Palast Sitz verschiedener Organisationen.

Geschichte

14. Jh. Bau des ersten Teils des Gebäudes in Richtung der Piazzetta. Der Palast wurde für den Richter der Capitani di Parte Guelfa gebaut und wurde daher Sitz und Versammlungsort der Partei der Welfen und ebenso Verwaltungssitz für die Beschlagnahme der Güter der Ghibellinen. 15. Jh. Bau des zweiten Teils des Palastes, angelehnt an den ersten Teil und an der Via delle Terme und der Via di Capaccio. Der erste Stock wurde durch Filippo Brunelleschi und später Francesco della Luna ausgeführt. 16. Jh. Erweiterung des Palastes durch eine kleine vorhängende Loggia an der Via di Capaccio durch Giorgio Vasari.«

Nördlich von der Via delle Terme stößt man auf die Loggia des *Mercato Nuovo,* die Giovanni Battista del Tasso 1547-51 auf Geheiß Cosimos I. für die Seiden- und Goldhändler errichtet hat.

An der Via Porta Rossa, etwas weiter hinunter zur Via dei Tornabuoni, liegt an der Straße, gegenüber von einem Platz, der *Palazzo Davanzati* (Abb. 35). Er ist, wie gesagt, ein Museum, das man vormittags zwischen

35. Palazzo Davanzati.

9.00 und 14.00 Uhr besuchen kann (Montags bleibt der Palast geschlossen). Wenn an anderer Stelle in unserem Buch (S. 172 ff.) vom »Guten Essen« und von »Reichen Vorräten und klugen Ratschlägen« die Rede sein wird sowie von den Eßgewohnheiten und Tischsitten des reichen Kaufmanns Francesco Datini aus Prato, dann wird man sich all das in einem Palast wie diesem vorzustellen haben.

An diesem Palast fasziniert eigentlich alles. Da ist zunächst die große dreiarkadige Loggia oder Vorhalle. Sie ist heute geschlossen, diente aber

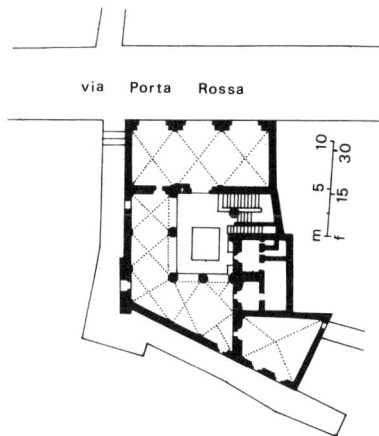

via Porta Rossa

36. Grundriß des Palazzo Davanzati.

früher der Abwicklung von Geschäften und der Ausrichtung von Festlichkeiten. Äußerst beliebt war es auch, die Halle dreigeteilt an Händler zu vermieten, die hier ihre Waren feilboten. Nach der Loggia tritt man durch ein schweres Tor in den Innenhof des Palastes. Wir sind eigentlich jetzt erst im Wohnhaus. Unten im Hof fällt gleich die enorme Höhe des Raums auf. Hier im Erdgeschoß und im Keller befanden sich die Vorratsräume für die Lagerung von Mehl, Öl und anderen Gütern, die man zu Notzeiten (schlechte Ernten, Dürreperioden, Unruhen in der Stadt) gut gebrauchen konnte. Im Innenhof führt eine Stein- bzw. Holztreppe zu den einzelnen Etagen. Sie ordnen sich um den Hof und sind nur von ihm aus zugänglich (Abb. 36).

Das erste und zweite Geschoß sind sich in der Raumaufteilung sehr ähnlich. Jeweils zur Straße liegen große repräsentative Säle (die *sala mandornale* im 1. Geschoß). In dem hinteren Teil befinden sich Schlafräume mit kleinen Klosetts. Alle Räume sind mit Fresken ausgemalt. Sie erinnern an Wandteppiche, wie man sie in den Kastellen aufhängte, um den Raum wärmer zu machen. In einem der Schlafräume sind im oberen Teil der Wände Szenen aus einer tragischen Liebesgeschichte gemalt. Die Art der Bemalung vermittelt die Illusion, als befände man sich in einem mit Wandteppichen verhangenen Raum, der sich in eine Landschaft öffnet. Das ist kein Raum in einem Steinpalast, der wiederum in einer völlig aus Steinen gebauten und dicht bevölkerten Stadt steht. Ob wir es mit einem Traum- und Wunschbild zu tun haben?

Man muß öfters durch diese Räume gehen, stehenbleiben, hinunterschauen in den Hof und aus den Fenstern auf die Straße. Der Palast ist reich an Details. Erstaunlich ist der *Ziehbrunnen,* um das eigene Wasser in alle Etagen, vor allem in die oben gelegene *Küche,* zu bringen. Das war damals ein Luxus. Wasser mußte man von einem der nahegelegenen Brunnen im Stadtquartier holen. Sehr schön gearbeitet sind die *Köpfchen* an einem der Kapitelle der achteckigen Pfeiler, die das Gewölbe des Innenhofs tragen. Der Kaufmann als Vater des *ganzen Hauses* scheint hier mit anderen Familienmitgliedern, zu denen auch das Dienstpersonal mitsamt den Sklaven gehörte, abgebildet zu sein.

Es ist, als verkörpere sich in diesem Detail das unter den Kaufleuten neu erwachte Bewußtsein von der Notwendigkeit eines geordneten Hauswesens mit seiner Ökonomie der Vorratshaltung und Sparsamkeit und seiner neuen Beziehung zwischen den einzelnen Familienmitgliedern. Man fängt an, über das Zusammenleben, über Erziehung u. dgl. nachzudenken (siehe auch S. 73). Jakob Burckhardt sieht in dem Dialog über die Leitung des Hauses, den Leon Battista Alberti im 15. Jahrhundert verfaßt hat, das – wie er sich ausdrückt – »schätzbarste Aktenstück«:
»Ein Vater spricht zu seinen erwachsenen Söhnen und weiht sie in seine ganze Handlungsweise ein. Man sieht in einen großen, reichlichen Hausstand hinein, der, mit vernünftiger Sparsamkeit und mit mäßigem Leben weitergeführt, Glück und Wohlergehen auf viele Geschlechter hinaus verheißt. Ein ansehnlicher Grundbesitz, der schon durch seine Produkte den Tisch des Hauses versieht und die Basis des Ganzen ausmacht, wird mit einem industriellen Geschäft, sei es Seiden- oder Wollenweberei, verbunden. Alles, was zur Einrichtung und Anlage gehört, soll groß, dauerhaft und kostbar, das tägliche Leben darin so einfach als möglich sein. Aller übrige Aufwand, von den größten Ehrenausgaben bis auf das Taschengeld der jüngern Söhne, steht hierzu in einem rationellen, nicht in einem konventionellen Verhältnis. Das Wichtigste aber ist die Erziehung, die der Hausherr bei weitem nicht bloß den Kindern, sondern dem ganzen Hause gibt. Er bildet zunächst seine Gemahlin aus einem schüchternen, in vorsichtigem Gewahrsam erzogenen Mädchen zur sichern Gebieterin der Dienerinnen, zur Hausfrau aus; dann erzieht er die Söhne ohne alle unnütze Härte, durch sorgfältige Aufsicht und Zureden, ›mehr mit Autorität als mit Gewalt‹, und endlich wählt und behandelt er auch die Angestellten und Diener nach solchen Grundsätzen, daß sie gern und treu am Hause halten.«

Ein sehr schönes Bild hängt im großen Saal des ersten Geschosses. Es hat der gleiche Künstler gemalt, von dem auch die Ausmalung der Hochzeitstruhe mit Szenen des festlichen Tanzes reicher Florentiner Familien vor dem Baptisterium als Hintergrund stammt (vgl. Abb. 38a/38b). Dieses Rundbild zeigt Kinder, wie sie um die Mitte des 15. Jahrhunderts auf der Straße gespielt haben mögen. Im Hintergrund erkennen wir Paläste mit Stangen vor den Fenstern. Es war üblich, hier Wäsche zu trocknen oder aber auch Äffchen und Vögel darauf zu setzen.

Man kann sich davon übrigens überzeugen an dem Tabita-Fresko von Masolino und Masaccio in der Brancacci-Kapelle der Carmine-Kirche (vgl. Abb. 114).

Die Küche im Obergeschoß haben wir schon erwähnt. Neben allerlei altem Küchengerät sind an den Wänden Sgraffittomalereien bemerkenswert, die auch die Wände einiger anderer Räume schmücken; Wandkritzeleien mit nicht immer liebenswerten Sprüchen.

Außen bietet der Palast das Bild eines hohen und eher schmalen Baus. Deutlich ist das Eingangsgeschoß aufgrund der großen Arkaden- bzw. Torbögen und der leichten Bossenquaderung von den durch jeweils fünf gleichmäßig verteilte Fensteröffnungen gegliederten oberen Geschossen unterschieden. Die Loggia als Abschluß des Palastes ist erst im 16. Jahrhundert hinzugebaut worden. Sie bot Gelegenheit, der Enge und der stickigen Luft in den Straßen zu entfliehen und in luftiger Höhe beschattet die heißen Tage der Sommermonate besser zu ertragen – wenn man sich nicht ohnehin in seiner Villa auf dem Land aufhielt (siehe S. 131 ff.).

An Details an der Fassade fallen die Ringe zum Anbinden der Pferde auf, die Halterungen für Fackeln, die Stangen vor den Fenstern, die wir schon auf dem Rundbild bemerkt haben und das große Wappen der Davanzati. Der Platz vor dem Palast stammt aus späterer Zeit.

Zur Geschichte sei noch nachgetragen, daß der Palast zu Beginn des 14. Jahrhunderts von der Familie Davizzi(Wollhändler) als Stadtpalast gebaut wurde. 1516 wohnten hier die Bartolini und 1578 kaufte Bernardo Davanzati den Palast. Elia Volpi erwarb 1906 den Palast, ließ ihn restaurieren und richtete die Räume mit alten Möbeln aus der Zeit des 14. und 15. Jahrhunderts ein.

Die Via Porta Rossa führt zur *Piazza S. Trinità,* die ihren Namen von der von Vallombrosaner-Mönchen seit Ende des 11. Jahrhunderts erbauten Kirche erhalten hat. Die jetzige Fassade ist im Stil des späten 16. Jahrhunderts von Buontalenti ausgeführt worden. In der Kirche befindet sich u. a. die Familienkapelle der *Sassetti,* die von Ghirlandaio zwischen 1483 und 1485 ausgemalt worden ist (siehe im Folgenden dazu S. 266 ff.).

Beherrscht wird der Platz aber seit Ende des 13. Jahrhunderts von dem gewaltigen Palast der Familie *Spini.* Die »Säule der Gerechtigkeit« *(Colonna della Giustizia)* erinnert an den Sieg der Medici bei Montemulo, 1539. Cosimo I. hat sie von Papst Pius IV. als Geschenk erhalten. Ursprünglich stammte sie aus den Caracallathermen in Rom.

Dort wo die Via Porta Rossa auf die Piazza stößt, verlief vormals die Mauer des sogenannten »2. Rings« (vgl. Abb. 11). In der Mauer befand sich an dieser Stelle eine kleine Tür, durch die man leicht nach draußen in die Natur gelangte. Dieses Türchen war aus roten Ziegelsteinen gemauert. Sie gaben der Straße ihren Namen.

An der Kirche führt rechts die *Via dei Parione* vorbei. Von ihr biegt bald

37. Ansicht des Palazzo Rucellai in der Via della Vigna Nuova, aus der Richtung der Loggia aufgenommen.

rechts die *Volta della Vecchia* ab, an deren Ende man auf die *Via Purgatorio,* eine kleine Straße mit Schreinerwerkstätten, stößt. Links an der Ecke zur *Via Parioncino* liegt eine schlichte, kleine Trattoria, in der man ausgezeichnet toskanische und florentinische Spezialitäten essen kann.

Wenn man von der Volta della Vecchia auf die Via Purgatorio stößt und sie hinunterschaut, wird an deren Ende ein hoher Palast auffallen, der mit seiner Fassadengliederung das ihn umgebende Straßen- und Häuserambiente aufbricht. Es handelt sich um den *Palazzo Rucellai* (Abb. 37) an der *Via della Vigna Nuova.* Dieser Palast ist, wie schon der Palazzo Davanzati, für einen reichen Florentiner Händler gebaut worden, für *Giovanni Rucellai.* Entworfen hat den Palast 1446 Leon Battista Alberti; er wurde unter der Leitung von Bernardo Rossellino 1451 vollendet.

Alberti hat in seinem Architekturtraktat an einer Stelle eine Begründung für das neuartige ästhetische Konzept gegeben, das dieser Palastarchitektur zugrunde liegt. Er meint, daß der Herrscherpalast nicht durch das bedrohliche Äußere, sondern durch die Harmonie der Proportionen, der Schönheit der architektonischen Formen und der Kunstwerke, die ihn schmücken, dominieren müsse. Der von ihm selbst entworfene Palast folgt dieser Anweisung. Das Mauerwerk ist aus flachen, regelmäßigen Quadern angelegt. Lisenen und Quergebälke, zur Unterteilung der drei Geschosse, gliedern den Bau in der Vertikalen und Horizontalen. Zweigeteilte Bogenfenster füllen die dazwischen gelegenen Wandflächen aus. Im Untergeschoß gibt es keine Tore, sondern gerade abschließende Portale mit kleinen quadratischen, vergitterten Fenstern darüber, die die horizontale Anlage des Baus unterstreichen. Die Steinbänke am Fuß des Palastes dienten als Sitzgelegenheiten für wartende Kunden. Die ›Harmonie der Proportionen‹ dieses Palastes käme noch deutlicher zum Vorschein, wenn es bei dem ursprünglichen Plan einer symmetrischen, in fünf Felder gegliederten Fassade geblieben wäre.

Dem Palast gegenüber liegt die große *Loggia* der Rucellai. Sie gehörte zum Palast. Alberti hat sie 1468 entworfen und sich auch über die Funktion solcher Loggien geäußert. Er schreibt: »Abgesehen davon, daß sie der Stadt zur Zierde gereichen, gewähren sie außerordentlichen Nutzen, Schutz vor der Hitze und den Sonnenstrahlen. Es ist ein Ort, wo bejahrte Männer sitzend oder im Gespräch auf und ab gehend den Tag hinbringen können. Die Anwesenheit der Älteren würde zugleich die ausgelassene Jugend zügeln und sie vor losen Streichen zurückhalten«. Eine Loggia, wie die der Rucellai, diente vor allem als Ort großer Familienfeste, Hochzeiten, Geburts- und Begräbniszeremonien und üppiger Festbankette (Abb. 38a/38b), und das in einem Quartier, das keineswegs nur der wohlhabenden Bevölkerung vorbehalten war. Es charakterisiert diese Zeit, daß unterschiedliche Klassen in einem Quartier zusammenlebten. Deshalb hatten die in der Öffentlichkeit einer

38a. Eine vornehme Festgesellschaft beim Tanz. Es handelt sich um einen Ausschnitt einer bemalten Hochzeitstruhe (cassone), wie sie zwischen 1430 und 1460 sehr beliebt waren. Im Hintergrund erkennt man das Baptisterium. Und wir sehen, daß es üblich war, von einem Palast zum anderen farbige Zelttücher zu spannen und so den Straßenraum zwischen den Palästen und Loggien zu benutzen. (Adimari-Cassone, Galleria dell'Accademia).

Loggia veranstalteten Feste und Handlungen einen durchaus repräsentativen und mitunter auch kommunikativen Wert innerhalb des Quartiers (Abb. 39).

Im Vergleich zum Palazzo Davanzati fällt auf, daß der Stadtpalast des reichen Florentiners Giovanni Rucellai sehr viel aufwendiger und bewußt nach ästhetischen Gesichtspunkten entworfen und ausgeführt worden ist. In der Enge des Stadtquartiers will sich diese Formsprache

38b. Ausschnitt aus der gleichen bemalten Truhe.

nicht so recht entfalten. Eingebunden in die Straße, wie es die Wohnpaläste bis dahin immer waren, springt ein solcher Palast kaum ins Auge. Er bedarf eines Freiraums. Im Fall des Palazzo Pitti haben wir zu Beginn des Stadtrundgangs gesehen, daß man zu diesem Zweck vor dem Palast einen Platz anlegte.

Seitlich des Palazzo Rucellai führt die Via de Palchetti vorbei an vom Abriß bedrohten Häusern, die seit der Überschwemmungskatastrophe von 1966 auf ihre Restaurierung warten. Es sind nicht die einzigen in Florenz.

Über die Via dei Federighi gelangt man zur Piazza San Pancrazio und von hier durch die Via della Spada zur *Via dei Tornabuoni*. Wenn man von der gegenüberliegenden Straßenseite nicht zur Piazza S. Trinità sondern in die andere Richtung schaut, wird man, da die Via dei Tornabuoni dort in einer leichten Krümmung verläuft, den *Palazzo Antinori* sehen. Er ist zwischen 1461 und 1466 von Giuliano da Maiano gebaut worden und befindet sich seit Ende des 15. Jahrhunderts im Besitz der Antinori. Von ihrem Palast aus, der vielleicht der schönste Renaissance-Palast in Florenz ist, weil an ihm die Bautradition des 14. Jahrhunderts mit verarbeitet wurde, wickeln die Antinoris noch heute ihre Geschäfte ab.

An der rechten Seite der Straße gibt es übrigens eine sehr gute Kunstbuchhandlung.

An der gegenüberliegenden Straßenseite *zur Piazza Repubblica* hin liegt

95

39. Die zugemauerte *Loggia Rucellai* gegenüber vom Palazzo Rucellai in der Via della Vigna Nuova. Die gesellschaftliche Funktion einer vormals geöffneten Loggia ist im 19. Jahrhundert nicht mehr bekannt gewesen. Aber auch im späten 15. Jahrhundert kommt es bereits zu solchen ›Schließungen‹.

aber auch der erst sehr spät im 15. Jahrhundert erbaute *Palazzo Strozzi* (Abb. 40).

Die Begeisterung, mit der Piero Bargellini diesen Palast in seinem Buch »Florenz – erleben und verstehen« beschreibt, wird sicherlich nicht jeder teilen. Bargellini schreibt:

»Der mächtige und elegante Palazzo Strozzi ist das vollkommenste Beispiel für die Architektur der Renaissance. (. . .) Man betrachte nur diesen Palast: Im Untergeschoß lädt eine lange Steinbank die Leute ein, im Schatten der Wohnung des Reichen auszuruhen. Die Rustikaquader sprechen für Gediegenheit , aber auch für einen gewissen Egoismus. Im ersten Stock sind sie dann nicht mehr so roh und die großen, für ein glückliches Familienleben geschaffenen Säle bekommen ihr Sonnenlicht von einem luftigen, freien Platz. Die schönen Biforienfenster mit Rundbögen sind elegant mit dem Familienwappen verziert. Das oberste Geschoß verliert noch mehr an Schwere und ist von keiner Dachtraufe

40. Palazzo Strozzi.

beschattet, sondern von einem großartigen reich geschmückten Kranz-
gesims umgeben, das wie eine Adelskrone auf der Stirn eines Neureichen
wirkt.«

Mit dem Bau des Palastes begann der Architekt *Benedetto da Maiano*
1489 im Auftrag des äußerst vermögenden *Filippo Strozzi*. Dieser hatte
fast zwanzig Jahre verhandeln müssen, bis er schließlich all die Häuser
abreißen lassen konnte, die vorher hier standen. Der Apotheker *Lucca
Landucci* hat als Zeuge die Abbrucharbeiten beschrieben: »Und am 20.
des Monats (1489) war man fertig mit dem Ausfüllen dieses Teils der
Piazza de' Tornaquinci. Und immerfort riß man noch die Häuser nieder,
mit großer Zahl von Meistern und Handlangern, so daß alle Straßen
ringsum von Bergen von Steinen und Kalkschutt eingenommen waren,
und von Maultieren, Eseln, die wegtrugen und die Sand herbeibrachten,
so daß man mit Schwierigkeiten hier vorüberkam. Und wir anderen
Gewerbsleute standen immerfort im Staub und in der Belästigung der
Leute, die hier anhielten, um zuzusehen und mancher, weil er mit den
beladenen Tieren nicht vorwärts kam.«

Der Bau dieses riesigen Palastes wurde argwöhnisch beobachtet. Die
Konkurrenz mit der Familie der Strozzi veranlaßte Lorenzo de' Medici –
dessen Familie zu dieser Zeit Florenz beherrschte – den Entwurfsplan für

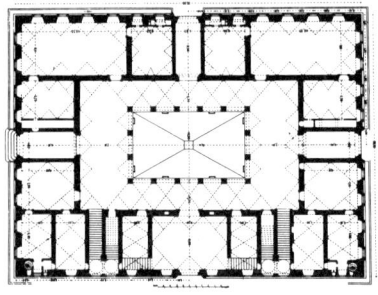

41. Grundriß des Palazzo Strozzi.

den Palast zu überprüfen. Es wird berichtet, daß er Filippo Strozzi Vorschriften gemacht und ihn daran gehindert habe, das Untergeschoß seines Palastes mit geöffneten, zur Vermietung geeigneten Arkaden zu gestalten.

Philippe Ariès hat einen kleinen Abschnitt seiner *Geschichte der Kindheit* dieser neuen Spielart des Wohnpalastes und dem sich darin ausformenden neuen Familientyp gewidmet. Er stützt sich dabei auf Arbeiten des amerikanischen Historikers Goldthwaite. Ariès betont, daß sich der Palazzo im 15. Jahrhundert hinsichtlich des Grundrisses (Abb. 41 und Abb. 36), des Aussehens und der Bedeutung gewandelt habe: »Zunächst ist daraus eine monumentale Einheit, ein von der Nachbarschaft losgelöster Block geworden. Der auf diese Weise abgeteilte Raum ist der Familie vorbehalten gewesen, einer Familie, die zahlenmäßig nicht sehr groß war. Die Loggien zur Straße sind geschlossen oder abgeschafft worden. So bezeugt der Palazzo zwar stärker als früher die Macht einer Familie, war jedoch nicht länger nach außen geöffnet. Das Alltagsleben konzentrierte sich um das Innere eines kunstlosen Vierecks, um den Cortile, geschützt vor dem Lärm und den Indiskretionen der Straße.

›Der Palazzo‹, schreibt R. Goldthwaite, ›gehörte zu einer neuen Welt der ›Privatheit‹, diente dem Gebrauch einer relativ kleinen Gruppe‹. Tatsächlich war die Anzahl der Zimmer nicht größer geworden: im Palazzo Strozzi war nur eine einzige Etage bewohnt, und es gab kaum mehr als ein Dutzend Zimmer. Allerdings hingen diese Zimmer sämtlich ohne Flur oder einen zentralen Aufenthaltsraum zusammen, so daß es nicht möglich war, sich abzusondern und eine wirkliche Intimität durchzusetzen, wie es die Architektur des 18. Jahrhunderts ermöglichen wird.«

Ohne Zweifel wird am Palazzo Strozzi, wie auch am Palazzo Pitti (Abb. 7) und an dem der Medici in der heutigen Via Cavour (vgl. Abb. 85) noch deutlicher, was schon den Palazzo Rucellai von den

Stadtpalästen des 14. Jahrhunderts unterschied. Ihre kunstvoll ausgerichteten Fassaden, nach sorgfältig studierten Harmonie- und Proportionsmaßen erbaut, lassen erkennen, daß sich das Verhältnis derer, die in diesen Renaissance-Palästen jetzt wohnen, zur Straße, zur Stadt und zur Bevölkerung verändert hat. Was Ariès als »auf das Innere eines kunstlosen Vierecks, um den Cortile« (der übrigens gar nicht so »kunstlos« ist) sich konzentrierendes Leben bezeichnet, spiegelt sich in der räumlichen Distanz des Palastes zu seiner Umgebung. Er will beschaut und bestaunt werden und soll in der Form nach außen hin das veranschaulichen, was sich in seinem Innern unter Ausschluß der Öffentlichkeit ereignet.

Piazza Repubblica

Die Via Strozzi verbindet die Via de' Tornabuoni mit der *Piazza Repubblica* (Abb. 42). Man betritt sie, indem man unter den Arkaden hindurchgeht, die ahnen lassen, daß hier eine städtebauliche Veränderung vorgenommen wurde. (In den Arkaden befindet sich rechts die Post, von der aus man recht bequem ins Ausland telephonieren kann.)
Wir stehen an einem Punkt, der uns am besten vor Augen führt, was man in der Zeit mit der Stadt vorhatte, als sie Hauptstadt war. Nach der Einigung Italiens 1860 verlegt die neue Regierung unter König Vittorio Emanuele II ihren Sitz 1865 von Turin nach Florenz. Dabei hätte sich Turin aufgrund seiner großzügigen und geordneteren Struktur weitaus besser als Hauptstadt geeignet als Florenz, das sich seit Anfang des 16. Jahrhunderts in seiner städtischen Struktur nicht verändert hatte.
Der neue Status einer Haupstadt spiegelt sich allein schon im Zuwachs der Bevölkerung von 114 568 im Jahr 1861 auf 194 001 Einwohner im Jahre 1870. In dieser Zeit wurden über 2000 neue Häuser gebaut. Die auf der nördlichen Seite des Flusses gelegenen Teile der Stadtmauer wurden abgetragen, um die Ausweitung nicht unnötig zu behindern.
Obwohl nach sechs Jahren dann doch Rom neue Hauptstadt wurde, gelang es der Florentiner Bourgeoisie nach 1871 die ehrgeizigen Stadterweiterungspläne fortzuführen; unter anderem, indem man die Steuern für Verbrauchsgüter auf Kosten des Volkes erhöhte.
Bereits 1860 hatte in dem Gebiet zwischen der Via Calzaiuoli, der Via Porta Rossa und der Via Roma die Bauspekulation begonnen. 1884 konnte man endlich mit dem Abriß des alten und bis dahin vor allem von Arbeitern und kleinen Handwerkern belebten Zentrums beginnen. Die Piazza Repubblica erhielt in dieser Zeit bis 1895 ihr heutiges Aussehen. Ein Zentrum der Arbeiterklasse – zugleich auch das ursprüngliche Zentrum der Stadt seit ihrer römischen Gründung – war für die Bourgeoisie erobert. Wie man sieht, mit bleibendem Erfolg.

42. Der *Mercato Vecchio* nach seiner Umwandlung in die *Piazza della Repubblica*.

43. Der Mercato Vecchio vor seiner Zerstörung mit der Säule *dell'Abbondanza*, des Überflusses, die seit 1504 auch als Schandpfahl diente, an dem kleine Diebe und Verbrecher die
Schmach der öffentlichen Zurschaustellung erleiden mußten.

44. Der Mercato Vecchio mit der Loggia der Fischhändler, die Cosimo I. in der Mitte des 16. Jahrhunderts hier hatte errichten lassen. Heute befindet sie sich an der *Piazza dei Ciompi* (vgl. Abb. 78).

Der alte Markt, der *Mercato Vecchio*, der sich bis 1884 an dieser Stelle ausbreitete, ist uns nur noch auf alten Fotographien gegenwärtig (Abb. 43/44). Davidsohn hat den Platz in seiner früheren Lebendigkeit wohl noch erlebt. Er schreibt:

»Hundert Schritte südwärts befand sich, von zahlreichen sehr alten und sehr kleinen Kirchen umgeben, der *Mercato Vecchio*. Rings umdräuten ihn Türme mit Guelfenzinnen, umgaben ihn Häuser, die ursprünglich den ältesten Geschlechtern, den Lamberti, Tosinghi, Arrigucci, Cipriani, Pilli, Sizzi, Strinati gehört hatten, doch vielfach, soweit die Eigentümer Ghibellinen oder weiße Guelfen gewesen, nach teilweiser Zerstörung und Wiederaufbau in das Eigentum neu emporgestiegener Familien übergegangen waren. Die Gebäude der Vecchietti lagen bei dem nahen Kirchlein San Donato, die der Medici bei dem kleinen Gotteshause San Tommaso; auch die der Tornaquinci erstreckten sich bis zum Altmarkt und endeten mit einem besonders ansehnlichen und schönen Turm, den die Stadt 1356, weil er den Verkehr beengte, erwarb, um ihn niederreißen zu lassen, wie auch das Haus der Nerli 1303 »zur Verschönerung des Platzes«

abgebrochen war. Am »Quadrivio di Calimala«, der Ecke der jetzigen Via degli Speziali, ragte der Turm der Caponsacchi empor, auf der künstlich geschaffenen Steinerhöhung, den Substruktionen des einstmaligen römischen Kapitols an der Nordwestseite, neben dem Kirchlein Santa Maria, die »Torre del Capitorio«. Dazwischen standen Wohnhäuser mit überhängenden Stockwerken, und alle, auch die Türme, hatten im Erdgeschoß ihre Botteghe.

In der Mitte des Mercato Vecchio erhob sich, wir wissen nicht seit welcher Zeit des Trecento, die Loggia de' Tavernai, in der Speisen verkauft wurden. Wo sich jetzt ein nüchterner Platz, umgeben von eintönigen Bauten, weitet, befand sich ehedem eine Welt von kleinen Welten, die durch den Unverstand des Geschlechtes, das zwischen 1880 und 1890 mit dem Erbe der Vergangenheit schaltete, völlig ausgetilgt ist, während sich die Erhaltung des der Bewahrung Würdigen sehr wohl mit den Notwendigkeiten des Verkehrs wie der Gesundheitspflege hätte vereinigen lassen. Wer das »Zentrum« von Florenz vor seiner Zerstörung gekannt hat, erinnert sich, wie weitläufig dieses verschlungene Gewirr von Markt, Gassen, kleinen Plätzen und verbindenden »Vicoli« erschien, und ihm kommt die verhältnismäßige Kleinheit der jetzigen, in traurigster Art »modernisierten« Anlage zum Bewußtsein. Nicht weniger als elf »Piazze«, freilich nur wenig größer als Höfe, meist nach den Geschlechtern, vor deren Häusern sie sich befanden, oder nach den an ihnen liegenden Kirchlein benannt, schlossen sich an den Mercato Vecchio an.«

Bevor wir unseren Gang durch die Stadtgeschichte beenden, wollen wir uns nach soviel Architektur abschließend einem Fresko zuwenden. Die Art und Weise, wie auf ihm die Menschen und der Raum wiedergegeben werden, hat etwas mit *Wahrnehmung* zu tun und deshalb mit der Stadt und den in ihr im Laufe der Geschichte ausgebildeten Seh- und Sichtweisen. Ein Gebäude wie der Palazzo Rucellai setzte eine andere Sehweise voraus als der Palazzo Davanzati. Von ihr ist zum Schluß die Rede.

Masaccios »Trinitätsfresko« in der Kirche Santa Maria Novella

Über *Paolo Uccello* (1397-1475), einen Schüler des Lorenzo Ghiberti – dem wir zwei der Bronzetüren des Baptisteriums verdanken – schreibt *Vasari* in seinen Künstler-Lebensbeschreibungen, Uccello habe »ohne Unterbrechung an den schwierigsten Kunstproblemen (der Perspektive) gearbeitet. In seinen Forschungen vergraben, lebte er fast wie ein Eremit zu Hause. Wochen und Monate ließ er sich nicht blicken, und so erfuhr er auch nichts von dem, was in der Welt vorging. Da er seine Zeit mit diesen Grillen hinbrachte, lernte er in seinem Leben eher die Armut kennen als den Ruhm.

Er ließ eine Witwe zurück, die zu erzählen liebte, wie Paolo oft die ganze Nacht an seinem Zeichentisch zubrachte, um Perspektivregeln herauszufinden. Und habe sie ihn zu Bett zu rufen versucht, sei als Antwort nur gekommen: ›Oh, wie süß ist doch diese Perspektive!‹« *(Oh, che dolce cosa è questa prospettiva!).*

Wer nachprüfen möchte, welche ›Grillen‹ diesen Uccello vom ehelichen Bett fernhielten, sollte einmal in die Dominikaner-Kirche *Santa Maria Novella* gehen. Im Refektorium des Klosters der Kirche befindet sich ein Fresko, das Uccello 1446 für den Kreuzgang ausgeführt hat: die *Sintflut,* ein perspektivisch exakt aufgebautes Bild.

Uccello verlegt darin den religiösen Inhalt in einen für den Betrachter überschaubaren endlichen Raum-Ausschnitt, so daß die Sintflut als ein wirkliches Ereignis nachvollzogen werden kann. Das Ausmaß der Überschwemmung der natürlichen Welt erfahren wir über die Anschauung des Bildes. Uccello setzt in seiner Phantasie die Sintflut bis ins Unendliche fort. Das Ausmaß der Überschwemmung erschreckte den Betrachter. Die moralisch-belehrende Wirkung mußte nicht mehr zusätzlich durch religiöse Gebote und Verbote herbeigeführt werden.

Doch ist Uccellos Fresko stark beschädigt, weshalb uns ein anderes Fresko das »schwierigste Kunstproblem« der Perspektive deutlicher vor Augen führen kann. Es handelt sich um *Masaccios* Fresko der *Trinità* (Gottvater, der Heilige Geist in Gestalt einer weißen Taube und Christus) im dritten Joch des westlichen Seitenschiffs der gleichen Kirche (Abb. 45).

Masaccio, von dem Vasari behauptet, daß auch er »sich ganz auf Kunstdinge konzentrierte«, starb 1428 im Alter von erst 27 Jahren. Mit Fresken wie diesem oder dem in der *Brancacci*-Kapelle der *Carmine*-Kirche (vgl. Abb. 115) hat Masaccio in der Malerei an Neuerungen herbeigeführt, was mit ihm *Brunelleschi* (gest. 1446) als Architekt und *Donatello* (gest. 1466) als Bildhauer hier in Florenz geschaffen haben. Alberti spricht bei einem Besuch 1434 angesichts der Werke dieser Künstler von einer »unerhört neuen, nie zuvor gesehenen Kunst«.

Das Fresko hat die Maße 667×317 cm. Es wurde zwischen 1427 und 1428 in den frischen Putz der Wand gemalt und ist der erste *zentralperspektivisch* gemalte Bildraum. Die Figuren und der Raum, in dem sie sich befinden, sind in ihrer Perspektive bewußt auf das Auge des Betrachters im Kirchenraum bezogen. Man wird sich seinen Standpunkt selbst suchen müssen, um diese damals so neue räumliche Wirkung des Wandbildes zu erleben.

Massaccios *Trinität* ist ein *Stifterbildnis.* Der Stifter war ein Mitglied der Florentiner Familie *Lenzi.* Das waren reiche Leute mit Haus- und Grundbesitz, einem schönen Palazzo an der Piazza Ognissanti; und als wohlhabenden Bürgern fielen ihnen hohe politische Ämter zu. Auch der Lenzi auf unserem Fresko wird aufgrund seiner roten Amtstracht einer der Prioren der Stadtrepublik gewesen sein. Ein Domenico di Lenzi bekleidete 1390/91 tatsächlich dieses Amt.

45. Masaccio, *Trinitätsfresko*, Santa Maria Novella.

Das Fresko wurde erst 1861 wiederentdeckt. Zwar hatte Vasari in seinen Künstler-Lebensbeschreibungen auch den Masaccio erwähnt. Doch war ihm ein riesiger, 1568 gestifteter Rosenkranzaltar wichtiger als das Wandbild. Als er zwischen 1565 und 1570 bauliche Erneuerungen an der Kirche vornahm, stellte er den Altar vor Masaccios »Trinitätsfresko«.

Das Fresko ist in zwei *Bildräume* unterteilt. Auf der unteren Stufe des oberen Bildraums kniet der Stifter mit seiner Frau. Im unteren Bildraum sehen wir einen aufgebahrten Leichnam: Ein zum Skelett zerfallener Mensch als Symbol der *vergänglichen* Welt.

Darüber entfaltet sich der *göttliche Raum,* an dessen Schwelle das Stifterehepaar kniet. Die perspektivische Behandlung der Figuren im Raum sorgt dafür, daß die Knienden dem göttlichen Raum angehören. Es führt eine Linie vom Kopf des Stifters über den der am Kreuz stehenden Figur der Maria zum Kopf des Christus. Das Gleiche geschieht auf der rechten Seite zwischen der knienden Figur der Stifterin, dem unterm Kreuz stehenden Johannes und Christus.

Die in gleicher Größe wie die göttlichen Figuren dargestellten Stifter sind dank der neuartigen perspektivischen Konstruktion mit dem oberen Bildraum verbunden, ohne direkt in ihm zu sein. Auf die gleiche Weise werden auch der untere und der obere Bildraum durch die Perspektive miteinander verbunden. Es gibt einen Fluchtpunkt, den beide Räume gemeinsam haben. Verlängert man einmal die Linien der Kassettendecke oder die der vorderen Kapitelle mit den hinteren, so wird man finden, daß der Punkt, an dem diese Linien zusammenlaufen, auf der Ebene liegt, auf der das Paar kniet.

Das »Trinitätsfresko« ist ein gemaltes Wandbild. Der obere Bildraum gibt uns die Illusion eines Kapellenraums. Gerahmt wird er von zwei hohen Pilastern mit Kompositkapitellen, die ein waagrecht abschließendes, reich gestuftes Gesims tragen. Der eigentliche Kapellenraum öffnet sich in einer Arkade. Sie ruht auf schlanken Säulen mit ionischen Kapitellen. Der Raum erstreckt sich in die Tiefe, in der sich sein Öffnungsmotiv – die rundbogige Arkade mit den eingestellten Säulen – wiederholt. Die Decke des Kapellenraum bildet eine gewölbte Kassettendecke. An der Stirnwand erkennen wir eine Apsis.

Hat man diesen Raum lange genug betrachtet, so kann man mit einem Rätsel beginnen. Da die Konstruktion der Perspektive den Bildraum rational durchmißt und den Figuren ihren jeweiligen Platz zuweist, müßte es möglich sein, deren Standorte im Raum festzulegen. Bei dem noch vor dem Kapellenraum knienden Stifterpaar ist das mühelos zu machen. Aber wo stehen Maria und Johannes? Es sieht so aus, als befänden sie sich auf gleicher Höhe mit dem Standpunkt des Kreuzes also noch sehr weit vorne im Raum, etwas hinter den eingestellten Säulen. Gottvater hält den Querbalken des Kreuzes. Allerdings steht er

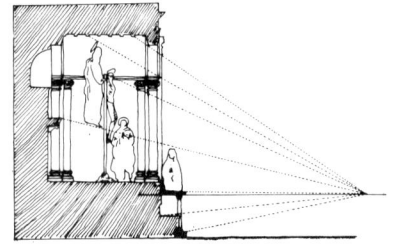

46. Massaccio, *Trinitätsfresko*. Kapellen-
längsschnitt mit dem möglichen Standort
der Figuren im Kapellenraum und dem
idealen Standort des Betrachters (nach
E. Hertlein).

deutlich sichtbar auf dem rötlichen Sarkophag, der in die Wand der
Apsis eingelassen scheint. Demzufolge müßte Gottvater sich sehr weit
vorbeugen, um an das Kreuz zu reichen. Gottvater ist aber aufrecht
dargestellt. Was ist hier passiert? Warum diese Unklarheit der Position
der Figur Gottes im oberen Bildraum? Hat Masaccio einen Fehler
gemacht, weil er seine Perspektive noch nicht so recht beherrschte
(Abb. 46)?
Eine Antwort gibt uns vielleicht Edgar Hertlein. Er hat ein ganzes Buch
über dieses Wandbild geschrieben. In der Unbestimmtheit des Verhältnisses der Figur Gottes zum Raum sieht er keinen Fehler Masaccios.
Vielmehr erscheint ihm diese Verunklärung beabsichtigt, »um das Über-
irdische der Erscheinung, die in dieser Welt keinen ›Platz‹ hat und damit
auch nicht den Gesetzen und Darstellungsregeln des Diesseits unterworfen ist, zum Ausdruck zu bringen«. (Hertlein, *Masaccios Trinität,*
1979).
Eine schöne Erklärung, die besagt, daß Masaccio die »süße« Perspektive
nicht nur beherrschte sondern sie so weit zu benutzen verstand, daß er
eine besondere inhaltliche Wirkung mithilfe der *bewußten* Störung der
perspektivischen Konstruktion steigern konnte.

Masaccio hat mit diesem Fresko in S. Maria Novella auch Architektur
gemalt. Größte Ähnlichkeit hat das Fresko, als gemaltes Wandgrabmal im
Seitenschiff eines Kirchenraums, mit dem Raum des Seitenschiffs und der
Seitenkapellen in der Kirche San Lorenzo, deren Architektur bereits 1419
Brunelleschi entworfen hatte.
Eine Ähnlichkeit in der Verwendung einzelner Architekturformen besteht
auch mit einem Tabernakel außen an Orsanmichele an der Mitte der Seite
zur Via Calzaiuoli hin, das Donatello und Michelozzo 1425 geschaffen
haben. Eine Verwandschaft im Aufbau gibt es auch mit dem von diesen
beiden Künstlern zwischen 1425 und 1427 gearbeiteten *Grabmal des
Papstes Johannes' XXIII* im Florentiner Baptisterium.

Das Unterschiedliche muß sich zum Ganzen verbinden

Terra Murata

Auf unserem Rundgang haben wir Florenz u. a. als eine Stadt kennengelernt, in der Bürger gegen Ende des 13. Jahrhunderts der Adelsherrschaft ein Ende bereitet hatten. Die neu gewonnene Macht sicherten sie,
indem sie sich eine demokratische Verfassung gaben. Die in die Signoria
gewählten Ratsmitglieder wechselten ihr Amt mehrmals im Jahr. Möglichst vielen Florentinern, die aufgrund ihres gesellschaftlichen und
wirtschaftlichen Vermögens wählbar waren, wollte man die Möglichkeit
geben, für eine bestimmte Zeit an der Regierung beteiligt zu sein.
Die Herrschaft von Florenz reichte damals schon weit über seine erweiterten festen Stadtgrenzen hinaus in das ländliche Gebiet der
Toskana. Und daß man gleich nach 1283/84 die großen städtebaulichen
Erneuerungen beschloß und auch in Angriff nahm, geschah, um dem
eigenen hohen stadtbürgerlichen Anspruch und der neuen Beziehung
zwischen Florenz und dem umliegenden Land, dem *contado*, möglichst
rasch die allen sichtbare Form zu geben.
Vor diesem Hintergrund sind die aus der Eroberung des umliegenden
Landes hervorgehenden *Terre murate* zu verstehen: Wörtlich übersetzt
heißt *Terra murata* die »ummauerte Erde«, und dieser Begriff um-
schreibt in der Tat sehr genau seinen Gegenstand: Kleine und regelmä-
ßig um ein rechteckiges Straßenkreuz angeordnete Städtchen auf dem
Land. Sie boten Schutz vor den Übergriffen der noch selbständigen
großen Adelsgeschlechter der Uberti, Pazzi und Conti Guidi im oberen
Arnotal. Diese Städtchen waren »Fluchtburgen für die Landbevölke-
rung« (M. Richter). Namensgebungen, wie *Firenzuola* (nordöstlich von
Florenz gelegen), lassen erkennen, daß die neuen Orte nach dem
Beispiel der Mutterstadt errichtet wurden.
Im Zentrum der Terra murata steht der Palast des *Podestà*. Er ist das
Abbild des Palazzo Vecchio in Florenz und erinnert daran, daß die
Macht, die von ihm ausging, von Florenz eingesetzt wurde.

Die Terre murate sind vielfach noch gut erhalten. *Castelfranco di Sotto*
und *Santa Croce* findet man auf dem Weg nach Pisa ca. 40 km von Florenz
entfernt in der Nähe des Arno gelegen. Beides sind freilich Gründungen,
die nicht von Florenz ausgegangen sind. Ihr Gründungsdatum soll zwi-
schen 1250 und 1260 liegen. Neugründungen durch die Comune sind die
Städtchen *Castelfranco die Sopra, San Giovanni Valdarno* und das 1337
gegründete *Terranuova Bracciolini*. Sie liegen in der Nähe des Arno in
Richtung Arezzo. Schließlich im nordöstlichen Teil, dem Mugello, 1306
Scarperia und 1330 *Firenzuola*.
Literatur: Maina Richter, Die »Terra Murata« im florentinischen Gebiet.
In: Mitteilungen des Kunsthistorischen Instituts in Florenz, Juli 1940,
S. 351 ff.

48. Andrea da Firenze, Ausschnitt aus *Triumph des Dominikanerordens* (1366-1368), Santa Maria Novella, Spanierkapelle.

Das neue Florenz

Es war kein Zufall, daß sich die Kommune zu einem Zeitpunkt mit weitreichenden Plänen zur Gründung von Terre murate beschäftigte, da sie sich entschlossen hatte, Florenz selbst als Zentrum der sich neu konzentrierenden Macht zu verändern. Erinnern wir uns: Gleich 1284 fing man mit dem Bau der Stadtmauer an, einem Mauerring von 8500 Metern Länge, der mit seinen 73 Türmen 650 ha umschloß und so die vorherige Mauer um das Sechsfache übertraf (Abb. 47).
Die Stadtmauer war nicht das einzige Bauvorhaben, mit dessen Finanzierung die Kommune der Größe ihrer städtischen Gemeinschaft, *der*

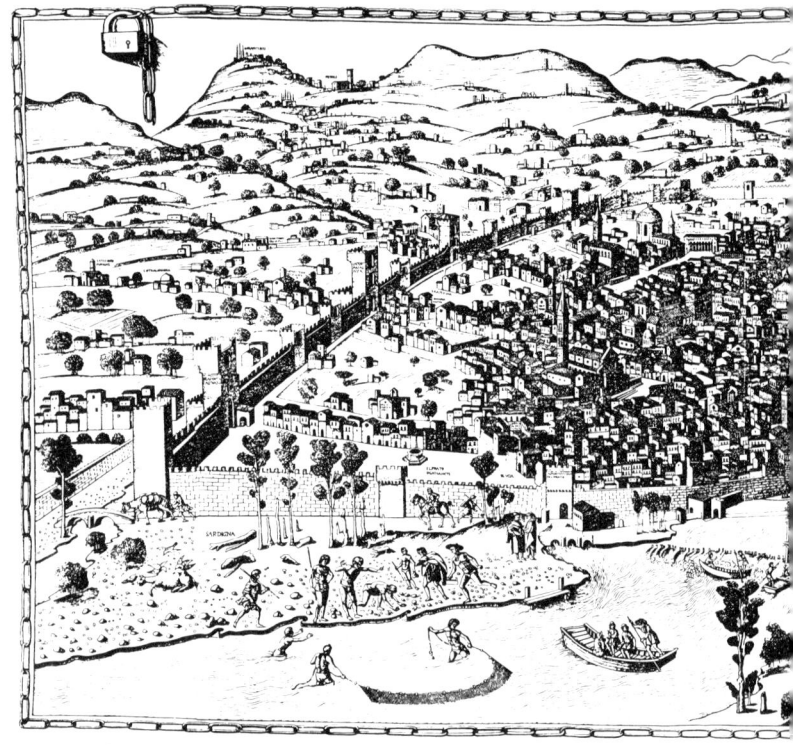

47. Die erste Gesamtansicht von Florenz mit der sie umgebenden Hügellandschaft. Ein Zeichner hat sich die Mühe gemacht, am Fuße eines Hangs bei Montoliveto diese Stadtansicht in seinem Skizzenbuch festzuhalten. Der Holzschnitt (58,4 × 131 cm) befindet sich heute im Kupferstichkabinett der Staatlichen Museen Berlin. Der *Kettenplan*, so genannt nach der rahmenden Kette, ist nach 1472 entstanden. Eine große farbige ›Kopie‹ befindet sich in Florenz im *Museo Firenze Com'era* in der Via del Oriuolo (hinter dem Domchor).

Civitas, symbolischen Ausdruck verlieh. Nachdem man 1295 den Bau der Franziskanerkirche *Santa Croce* eingeleitet hatte, begann man schon ein Jahr später mit dem Neubau des wichtigsten Bauwerks der Stadt: dem *Dom.* Ihm folgte 1298 der Bau des *Palazzo Vecchio* als Sitz der Stadtregierung. Seit 1337 entstand *Orsanmichele,* anfänglich noch als Getreidekammer und als Markthalle, in der jeder Zunft ein Pfeiler zugewiesen wurde. Schon seit 1334 wurde am Campanile des Doms unter der Leitung Giottos gearbeitet, dem man das Amt des Dom- und Stadtarchitekten übertragen hatte. Als man schließlich 1378 mit dem Bau der *Loggia dei Lanzi* auf der Piazza Signoria begann, hatte man

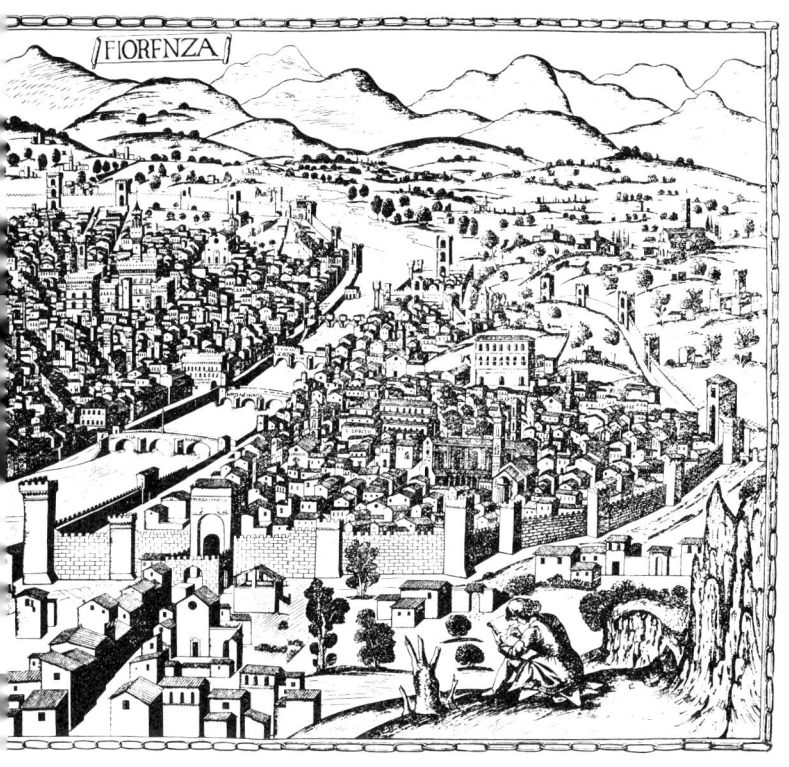

bereits die angemessene künstlerische Raumvorstellung für die neuen
Beziehungen zwischen Florenz und seinem Umland entwickelt. Auf
einem zwischen 1366 und 1368 von Andrea da Firenze ausgeführten
Fresko in der *Spanierkapelle* der Kirche Santa Maria Novella (es handelt
sich um die Darstellung des »Triumphs des Dominikanerordens«) wird
der Dom mit einer Kuppel abgebildet (Abb. 48), die technisch auszuführen erst Jahrzehnte später Brunelleschi vorbehalten sein sollte. Die Sym-
bolik dieser Raumdarstellung hat Leon Battista Alberti später beim
Anblick der 1434 beendeten Kuppelkonstruktion treffend mit den Worten charakterisiert: Dieses »große Bauwerk« strebt so weit »in die

Himmelssphären, . . . daß es mit seinem Schatten alle toskanischen Völker bedecken könnte«. Damit war es der Stadt gelungen, mit ihrer Domkuppel ein Raumsymbol zu formen, das »nicht mehr in Beziehung zu einem geschlossenen Mauerring, sondern zum Horizont der toskanischen Hügel, die Florenz umgeben«, steht (Argan/Fagiolo).

Tugend der Kaufleute

All diese gemeinschaftlich finanzierten, kostspieligen Bauten haben zweifellos der Macht- und Prachtentfaltung der herrschenden Klasse der in den sieben großen Zünften zusammengeschlossenen Kaufleute und Händler gedient. In diesem Zusammenhang darf man nicht übersehen, daß die Finanzierung der großen Florentiner Architektur letztlich nur möglich war, weil eine große Zahl von Arbeitskräften für die Produktion der Handelsgüter, insbesondere der Tuche, zur Verfügung stand und willkürlich ausgebeutet werden konnte. (Siehe S. 158 f.).

Das ist die eine Seite dieser Architektur. Aber darunter waren, wie uns das Beispiel des Doms gezeigt hat, auch Unternehmungen, die vom Stadtbürgertum geplant und ausgeführt wurden, um sich über die Anschaulichkeit der von ihnen gebauten Stadt »in einem Wollen« zu verbinden. Drückt sich darin nicht auch der Wunsch dieser Kaufleute aus, das eigene Handeln vor sich selbst zu begründen und es öffentlich zu rechtfertigen? Architektur und Stadt wären also ein Instrument, mit dem man unterschiedliche Interessen zu vereinen und ihnen mithilfe des kunstvoll gestalteten Raums einen übergeordneten symbolischen Ausdruck zu verleihen gedachte.

Es war eine der Tugenden der neu an die Macht gekommenen Stadtbürger, gleich erkannt zu haben, daß sich ihre Einzelinteressen als private Kaufleute, trotz Zunftzugehörigkeit, erst dann über einen längeren Zeitraum erfolgreich realisieren ließen, wenn sie in harmonischer Beziehung zu *einem gemeinsam formulierten Interesse* standen. Gemeinsames Planen und Bauen an einem Ort, an dem sich stadtbürgerliche Herrschaft gewissermaßen verräumlichte, nämlich in der Stadt, bot zweifellos die sichtbarste Möglichkeit, Einzelinteressen zu verallgemeinern. Demgegenüber hatte sich der Adel jederzeit auf ein über Jahrhunderte zurückreichendes Besitzrecht berufen können. Dieses Recht war immer an dem sehr konkreten Besitz an Land und Leibeigenen zu seiner Bewirtschaftung gebunden. Dagegen gründeten die in den Städten zur Macht gekommenen Händler, Kaufleute und Bankiers ihren Herrschaftsanspruch in erster Linie auf Handels- und Tauschbeziehungen. Das darin enthaltene Interesse verdichtete sich in dem Tauschäquivalent *Geld* zu einer höchst unanschaulichen und auch unsicheren Sache, wie es die häufigen Zusammenbrüche großer Bankhäuser belegen. Das gemeinsame Interesse an der wesentlich *privaten* Form des Geldgewinns – Marx spricht in diesem Zusammenhang von der historischen Phase der ursprünglichen Akkumulation – regulierte sich anfangs noch über den städtischen Markt. Seine Anschaulichkeit war aber gegen Ende des 13. Jahrhunderts schon der Kompliziertheit des internationalen Waren- und Geldverkehrs gewichen. Mit anderen Worten: Gegenüber der feudalen Grundherrlichkeit bedurften die Florentiner Kaufleute einer neuen und anschaulichen Form der gegenseitigen Selbstvergewisserung und Kontrolle ihres Handelns. Den Aufstieg dieser Klasse nämlich begleitete stets und nicht unbegründet die Angst vor einem drohenden Rückfall in die Tyrannis.

Nachdem Florenz 1342 einen Krieg gegen Lucca begonnen hatte, der die Stadt sehr viel Geld kostete, entschieden sich die Herren der Stadt, den Befehlshaber der Florentiner Truppen, einen gewissen Walter von Brienne, auf Lebenszeit zum *Signore* zu ernennen. Damit kam es zur Herrschaft eines Einzelnen, während vorher ja die *Signoria* aus gewählten Prioren und dem »Bannerträger der Gerechtigkeit« *(Gonfaloniere di Giustizia)* bestanden hatte.

Walter von Brienne verstand es anfangs sehr gut, das reiche Bürgertum gegen den Adel und das einfache Volk *(Popolo minuto)* der Arbeiter und Handwerker auszuspielen. Den Arbeitern der *Arte della Lana* räumte er ein, sich zu organisieren und ein eigenes Banner zu führen. Dennoch gelang es, Walter am 26. Juli 1343 aus der Stadt zu vertreiben. Man war darüber so froh, daß der Rat der Stadt beschloß, alle Zünfte sollten zur Erinnerung an diesen Tag einmal im Jahr ihre Fahnen als Ausdruck der Freude über die wiedergewonnene Freiheit an *Orsanmichele* aushängen. Das ist bis heute so geblieben.

Im Palazzo Vecchio befindet sich in der *Salotta* im zweiten Stock ein Fresko der »Vertreibung des Herzogs von Athen« wie sich Walter von Brienne auch nannte. Es zeigt zugleich die älteste Ansicht des Palastes. Übrigens war es jener Walter von Brienne, der am Palast die Vortüren einsetzen ließ. Und um das Gebäude weiter zu Verteidigungszwecken zu sichern, begann er mit dem Abriß der umliegenden Häuser. Aus diesen baulichen Veränderungen entwickelte sich die heutige Form der Piazza della Signoria.

Die ordentliche Stadt

Das etwa 70 km südlich von Florenz gelegene *Siena* läßt sich bis über die Mitte des 14. Jahrhunderts hinaus in seiner Entwicklung mit Florenz vergleichen. Unter dem Regiment der »Neun«, der *Nove Buoni Mer-canti di Parte Guelfa,* waren auch hier der Adel, die Handwerker und Lohnarbeiter von der Herrschaft ausgeschlossen. Die Kaufleute hatten seit 1289 in Siena das Sagen, wobei sie in ihren städtebaulichen Anstrengungen und Ansprüchen in nichts ihren Konkurrenten in Florenz nachstanden.

Der Ordnungssinn der Sieneser ließ städtische Kommissionen darüber wachen, daß ein einheitliches Stadt- und Straßenbild entstand: Mit gleichförmig gestalteten Erdgeschoßzonen, gleichartig verwendetem Baumaterial, einheitlichen Hausabständen. Bei der Bebauung des zentralen Platzes, des *Campo* als *dem* öffentlichen Raum in der Stadt, achtete man streng darauf, daß keiner der privaten Bauherrn nur um Zentimeter von der regelmäßigen Planung der Fassadenflucht abwich.

Dem Bemühen um eine relative Gleichheit in der Raumbeanspruchung entsprach auf der politischen Seite auch in Siena eine schon fast übertrieben zu nennende Sorge um die Durchschaubarkeit des politischen Geschehens. Die Angst vor der Tyrannis ging zwischenzeitlich so weit, daß man bei einer Gesamteinwohnerzahl von 20 000 bis 30 000 gut tausend Einwohner der Stadt mit öffentlichen Aufgaben betraute. Jederzeit die Folgen eines *guten* und eines *schlechten Regiments* vor Augen, begannen die Kaufleute und Händler sich allmählich als Gemeinschaft frühbürgerlicher Privatleute zu begreifen; die Öffentlichkeit des städtischen Raums bildete zugleich das Medium dieses Lernprozesses. Die Stadt war der öffentliche Raum, anhand dessen sich die Bürger selbst ein Bild davon machen konnten, nach welchen Gesichtspunkten sie Handel trieben, regierten, Verträge abschlossen, Urteile fällten und Reichtümer anhäuften; und sie taten dies in der steten Überzeugung, ihre Handlungen und Interessen seien Ausdruck eines übergreifenden gemeinschaftlichen Interesses. Dies freilich in einer Stadt, in der jederzeit ein großer Teil der Bevölkerung unter unvorstellbarer Armut litt.

Die städtebaulichen Anstrengungen von Kommunen wie Florenz oder Siena haben sich also nicht darin erschöpft, frühbürgerliche Herrschaft dem Land gegenüber nach außen abzubilden. Die gemeinsam eingeleiteten, finanzierten und mehrheitlich beschlossenen Gestaltungsvorgänge innerhalb der Mauer sind für den Verlauf des Lebens in der Stadt sicherlich entscheidender gewesen. In ihrer Aufgabe, das komplizierte Beziehungsgeflecht einer halbwegs demokratisch verwalteten Stadtgesellschaft überschaubar zu machen, hatte die Stadt einen bewußt gewollten Anteil am Leben ihrer Bewohner: Insofern war sie ein praktischer Bestandteil dieses Lebens, weil sie der neuen und differenzierteren Stufe der gegenseitigen Abhängigkeit der Menschen, unter denen die Arbeit geteilt war, eine *allgemeine Form* gab.

Ordnung und Vielfalt

Der Kunsthistoriker Wolfgang Braunfels hat 1953 *das* Buch über die *Mittelalterliche Stadtbaukunst in der Toskana* veröffentlicht. Man kann darin sehr vieles nachlesen über die Maßnahmen einzelner Kommunen, die zur Gestalt der Stadt als einer von der Allgemeinheit hervorgebrachten und getragenen Form führten. Ordnung und Vielfalt waren zu Beginn des 14. Jahrhunderts offenbar zentrale Gestaltungskriterien, um der Beziehung des Einzelnen zur Gemeinschaft räumlichen Ausdruck zu verleihen. Braunfels bezieht sich auf die Predigten des Fra Giordano da Rivolta (da Pisa) von 1304.

»Nach Fra Giordano trägt die Stadt wegen ihrer Ordnung den Namen einer Civitas. ›Seht, wie schön eine Stadt ist, wenn sie wohl geordnet ist, und in ihr viele Künste sind. Ein allzu schönes Ding ist die Ordnung in einer Stadt. Und diese Ordnung verleiht drei Eigenschaften: Schönheit, Stärke und Größe. Allzuschön ist eine wohlgeordnete Stadt, in der viele Künste sind, und jede für sich und alle allen gemeinsam. Allzugroß ist die Schönheit, weil in jeder Kunst ein Nutzen liegt‹.

Für Fra Giordano ist die Stadt nur eine Metapher für höhere sittliche Werte. Aber, daß sie zu einem volkstümlichen Vergleich gerade wegen der Ordnung der Zünfte (sie sind mit den *Künsten* gemeint – d. Verf.) herangezogen werden konnte, und daß diese Ordnung als Schönheit empfunden wurde, ist kennzeichnend. Nur an der richtigen Stelle wirkt jedes Ding schön. ›Nur im Gesicht ist die Nase schön und außerhalb des Gesichts ist sie gemein und unschön‹, sagt Fra Giordano. Ordnung aber bedeutet nicht Gleichartigkeit. Das Unterschiedliche muß sich zum Ganzen verbinden. Auch hierfür hat der Dominikaner ein Bild. Wieder sind die Künste das Beispiel. ›Gleichsam verbinden sie sich zu einer Art Körper: jede wird ein Glied sein, eines edler und anmutiger als das andere; in dieser Verschiedenheit liegt die Schönheit mehr, als wenn sie alle gleich wären‹.

In diesen wenigen Sätzen liegt die Kunstlehre ausgebreitet, nach der Städte wie Siena und Florenz im 14. Jahrhundert zu einem einheitlichen Bauwerk gestaltet werden konnten. Ordnung mit Mannigfaltigkeit zu vereinen, das ist das Geheimnis der mittelalterlichen Stadtbaukunst.«

Gemaltes Stadtleben in Siena

Die Architektur gibt auch heute dem städtischen Leben den räumlichen Ordnungsrahmen. Damals war sie das sichtbare und wohlgeordnete Ergebnis einer planvollen, die einzelnen Architekturteile sinnvoll zusammenführenden Tätigkeit. Als solche steht sie beispielhaft für das vorausschauende und Willkür ausschaltende Handeln ihrer Bauherren.

Vergleichbare gemeinschaftsbildende Aufgaben übernahm aber auch

49. Das gute Regiment (Ausschnitt des Freskos im Sitzungssaal der Regierung der Neun, der *Sala della Pace* im Palazzo Pubblico, Siena).
Die Herrschaft der Stadt über das Land sehen wir einmal am Markt, der in der Stadt liegt und zu dem Bauern Esel mit Holz und Getreide treiben. Schönheit und Vollkommenheit der Stadt kommen in ihrer Gestaltung und in all den menschlichen Tätigkeiten zum Ausdruck. So sind diese Tätigkeiten auf Lorenzettis Fresko alle als *artes mechanicae* dargestellt. Dazu gehören das *lanificium,* der Wollarbeiter, der Färber, wie wir sie unter dem Torbogen erkennen. Die *Armatura* wird durch die Goldschmiede neben den Kleinhändlern repräsentiert; auch die *architectura,* die am oberen Bildrand arbeitenden Bauhandwerker, gehören zur *armatura.* Unter *Navigatio* verstand man Handel und Schiffahrt. Daran erinnert das blaue Mittelmeer hinter der Sienesischen Hügellandschaft mit dem Hafen *Talamone.* *Agricultura* ist als Landwirtschaft auf dem Land überall gegenwärtig. *Venatio,* die Beschäftigung mit der Jagd, ist in der ausreitenden vornehmen Jagdgesellschaft wiedergegeben. Die *Medicina* glaubt man in dem vor seinen Studenten lehrenden Professor zu sehen. Schließlich die *Theatrica,* Musik und Tanz, von denen der Vordergrund des Stadtbildes mit den neun tanzenden jungen Frauen beherrscht ist. Nach der Lehre des Aristoteles, so wußte man damals, ist ein Mensch ohne Musik und Tanz kein gesunder Mensch. Wie schön!

die Malerei. Siena hat uns zwei der in dieser Hinsicht frühsten Beispiele überliefert.

Das erste Beispiel, Duccios *Maestà* (1308-1311, zu besichtigen in der Domopera von Siena), war ein Auftrag der Dombaubehörde zu einem neuen Hauptaltarretabel. Die Madonna mit Christus auf ihrem Schoß ist umgeben von zwanzig Engeln und zehn Heiligen. In dieser Gemeinschaft dargestellt, unterscheidet sich die *Maestà* von früheren Madonnendarstellungen mit Kind, wie der »Madonna del Voto« (die heute in der Chigi Kapelle des Sieneser Doms zu sehen ist). Die Geschichte dieses von Guido da Siena 1260 gemalten Retabels ist mit Duccios

49a. Das gute Regiment (Ausschnitt des gleichen Freskos wie Abb. 49).

Auftrag der *Maestà* aufs Engste verknüpft. Guido da Sienas Madonna ist in Erinnerung an ein Wunder in Auftrag gegeben und gemalt worden. Dieses Wunder hängt zusammen mit dem herbeigebeteten und im September 1260 in der Schlacht von Montaperti (vgl. Abb. 13) auch eingetretenen großen Sieg der Sieneser über die Florentiner. Ein Wunder sah man darin deshalb, weil der Vorsitzende des Regierungsrats von Siena, ein gewisser Buonaguida Luccari, einen Tag vor der Schlacht dafür sorgen konnte, daß man die als Himmelskönigin verehrte Madonna zur Königin von Siena ernannte.

Wer sich in Siena die Mühe macht, beide Bilder miteinander zu vergleichen, wird erkennen können, daß aus einem Auftrag für ein im Grunde noch ›intimes‹ Andachtsbild nun knapp fünfzig Jahre später der Auftrag zu einem sich an die im Dom versammelte Öffentlichkeit richtenden Hochaltarbild geworden ist.

Die Größe von Duccios Bild (etwa viereinhalb mal fünf Meter), seine damals leicht erhöhte Aufstellung am Hochaltar und die um eine Gemeinschaft von Personen ergänzte Madonna mit Kind ermöglichten es den versammelten gläubigen Bürgern, sich als städtische Gemeinschaft auf das Bild zu beziehen. Die *irdische* kommunizierte in der Andacht und im Gebet mit der *himmlischen Gemeinde.* Dabei wirkten Bischof und Priester, so der Kunsthistoriker Alexander Perrig, »wenn sie am Altar standen, optisch nicht mehr als Vermittler, geschweige denn als

117

den Himmelsmächten Gleichgestellte. Sie wirkten optisch nur noch als diejenigen Glieder der Öffentlichkeit, die dem himmlischen Thron kraft ihres Amtes am nächsten stehen durften«.

Eine weitere *Maestà* befindet sich im Rathaus von Siena, dem Palazzo Pubblico. Sie ist 1315 von Simone Martini ausgeführt worden. Perrig spricht bei diesem Fresko von einer »Staatsvisite im sienesischen Rathaus«. Denn die Wand des Ratssaals ist hier zweifellos als Fenster verstanden worden. Madonna, Christus und die Gemeinschaft der Engel und Heiligen thronen unter einem Tragebaldachin vor einem dunkelblauen Himmel.

Auch hier hat das Bild die Aufgabe, den die Stadt regierenden Ratsmitgliedern höchst anschaulich vor Augen zu führen, wovon sich letztlich ihr Anspruch auf irdische Macht ableitet. »Das Bild der königlichen Staatsvisite im Rathaus hatte »die unmißverständliche Funktion, den hier und jetzt Regierenden jene moralische Macht aufzuzeigen, aus der allein eine Herrschaft, himmlische so gut wie irdische, ihre Legitimation bezieht«.

Das zweite Beispiel ist nun wirklich ein *gemaltes Stadtleben,* wie wir es in solch naturgetreuer Wiedergabe in der Malerei vorher nicht kennen. Es handelt sich um drei riesige Fresken an den Wänden des Ratssaals im Palazzo Pubblico Sienas, wo in einem großen Nebenraum auch Simone Martinis *Maestà* thront. Gemalt hat die Fresken *Ambrogio Lorenzetti,* ein äußerst gebildeter Künstler, zwischen 1337 und 1339 im Auftrag des Großen Rats der Stadt. Und wieder geht es darum, ein anschauliches Bild mit einer allgemein gültigen Aussage über die Legitimität stadtbürgerlicher Herrschaft zu verknüpfen.

Lorenzettis Fresken erzählen von den Voraussetzungen und den Folgen eines *guten* und eines *schlechten* Regiments. Das *schlechte* ist sowohl die Tyrannis eines Herrschers als auch die Herrschaft des Pöbels. Beide bringen in den Augen der Bürger nur Leid und Verderben. Zerstörte Stadtmauern, brandschatzende Soldatenhaufen und verlassene Felder sind Sinnbilder dieser Katastrophe. Kein Wunder, daß der Zustand dieses Freskos sehr viel schlechter ist als der des *guten* Regiments, des *Buon Governo* (Abb. 49). Dieses ist das Ergebnis der Regierungsvernunft der die Stadt und das Land demokratisch gerecht verwaltenden Vertreter der großen Zünfte. Bei Lorenzetti wird daraus die einzigartige Vision eines ganz und gar befriedeten, in Arbeit und Muße begriffenen Lebens. Wir sehen junge Frauen miteinander tanzen und Waren, die in die Stadt gebracht werden und von Händlern gekauft und verkauft werden. Und wir sehen, wie die Menschen an ihrer Stadt und auf ihren Feldern arbeiten (Abb. 49a).

Das hier abgebildete Siena – man erkennt u. a. oben links den Dom dieser Stadt – ist, einem Kristall gleich, von wunderbar klarem Aufbau. Die Stadt ist der Ort des menschlichen Reichtums. Sie erst macht den zu jener Zeit erreichten und noch ersehnten Gattungsfortschritt der Menschen möglich.

Die Natur umruht friedlich die Stadt: Ein von Menschenhand bearbeiteter, in seiner äußeren hügeligen Gestalt versöhnlicher Naturraum.

Lorenzetti hat hier den Traum von einem befriedeten Leben in die Wirklichkeit eines gemalten Bildraums übertragen. Seine Darstellung kommt noch ohne das Individuum aus, das die Umwelt über den perspektivischen Blick allein auf sich zu beziehen weiß. Diese neue Ebene wird erst fast hundert Jahre später in Florenz erreicht sein. Lorenzettis Wiedergabe der menschlichen Tätigkeiten geht von der Gesamtheit ihrer Vielfalt aus: »Das Unterschiedliche muß sich zum Ganzen verbinden« (Fra Giordano). Und unterschiedlich sind sie, die Menschen. Der Bauer treibt sein Schwein in die Stadt und begegnet mit gesenktem Kopf der die Stadt stolz verlassenden Gruppe vornehmer Bürger. Was für den Bauern Ort der Arbeit, ist dem hoch zu Roß einherreitenden Städter das freie Gelände seiner Falkenjagd. Aber Lorenzetti verbindet in idealer Harmonie Menschen, Gesellschaft und Natur zu einer Einheit im *Raum.*

Dieses große und großartige Fresko lohnt einmal mehr einen Abstecher nach Siena. Hier wird man auch nachvollziehen können, was wir mit der differenzierteren Stufe der gegenseitigen Abhängigkeit der Menschen gegenüber dem rein feudalen Lebenszusammenhang gemeint haben. Auf der den Fenstern gegenüberliegenden Mittelwand befindet sich die Allegorie des *Guten Regiments* (Abb. 50). Über ihr schweben drei göttliche Tugenden, *spes, caritas* und *fides.* Neben der Civitas sehen wir die allegorische Verkörperung von *Pax, Magnanimita, Fortitudo, Prudentia, Temperantia, Justitia.*

Unterhalb dieser thronenden Figuren stehen links 24 Ratsmitglieder. Sie werden rechts ergänzt durch die Darstellung zweier Feudalherren, die der Stadt ihre Burgen als Geste der Unterwerfung anbieten. Daneben steht der bedauernswerte Haufen gefesselter Söldner und Räuber.

Der letzte Mann im Zug der Ratsmitglieder »steht unter dem Thron der *Iustitia,* einer weiblichen Figur, welche sich auf gleicher Höhe mit der *Civitas* befindet. Sie richtet den Blick, wie in sich hineinhorchend, nach oben. Über ihr schwebt *Sapientia,* in der linken Hand ein Buch haltend, in der rechten den Griff einer großen Waage, deren Schalen an den Seiten der *Iustitia* herabhängen und von ihr mit den Daumen beider Hände im Gleichgewicht gehalten werden. In der linken Schale erhebt sich die Personifikation des distributiven, des Strafe und Lohn verteilenden Rechts, in der rechten das commutative Recht, das dem einen Bürger die Waffen, dem anderen den Handel zuweist«.

Wenn wir weiter der genauen Beschreibung folgen, die wir dem Buch *»Individuum und Landschaft«* von Matthias Eberle entnehmen, werden

119

50. Ambrogio Lorenzetti, *Allegorie des guten Regiments*, 1338/39, Siena Palazzo Publico.

wir gewahr, wie empfindlich diese neue vielschichtige Abhängigkeit in der gut regierten Stadt ist. »Von beiden Waagschalen führt ein Seil zu einer dritten thronenden weiblichen Figur nach unten: Der *Concordia.* Auf ihrem Schoß hält sie den Unterschiede einebnenden Hobel und gibt die Seile, die sich in ihrer rechten Hand zu einem Tau vereinen, an die Ratsmitglieder weiter. Über diese läuft es bis zur rechten Faust der *Civitas,* die auch das Zepter trägt. Die Aussage der Allegorie ist eindeutig: Es liegt in den Händen des Rats, ob im Staate das Gleichgewicht erhalten bleibt, ob die Aufgaben sinnvoll verteilt, ob Verdienst belohnt, Vergehen und Aufruhr bestraft werden, kurz, ob ein ausgewogenes Verhältnis zwischen Recht und tugendhafter, mächtiger Herrschaft gewährleistet ist oder nicht.«

Hat man sich die Mühe gemacht, vor diesem Wandbild die komplizierten Verbindungslinien städtischer Herrschaft nachzuvollziehen, so wird man einen Eindruck davon gewonnen haben, wie wichtig im Grunde die *Gegenwart des Bildes und seine jederzeit gegebene Anschaulichkeit* für den Rat der Stadt Siena gewesen sein mußte. Auf der Inschrifttafel unterhalb des ›guten Regiments‹ steht denn auch geschrieben: »Richtet eure Augen, um die zu bewundern, die hier erscheint, ihr, die ihr regiert. (. . .) Seht, wieviel Gutes von ihr kommt, wie süß das Leben und wie ruhig die Stadt ist, in der man diese Tugend pflegt.«

Lorenzettis Fresko des *Guten Regiments* entsprechen in Florenz die Reliefs der Sockelzone des Campaniles (Abb. 24, 25, 26). Sie entstanden etwa zur gleichen Zeit. Ihr Thema ist die Verherrlichung der Künste, die Entfaltung der menschlichen Tätigkeiten und des mit ihnen verbundenen Reichtums.

Eine ähnlich belehrende Bildwelt überzieht die Wände der *Spanierkapelle* in der Kirche Santa Maria Novella (1366-1368 von Andrea da Firenze, vgl. Abb. 48).

Da man bei einem Besuch in Siena ohnehin den Wagen am Fuß dieser auf Hügeln gelegenen Stadt abstellen muß, lohnt eine Fahrt mit einem der Linienbusse SITA, die in Florenz vom Busbahnhof in der Via S. Caterina da Siena abfahren.

Stadt und Land

Das Verhältnis der Stadt zum umliegenden Land, dem *contado,* blieb auf eine produktive Weise widersprüchlich. Aus der Sicht des Städters veränderte sich die Natur. Sie wurde zu einer kultivierten, von Menschen bearbeiteten fruchtbaren Kulturlandschaft. Als nicht mehr unbearbeitete rohe Natur war das Land für die Stadt mehr als nur ein Gegensatz. Wirtschaftlich ohnehin voneinander abhängig, konnten die klar und übersichtlich gestaltete Stadt und das wohlgeformte Land jetzt auch räumlich zusammenhängend gesehen werden.

Schönstes und zugleich eindrucksvollstes Zeugnis dieser begriffenen neuen Raumbeziehung ist noch einmal Lorenzettis große Idealisierung des stadtbürgerlichen Regierungsmodells in Siena. Die Stadt mit dem in ihren Mauern typischen Leben *und* das Land mit seinen für *alle* Jahreszeiten charakteristischen Arbeiten werden *zu gleichen Teilen* über die Wandfläche verteilt dargestellt.

Gut sechzig Jahre später wurde erneut eine Stadt in ihrer Vollkommenheit idealisiert. Es ist diesmal Florenz, das *Coluccio Salutati*: als ihr Kanzler von 1375 bis zu seinem Tod 1406, mit den Worten lobpreise »Welche Stadt, nicht nur in Italien sondern in der ganzen Welt, ist sicherer innerhalb ihres Mauerrings gelegen, stolzer mit ihren Palästen, reicher mit Kirchen bedeckt, schöner in ihrer Architektur, beeindruckender durch ihre Tore, bedeutender durch ihre Bevölkerung, glorreicher im Städtischen, unvergleichlicher in ihrem Reichtum und fruchtbarer in ihren Feldern.«

Wie bei dem Sieneser Lorenzetti, so drückte sich bei dem Florentiner Salutati der Stolz seiner Stadt nicht nur in der Schönheit ihrer Bauten aus, sondern auch in einem gut bestellten Land. Städtische Architektur und die unter dem Schutz der Stadt bearbeiteten fruchtbaren Felder sind Resultat und Ausdruck des durch die Stadt und ihre Herren geschaffenen Reichtums.

Nun formten sich gleichzeitig in Siena und Florenz Lebensverhältnisse aus, die denen auf dem Land fremd wurden. Nehmen wir ein Beispiel, um uns die Veränderung zu verdeutlichen: *Das neue Verhältnis der Menschen zur Zeit* in der frühbürgerlichen Stadt. Was ist daran gegenüber dem Land neu?

Das Land produziert anders als die Stadt. So gehören die auf dem Land erzeugten Produkte immer ganz bestimmten Zeiten an. Diese Zeiten sind die *Jahreszeiten,* in denen die ländlichen Produkte als Öl, Wein, Getreide, Gemüse oder Obst reifen, geerntet und verarbeitet werden. Die Zeit, so könnten wir sagen, haftet auf dem Land den dort erzeugten Nahrungsmitteln noch als deren Qualität an. Als solche ist die Zeit an die sinnliche Erscheinung der Gegenstände gebunden. Lorenzetti hatte das als Unterschied zur Stadt gesehen und abgebildet (vgl. Abb. 49, 49a). Er läßt die Bauern Tätigkeiten verrichten, die in gleichzeitigem Einklang mit allen Jahreszeiten stehen. Frühjahr, Sommer, Herbst und Winter verkörpern in ihrer sich stets wiederholenden Abfolge ein durch die Natur bestimmtes Gesetz, nach dem die Menschen die Natur bearbeiten. Erfolg und Mißerfolg der Ernten hängen davon ab. Für das Leben der Bauern ergeben sich daraus Konsequenzen, die sich jahrhundertelang nicht ändern werden. Wenn noch Schiller in einem Gedicht von der »Ernten ruhigem Kreislauf« spricht, die die Wünsche des Bauern beschränken, und wenn er das Leben dieses Bauern »seinem Tagwerk gleich« sich abwinden sieht – dann meint er damit Lebensverhältnisse, die sich erst im Wechsel zum 19. Jahrhundert, dann allerdings rasch, ändern werden.

Verkaufte Zeit

Anders sah das Leben zu Beginn des 14. Jahrhunderts in Städten wie Siena oder Florenz aus. Hier war es üblich, die Zeit gegen das Geld zu verrechnen: In Form des verliehenen Geldes als Kredit oder Zins. Und *Geld,* in Florenz seit 1252 als Goldflorin und Hauptzahlungsmittel in Gebrauch, war – trotz des Bildnisses Johannes des Täufers und der Lilie von Florenz auf beiden Seiten der Goldmünze – das profanste und zugleich unsinnlichste Äquivalent für die Zeit.

Oder nehmen wir die Wolltucharbeiter in den Werkstätten. Die Art und Weise, wie dort gearbeitet wurde, hing zusammen mit der damals in ganz Europa am weitesten differenzierten Form der Arbeitsteilung. Ganz im Gegensatz zu den Bauern auf dem Land waren die Arbeiter in den Werkstätten der *Arte della Lana* einer Zeitfestsetzung ausgeliefert, die nicht die Natur bestimmt hatte, sondern der *Lanaiolo* bzw. die Zunftoberen. Mit Glockenschlägen riefen sie allmorgendlich in den Quartieren ihre Arbeiter zur Arbeit.

Die Händler ließen sich bei der Festsetzung der Produktionssteigerung der Wolltuche von außerstädtischer Nachfrage und Absatzmöglichkeit leiten. Auf beides hatte der Arbeiter keinen Einfluß, auch waren ihm diese Zusammenhänge fremd.

So wurde Zeit in Florenz zu einem Werkzeug der herrschenden Klasse. Sie allein verfügte gegenüber anderen über die Zeit. Nur sie wußte mit der Zeit umzugehen: In ihr sah sie den wirtschaftlichen Vorteil (Abb. 51).

Allerdings ist den Kaufleuten und Geschäftemachern dieser Vorteil durch die Gebote und Wertvorstellungen der mittelalterlichen Theologie getrübt worden. Die *Zeit der Kirche* war nicht die *Zeit der Händler.* Die Praxis der Geldakkumulation und des Zinsgeschäfts wurde von der Kirche verurteilt. Die Zeit, so sagte sie, darf man nicht verkaufen. In einem Kodex der Florentiner Kirche *Sante Croce* fragte man sich, ob es rechtens sei, daß ein Kaufmann für den gleichen Verkauf von dem mehr verlangen darf, der nicht gleich zahlen konnte, als von demjenigen, der sofort bezahlt hatte. Man könne unumstößlich *(irrefragibilmente)* beweisen, daß dies gegen das Gesetz sei, da in einem solchen Fall der Kaufmann *Zeit* verkauft und somit einen *Wucher* begeht, denn er verkauft etwas, das ihm nicht gehört. Der Handel mit der Zeit war eine Verkehrung der Ordnung. Doch dort, wo man mit dieser verkehrten Ordnung auskommen mußte, verstand man es auch, sich zu arrangieren. Allen voran der Hl. Antonino, der 1446 Erzbischof von Florenz wurde und ein guter Freund des Cosimo de' Medici war. Auch Antonino verurteilte den althergebrachten Wucher, nicht aber das Bankwesen und das Recht eines Bankiers, sich Ausgaben und Mühen durch Prozente bezahlen zu lassen (siehe S. 286).

51. *Kaufleute in der Stadt:* Im oberen Teil dieser Miniatur etwa aus der Mitte des 14. Jahrhunderts verhandelt ein Kaufmann mit zwei Käufern. In der Hand hält er einen Maßbehälter. Auf dem unteren Blatt sitzt der Kaufmann vorn in seinem zur Straße hin geöffneten Laden an einem Tisch und notiert im Beisein der beiden Käufer den Preis des Korns.

52. *Kaufleute auf Reisen:* Die Ankunft der Schiffe auf einem Ausschnitt eines Bildes von Ambrogio Lorenzetti (Uffizien). Man mag sich dazu vorstellen, daß sich zwei Sieneser Kaufleute (die Schiffe tragen die Zeichen der Stadt Siena) an Land rudern lassen, während ihre Schiffe, die vielleicht Getreide geladen haben, in kleine Kähne entladen werden.

Der Kaufmann handelte mit der Zeit und er handelte *in* ihr. Die in ferne Länder reichenden Handelsgeschäfte kosteten sehr viel Zeit. Große Strecken mußten zurückgelegt werden und Geschäfts- und Gewinnkalkulationen hingen von der sicher und unversehrt ankommenden Fracht ab (Abb. 52). Zeitspannen von Wochen und Monaten erhielten durch das finanzielle Risiko und den erhofften Gewinn, die sich beide in ihrem Verlauf einstellen konnten, ein neues Gewicht. Der Kaufmann mußte in der Lage sein, ferne Zeit und ferne Orte quasi in einem Gedankenprozeß auf sich und sein geschäftliches Interesse zu beziehen.

Naturerfahrung

Soweit uns überliefert ist, haben sich die Versachlichungen im städtischen Leben und in der Produktion als Erfahrung in der Lebenswelt der herrschenden Klassen in Florenz niedergeschlagen. Stadt und Land, Gesellschaft und Natur sind dabei in ihrer Verschiedenheit zu Gegenständen neuer und privilegierter Erfahrungen des Stadtbürgertums geworden. Mit der städtischen Warenproduktion und dem Handel mit Waren entstand die Notwendigkeit genauen Beobachtens und raschen Einschätzens: »Die städtischen und geldwirtschaftlichen Lebensbedingungen, die den Menschen aus einer statischen, durch Gewohnheit und Tradition gebundenen Welt herausreißen und in eine dynamische Wirklichkeit stellen, in eine Welt, deren Akteure und Situationen fortwährend wechseln, erklären auch, daß der Mensch jetzt für die Dinge seiner unmittelbaren Umgebung ein neues Interesse gewinnt. Denn diese Umgebung ist jetzt der wirkliche Schauplatz seines Lebens, in ihr muß er sich bewähren; um sich aber in ihr bewähren zu können, muß er sich in ihr auskennen. Und so wird nun jede Einzelheit des Lebens zum Gegenstand der Beobachtung und Darstellung, nicht nur der Mensch, auch die Tiere und Bäume, nicht nur die lebendige Natur, auch Haus und Hausrat, Kostüm und Gerät werden zu eigenwertigen künstlerischen Motiven« (A. Hauser).
Der Blick konzentrierte sich auf die sichtbare Welt. *Das menschliche Auge wurde zu einer der wichtigsten Quellen frühbürgerlicher Selbsterfahrung.*
Die erwachte Neugier übertrug sich auf die *Wahrnehmung der Natur,* die in den Werken eines Lorenzetti oder Giotto erstmals in Bildern reflektiert wurde. Der künstlerischen Nachahmung lag ein sorgfältiges Naturstudium zugrunde, so daß dessen Resultate die Sache selbst zu sein schienen, wie es Boccaccio (gest. 1375) bewundernd von seinem Zeitgenossen Giotto gesagt hat: »Der Genius Giottos war von solcher Vortrefflichkeit, daß es kein Produkt der Natur gab, die alle Dinge

gebiert und schafft, solange die Himmel kreisen, das er nicht mit Stift, Feder oder Pinsel so treu abgemalt hätte, daß das Ergebnis weniger einem ihrer Produkte ähnlich als vielmehr Werk der Natur selbst zu sein schien. Weshalb das Auge der Menschen oft getäuscht wurde von seinen Werken und für wirklich hielt, was nur gemalt war. So brachte er diese Kunst wieder ans Licht, die viele Jahrhunderte verborgen lag unter den Irrtümern einiger, die eher malten, um den Augen der Unwissenden zu gefallen, statt den Verstand der Kenner zufriedenzustellen, und er verdient es, eines der Lichter des strahlenden Ruhmes von Florenz genannt zu werden« (Boccaccio, *Decamerone*).

Produktiv an dieser neuen Beschäftigung mit der Natur war, daß sie den Menschen nun nicht mehr als das unbegriffene Gesetz all ihrer Handlungen, ihrer Schwächen und Sünden erscheinen mußte. Die Natur war nicht mehr das gestaltlose Ganze. Die Menschen fingen an, die Natur bewußt zu verändern, indem sie versuchten, ihre Gesetze zu verstehen. Das ›*Auge des Unwissenden*‹ war dem ›*Verstand der Kenner*‹ gewichen; auch in den Künsten, an die nun höhere Ansprüche gestellt wurden.

Die Stadt hat hierfür den auch räumlich erfahrbaren Abstand zur äußeren Natur geschaffen. Erst dieser erlebte, optisch wahrnehmbare Abstand der (inneren) Natur der Menschen zur äußeren verschaffte ihnen die Möglichkeit, sich *bewußt* als Teil dieser Natur zu begreifen. Die Nachahmung der natürlichen Umgebung von Stadt und Land brachte den Menschen erstmals die Erfahrung und sinnliche Gewißheit, daß sie anders waren als die Natur. Und sie lernten mit der Zeit verstehen, worin sie sich von ihr unterschieden.

Lorenzettis Fresko ist die erste uns bekannte, große Landschaftsdarstellung in der europäischen Kunstgeschichte. Gegenüber der Stadt hat die Landschaft bei ihm noch nicht die autonome Selbständigkeit späterer Landschaftsdarstellungen. Noch rechtfertigte sich die getreue Wiedergabe der Landschaft durch die dominierende Stadt: Auf sie ist der Naturraum bezogen. Dabei zeigt seine bewußte Nachahmung, daß die Natur anders ist als die Stadt, sowohl in der Form als auch in ihrem Inhalt, der Arbeit. Die Nachahmung also war es, die die Gegensätze zur anschaulichen Erfahrung werden ließ. Doch scheinen Lorenzetti und seine Auftraggeber noch nicht die Hoffnung aufgegeben zu haben, die Gegensätze miteinander vereinen zu können.

Florenz hatte im August 1289 die Leibeigenschaft aufgehoben (siehe S. 152 ff.) und sich dabei in einem Gesetzestext verpflichtet, die, wie es heißt, »Freiheit, aus der der Wille stammt«, für jeden Menschen zu garantieren und künftig zu beschützen. Aus dieser proklamierten persönlichen Freiheit entwickelte sich im Laufe des 14. und 15. Jahrhunderts die Fähigkeit des Einzelnen, der Natur verhältnismäßig frei als Individuum gegenüberzutreten und zu ihr ein bewußtes Verhältnis auszubilden.

Der Traum vom ländlichen Leben

Aber was nützte dem wohlhabenden Bürger diese Fähigkeit, wenn es doch die Stadt und die in ihr Stein gewordene Distanz zur äußeren Natur waren, die den Weg dafür erst hatten frei machen müssen? Schiller schreibt in dem Gedicht *Der Spaziergang,* daß in der Stadt der Mensch nicht mehr nachbarlich mit seinem Acker zusammenwohnt. Auch umruhten seine Felder schon seit geraumer Zeit nicht mehr »friedlich sein ländliches Dach«. Stattdessen werde in der Stadt alles zur Regel, Wahl und Bedeutung: *Das Gleiche sich reiht an das Gleiche.*

Dieser Unterschied zum Land und die Versachlichung des Lebens prägen schon sehr früh die Städte der Toskana, allen voran Florenz. Die Bürger stellten fest, daß die Rationalität ihrer frühkapitalistischen Handelsgeschäfte, das so wichtig gewordene Rechnen, Kalkulieren und Bilanzieren, das Leben in ihrer Stadt und die Motive, nach denen die Menschen handeln, immer weniger durchschaubar machten.

Das Wissen, das man jetzt in den Schulen zu lernen begann, wurde für die Söhne der Kaufleute und Bankiers wichtiger als die Kenntnis und Ausbildung der in den Zünften tradierten handwerklichen Fertigkeiten. Die in der Regel mündlich und durch anschauliches Lernen weitergereichten Zunftgeheimnisse reichten nämlich nicht mehr aus, um die abstrakten Zusammenhänge im Geld- und Handelsgeschäft gewinnbringend zu begreifen.

Ein rechnerisch-logisches Erfassungsvermögen der gegenständlichen Welt begann sich in Florenz bei denen auszubilden, die zugleich das Privileg des neuen und bewußten Verhältnisses zur Natur erfuhren. Baxandall schreibt über den Geschäftsmann des frühen 15. Jahrhunderts, daß ihm nahezu alles auf geometrische Figuren reduzierbar war, »die allen äußeren Unregelmäßigkeiten zugrunde liegen – der Getreidehaufen wurde auf einen Kegel reduziert, das Faß auf einen Zylinder oder auf eine Kombination aus Kegelstümpfen, der Rock auf ein rundes Stück Stoff, das zum Stoffkegel fallen konnte, der Backsteinturm auf einen kubischen Körper, der aus einer berechenbaren Zahl kleinerer Kuben zusammengesetzt war . . .« (Abb. 53/54).

Diese neuen städtischen Denk-, Handlungs- und Wahrnehmungsgewohnheiten haben sich mit der Zeit immer weniger mit der Naturerfahrung harmonisch vereinen lassen. Natur und Gesellschaft traten auseinander.

Es wird deshalb kaum überraschen, daß diese widersprüchlichen Erfahrungen sehr bald zur Abkehr von der Stadt und zur Lobpreisung eines natürlichen Lebens auf dem Lande geführt haben. Solch ein Leben auf dem Land war nicht nur beseelt von dem Wunsch nach der Suche des in die Schöpfung gelegten göttlichen Sinns der Welt, den man in der vom alltäglichen Geschäft verdorbenen Stadt nicht mehr zu finden glaubte.

53. Eine Rechenaufgabe, wie man sie jungen Kaufmanns- und Bankierssöhnen um die Mitte des 15. Jahrhunderts stellte: Berechne die Inhalte der beiden Getreidesäcke! Auf das richtige Augenmaß sollte es dabei ankommen.

Künstler haben offensichtlich ein derart geschultes Wahrnehmungsvermögen bei den Auftraggebern ihrer Bilder einkalkuliert. So bildet Lorenzo Ghiberti auf dem rechten Mittelrelief seiner *Paradiestür* am Baptisterium unten links sehr plastisch einen Sack mit ab.

Die *Madonna del Sacco*, ein Bild von Perugino (1450-1523), ist gleich nach dem Sack benannt, auf dem der Jesusknabe sitzt (Abb. 54).

54. Detail der *Madonna del Sacco*, gemalt von Perugino (1450-1523). Das Bild befindet sich im Palazzo Pitti in der Galleria Palatina in der *Sala di Giove* (Jupiter-Saal).

Landbesitz war für den Florentiner Kaufmann darüber hinaus eine krisensichere Geldanlage, sowohl im 14. und erst recht im 15. Jahrhundert. Von Villani wissen wir, daß schon zu seiner Zeit der größte Teil der Reichen und adligen Städter mit ihren Familien vier Monate des Jahres in ihren Häusern und Villen auf dem Lande verbrachte (». . . la maggior parte de' ricchi e nobili e agiati cittadini con loro famiglie stavano quattro mesi l'anno in contado«.). Und *Benedetto Dei* spricht um die Mitte des 15. Jahrhunderts von 32 000 Besitzungen und insgesamt 800 Villen im Besitz Florentiner Familien. Dabei dachte kein Kaufmann ernsthaft daran, seine Geschäfte in der Stadt aufzugeben. Nur in ihr leben: Das scheint seinen Reiz vor allem in der zweiten Hälfte des 15. Jahrhunderts in Florenz mehr und mehr verloren zu haben.

131

55. Titelholzschnitt aus Piero Crescentinos »De Agricultura«, Venedig 1495. Die ökonomische Villa auf dem Lande. Der eigentliche Herrensitz erinnert mit seinen Zinnen und dem Turm noch an ein kleines Kastell. Die Villa liegt in einem umzäunten Hof mit Wirtschaftsgebäuden, Gesindeunterkunft, einem Kamin zum Brotbacken. Rechts öffnet sich ein Garten mit Bienenstöcken und einem Laubengang. Außerhalb des umzäunten Geländes steht ein hoher Taubenturm.

Im folgenden Dialog entwickelt kein geringerer als Leon Battista Alberti im 3. Buch seiner *Libri della Famiglia* Argumente für das Landleben. Wirtschaftliche, klimatische und soziale Vorteile des Landes gegenüber der Stadt vermischen sich darin.

»*Lionardo.* Was müßte das für ein Mensch sein, der nicht am Landbau Vergnügen hätte? Ein Landgut trägt den größten, ehrenhaftesten und sichersten Gewinn, und man macht die Erfahrung, daß jede andere Tätigkeit auf tausend Gefahren stößt, tausendfachen Argwohn erregt, vielen Schaden und viele Reue nach sich zieht. Beim Kaufen gibt's Sorge, beim Transport Angst, beim Aufbewahren Gefahr, beim Verkaufen Unsicherheit, beim Leihen Argwohn, beim Einfordern Unannehmlichkeiten, beim Austausch Betrug; und so bedrängen dich im Gefolge der anderen Betätigungen immer unendliche Kümmernisse und Seelenqualen.

56. Die Medicivilla in Cafaggiolo. Cosimo de' Medici ließ sie 1451 von seinem Architekten Michelozzo erbauen.

Der Landbesitz allein erweist sich über alles erkenntlich, dankbar, zuverlässig und wahrhaft. Wenn du ihn mit Umsicht und Liebe verwaltest, wird er nie dir genug getan zu haben meinen, sondern immer Ertrag auf Ertrag häufen. Im Frühling gewährt er dir unzählige Freuden: das Grün, die Blumen, die Düfte, die Gesänge der Vögel; er ist auf vielfache Weise bemüht, dich fröhlich zu machen, er lacht dich an und verspricht dir die reichste Ernte, erfüllt dich mit schöner Hoffnung und mancher Freude. Und wie freigebig findest du ihn dann im Sommer! Bald diese, bald jene Frucht schickt er dir ins Haus, niemals bleibt es leer, irgend etwas hat er immer zu spenden. Nun naht der Herbst: da vergilt dein Landbesitz deine Mühen und Verdienste mit übermäßigem Preis, mit reichlichstem Lohn; wie gern, wie überströmend, mit welcher Treue! Zwölf für eins, für ein wenig Schweiß Fässer um Fässer Wein. Was du alt und wurmzerfressen im Hause gehabt hast, das gibt dir der Landbesitz neu und zeitig, sauber und gut wieder. Zudem schenkt er dir die Rosinen und die anderen Trauben zum Aufhängen und Trocknen, und dazu mußt du noch rechnen, daß er dir das Haus für den ganzen Winter mit den schönsten duftenden Äpfeln, Birnen und Nüssen füllt. Und noch läßt dein Besitz nicht ab, dir alle Tage etwas von seinen späteren Früchten zu schicken. Ja nicht einmal im Winter vergißt er, sich dir gegenüber freigebig zu bezeigen: er schickt Brennholz, Öl, Wacholder und Lorbeer, auf daß du, sobald du vor Schnee und Wind ins Haus flüchtest, dir dein Herdfeuer angenehm und duftend machen kannst. Und wenn du dich entschließen kannst, bei ihm auszuharren, so läßt er dich teilhaben an dem Glanz seiner Sonne und gewährt dir Häschen, Rehböcke, Hirsche, daß du sie jagen magst und deine Lust dran haben und so die Macht der Winterkälte brechen. Ich spreche nicht von den Hühnern, den Ziegenböcklein, dem Rahmkäse und anderen Leckerbissen, die dein Landbesitz dir das ganze Jahr heranzieht und hegt. Alles in allem ist es so: der Landbesitz sorgt dafür, daß dir im Hause nichts mangle, er trachtet danach, daß in deinem Herzen keine Trübsal Wurzel fasse, er überschüttet dich mit Freude und Nutzen; und wenn er von dir irgendeine Arbeit verlangt, so will er doch nicht wie die übrigen Betätigungen, daß du dabei dich betrübst, dir schwere Gedanken machst, ja er will dich überhaupt nicht bekümmert und erschöpft; deinem Landbesitz genügt eine Arbeit und Betätigung voller Behagen, die deiner Gesundheit nicht minder als der Wirtschaft förderlich ist. (Abb. 55/56)

Gianozzo. Was soll man sagen, Lionardo? Alles, was du anführen konntest, ist nicht die Hälfte von dem, was der Landbesitz an Nutzen für die Gesundheit, an Vorteilen für das Leben, an Eignung für die Familie bietet. Stets sagt man, daß der Landbesitz die Betätigung wahrhaft edler und in der richtigen Weise haushälterischer Männer ist; jedermann weiß, daß er vor allem nicht geringen Gewinn abwirft, und, wie du sagtest, angenehmen und ehrenhaften. Man braucht nicht wie bei den anderen Gewerben Treulosigkeit und Falschheiten von seiten der Schuldner oder Verwalter zu befürchten . . . Dazu kommt, daß man sich auf den Landbesitz zurückziehen kann und dort in Ruhe leben, seine Familie ernähren und sich selbst um seine Angelegenheiten bekümmern; am Festtag behaglich im Schatten plaudern vom Rindvieh und der Wolle, von den Weingärten oder den Saaten, ohne Gerüchte oder Nachrichten zu vernehmen oder irgend etwas anderes von jenem wahnsinnigen Treiben, das innerhalb der Städte unter den Bürgern nie zur Ruhe kommt: Verdacht, Befürchtungen, üble Nachrede, Unrecht, Zank und viele andere Dinge, von denen man nur mit Widerwillen sprechen und an die man nur mit Schauder denken kann. In allen Gesprächen über den Landbesitz kann nichts sein, was nicht erfreulich wäre; man spricht von allem mit Behagen, und alle lauschen gern und mit Vergnügen; jeder bringt vor, was er für die Wirtschaft Nützliches weiß. Jeder unterweist dich und klärt dich auf, wenn du etwa beim Pflanzen oder Säen von etwas einen Fehler gemacht haben solltest. Kein Neid, kein Haß, kein Übelwollen kann dir aus der Bebauung und Verwaltung deines Grundbesitzes erwachsen.

Lionardo. Und dazu genießt man auf dem Lande die luftigen, reinen, heiteren und schönen Tage, man hat die lieblichste Augenweide, wenn man die belaubten Hügel betrachtet, die grünen Flächen, die klaren Quellen und Bäche, die hüpfend dahinfließen und sich im hohen Gras verlieren.

Gianozzo. Ja, bei Gott, ein wahres Paradies! Und, was noch mehr wohltut, du kannst auf dem Lande all dem Lärm, dem Gewühl, dem Aufruhr der Stadt, des Marktplatzes, des Rathauses entgehen. Du kannst dich auf dem Lande verbergen und brauchst die Gaunerstreiche nicht mitanzusehen, die Ruchlosigkeit, die Menge der verworfensten Menschen, die in der Stadt dir beständig vor den Augen schwirren, die niemals aufhören, dir die Ohren vollzuplappern, die ununterbrochen durch die ganze Stadt kreischen und brüllen, die wütendsten und schauerlichsten Bestien. Wie hochbeglückt ist dagegen der Aufenthalt auf dem Lande, ein seliges Leben, das man nicht kennt!«

Augenzeugen berichten

»Der schwarze Tod«. Boccaccios Bericht über die Pest in Florenz im Jahre 1348

Gegen Mitte des 14. Jahrhunderts wütete in großen Teilen Europas erstmals wieder seit dem 6. Jahrhundert die Beulenpest. Aus dem Mittleren Orient kommend, überfiel sie 1348 auch Florenz mit verheerenden Folgen für die Bevölkerung. Von annähernd 90 000 Menschen, die die Stadt bewohnten, waren im September des Jahres etwa 40 000 den Pesttod gestorben. Mit den Toten auf dem Land werden es weit über 100 000 gewesen sein. Ein Strafgericht Gottes für ein schlecht geführtes Leben war über die Stadt hereingebrochen. Das Ende der Welt schien gekommen. In Siena überlebten von 42 000 Einwohnern nur 15 000.

Dabei war diese Katastrophe nicht die einzige, die im 14. Jahrhundert das Leben in Florenz erschüttert hatte. Einmal waren es immer wieder ökonomische Krisen, die nicht selten den Ruin ganzer Bankhäuser und der mit ihnen verbundenen Familien nach sich zogen, wie z. B. den Bankrott der Peruzzi und Bardi zwischen den Jahren 1343 und 1345.

Darüber hinaus haben Epidemien und Hungersnöte, wie in den Jahren 1315-17, 1329/30, im besagten Jahr 1348, und später 1360-63, 1371-74 und 1399-1400 dem gesicherten Leben in der Stadt eine der vielen unsicheren Kehrseiten geliefert.

Boccaccio (1313-1375; Abb. 57) hat uns in seinem 1353 vollendeten *Decamerone* eine eindrucksvolle Schilderung der Verhältnisse in Florenz während des Pestjahrs 1348 hinterlassen.

Boccaccio gehörte zu den wohlhabenden Florentinern, die die Stadt bald in der Hoffnung verließen, sich auf dem Land der ansteckenden Krankheit besser entziehen zu können. Umgekehrt trieb eine gleichzeitige Hungersnot die leidende Landbevölkerung in die Stadt, da sie hier behördlich verteilte Lebensmittelrationen erwarten konnte (vgl. Abb. 66/67). Boccaccio läßt in seiner Schilderung nicht unerwähnt, daß auch das Land unter der Pest zu leiden hatte. Gleichwohl erfährt er die ländlichen Verhältnisse als heilsam und friedvoll. Nicht nur die Luft und das Wasser sind hier frisch; auch die Menschen gehen besser miteinander um. Demgegenüber hat es den Anschein, als werde ihm die Pest zum Anlaß, von Florenz das Bild eines unmenschlichen Orts der Perversionen und der *bestialità* (Bestialität) zu zeichnen. Florenz – bereits jetzt ein Ort der *Seelenfolter,* wie es Alberti ein Jahrhundert später den Gianozzo hatte sagen lassen (siehe S. 134)?

57. Boccaccio (vgl. auch Abb. 48).

Ein anderer Bürger von Florenz, der Dichter und Philosoph Francesco *Petrarca* (1304-1374), entwirft in dieser Zeit das Idealbild ländlicher Abgeschiedenheit und eines Lebens in der Villa. In ihr wird dem Zeitgenossen die agrarische Lebensweise nach antikem Vorbild solcher Moralisten wie Cicero oder Colmella zur Utopie. Die Fähigkeit des Individuums zur Einsamkeit erscheint Petrarca als lebenspraktisches Gegengewicht zu den Lastern der Stadt und dem Leben in der Masse. Er spricht vom »Leben in der Einsamkeit. Denn keines ist so sicher, so ruhig, schließlich ist auch keines so glücklich. (. . .) Dieses Leben will ich an seinem Sitze aufsuchen, das heißt in den Wäldern und Bergen, wenn es mir beschieden sein sollte, so wie ich es ja oft getan habe . . .«.

Authentischer klingt es, wenn sich Filippo *Villani,* ein Neffe des Giovanni Villani, bitter über die Verrohung des Lebens in Florenz mit den Worten beklagt: »Noch mehr hat die Habsucht in dieser Zeit die Herzen der Herrschenden vereinnahmt, und so befindet sich die Stadt in der Gewalt der Begierden privaten Reichtums und versteckten Hasses«.

Boccaccios Ausführungen, mit denen er sein *Decamerone* beginnen läßt und die wir im folgenden wiedergeben, beschreiben den Verfall des öffentlichen und privaten Lebens in Florenz während der Pest. Die Pest wird man in dieser eindringlichen Schilderung als symbolischen Ausdruck eines von Autoren wie Boccaccio und Petrarca häufiger so gesehenen politischen und sozialen Verfalls der Stadt verstehen dürfen.

(Der Auszug ist der 1967 im Winkler-Verlag München erschienen Ausgabe des *Dekameron* entnommen)

Ich sage also, daß seit der heilbringenden Menschwerdung des Gottessohnes eintausenddreihundertachtundvierzig Jahre vergangen waren, als in die herrliche Stadt Florenz, die vor allen andern in Italien schön ist, das tödliche Pestübel gelangte, welches – entweder durch Einwirkung der Himmelskörper entstanden oder im gerechten Zorn über unseren sündlichen Wandel von Gott als Strafe über den Menschen verhängt – einige Jahre früher in den Morgenlanden begonnen, dort eine unzählbare Menge von Menschen getötet hatte und dann, ohne anzuhalten, von Ort zu Ort sich verbreitend, jammerbringend nach dem Abendlande vorgedrungen war.

Gegen dieses Übel half keine Klugheit oder Vorkehrung, obgleich man es daran nicht fehlen und die Stadt durch eigens dazu ernannte Beamte von allem Unrat reinigen ließ, auch jedem Kranken den Eintritt verwehrte und manchen Ratschlag über die Bewahrung der Gesundheit erteilte. Ebensowenig nützten die demütigen Gebete, die von den Frommen nicht ein, sondern viele Male in feierlichen Bittgängen und auf andere Weise Gott vorgetragen wurden.

Etwa zu Frühlingsanfang des genannten Jahres begann die Krankheit schrecklich und erstaunlich ihre verheerenden Wirkungen zu zeigen. Dabei war aber nicht, wie im Orient, das Nasenbluten ein offenbares Zeichen unvermeidlichen Todes, sondern es kamen zu Anfang der Krankheit gleichermaßen bei Mann und Weib an den Leisten oder in den Achselhöhlen gewisse Geschwulste zum Vorschein, die manchmal so groß wie ein gewöhnlicher Apfel, manchmal wie ein Ei wurden, bei den einen sich in größerer, bei den andern in geringerer Zahl zeigten und schlechtweg Pestbeulen genannt wurden. Später aber gewann die Krankheit eine neue Gestalt, und viele bekamen auf den Armen, den Lenden und allen übrigen Teilen des Körpers schwarze und bräunliche Flecke, die bei einigen groß und gering an Zahl, bei andern aber klein und dicht waren. Und so wie früher die Pestbeule ein sicheres Zeichen unvermeidlichen Todes gewesen und bei manchen noch war, so waren es nun diese Flecke für alle, bei denen sie sich zeigten (Abb. 58).

Dabei schien es, als ob zur Heilung dieses Übels kein ärztlicher Rat und die Kraft keiner Arznei wirksam oder förderlich wäre. Sei es, daß die Art dieser Seuche es nicht zuließ oder daß die Unwissenheit der Ärzte (deren Zahl in dieser Zeit, außer den wissenschaftlich gebildeten, an Männern und Frauen, die nie die geringste ärztliche Unterweisung genossen hatten, übermäßig groß geworden war) den rechten Grund der Krankheit nicht zu erkennen und daher ihr auch kein wirksames Heilmittel entgegenzusetzen vermochte, genug, die wenigsten genasen, und fast alle starben innerhalb dreier Tage nach dem Erscheinen der beschriebe-

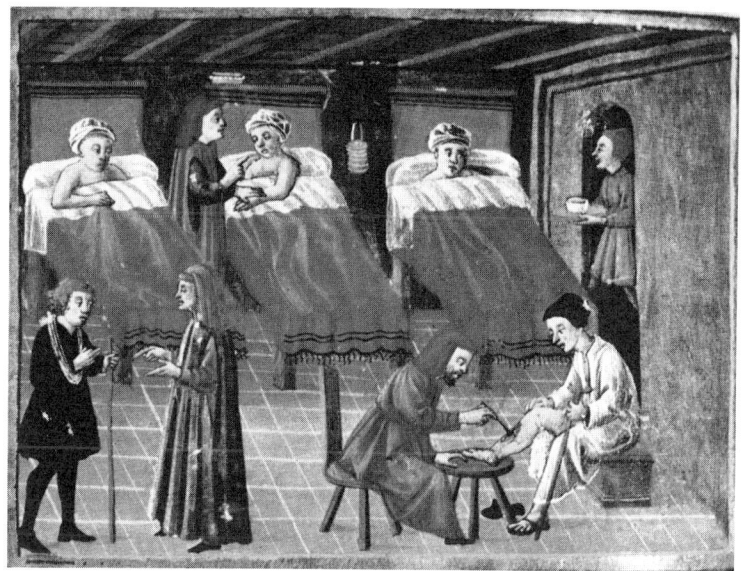

58. Heilung von Kranken in einem Krankenhaus. Falco Portinari, der Vater jener durch
Dante berühmt gewordenen Beatrice, hatte Ende des 13. Jahrhunderts das *Ospedale di Santa
Maria Nuova* gegründet.

nen Zeichen; der eine ein wenig früher, der andere etwas später, die
meisten aber ohne alles Fieber oder sonstige Zufälle (Abb. 59).
Die Seuche gewann um so größere Kraft, da sie durch den Verkehr von
den Kranken auf die Gesunden überging, wie das Feuer trockene oder
brennbare Stoffe ergreift, wenn sie ihm nahe gebracht werden. Ja, so
weit erstreckte sich dies Übel, daß nicht allein der Umgang die Gesunden ansteckte und den Keim des gemeinsamen Todes in sie legte;
schon die Berührung der Kleider oder anderer Dinge, die ein Kranker
gebraucht oder angefaßt hatte, schien die Krankheit dem Berührenden
mitzuteilen.
Unglaublich scheint, was ich jetzt zu sagen habe, und wenn es nicht die
Augen vieler sowie die meinigen gesehen hätten, so würde ich mich nicht
getrauen, es zu glauben, hätte ich es auch von glaubwürdigen Leuten
gehört. Ich sage nämlich, daß die ansteckende Kraft dieser Seuche mit
solcher Gewalt von einem auf den anderen übersprang, daß sie nicht
allein vom Menschen dem Menschen mitgeteilt ward, sondern daß auch,
was viel mehr sagen will, häufig und unverkennbar andere Geschöpfe
außer dem Menschengeschlecht, wenn sie Dinge berührten, die einem

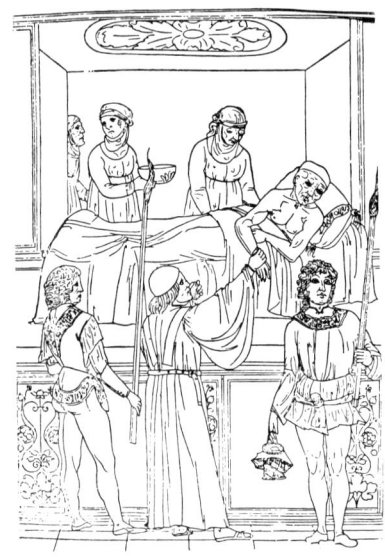

59. Der ›Schwarze Tod‹, die Pest. Ein Arzt, der einen Pestkranken behandelt. Um einer Infektion vorzubeugen, riecht er während der Behandlung an einem Apfel aus Bernstein. Holzschnitt aus ›Fasciculus Medicinae‹, Venedig 1500.

an der Pest Leidenden oder an ihr Gestorbenen gehört hatten, von der Krankheit befallen wurden und an diesem Übel starben. Davon habe ich unter anderem eines Tages mit eigenen Augen, wie ich vorhin gesagt habe, folgendes Beispiel gesehen: man hatte die Lumpen eines armen Mannes, der an dieser Seuche gestorben war, auf die offene Straße geworfen, und dort fanden sie zwei Schweine, welche sie nach der Art dieser Tiere anfangs lange mit dem Rüssel durchwühlten, dann aber mit den Zähnen ergriffen und hin und her schüttelten; nach kurzer Zeit aber fielen sie beide, als hätten sie Gift gefressen, unter einigen Zuckungen tot auf die Lumpen hin, die sie zu ihrem Unheil erwischt hatten.

Aus diesen und vielen anderen ähnlichen und schlimmeren Ereignissen entstand ein allgemeiner Schrecken, und mancherlei Vorkehrungen wurden von denen getroffen, die noch am Leben waren. Fast alle strebten zu ein und demselben grausamen Ziele hin, die Kranken nämlich und was zu ihnen gehörte, zu vermeiden und zu fliehen, in der Hoffnung, sich auf solche Weise selbst zu retten. Einige waren der Meinung, ein mäßiges Leben, frei von jeder Üppigkeit, vermöge die Widerstandskraft besonders stärken. Diese taten sich in kleineren Kreisen zusammen und lebten, getrennt von den übrigen, abgesondert in ihren Häusern, wo sich kein Kranker befand, beieinander. Hier genossen sie die feinsten Speisen und die ausgewähltesten Weine mit großer Mäßigkeit und ergötzten sich, jede Ausschweifung vermeidend, mit

140

Musik und anderen Vergnügungen, die ihnen zu Gebote standen, ohne sich dabei von jemand sprechen zu lassen oder sich um etwas, das außerhalb ihrer Wohnung vorging, um Krankheit oder Tod zu kümmern.

Andere aber waren der entgegengesetzten Meinung zugetan und versicherten, viel zu trinken, gut zu leben, mit Gesang und Scherz umherzugehen, in allen Dingen, soweit es sich tun ließe, seine Lust zu befriedigen und über jedes Ereignis zu lachen und zu spaßen, sei das sicherste Heilmittel für ein solches Übel. Diese verwirklichten denn auch ihre Reden nach Kräften. Bei Nacht wie bei Tag zogen sie bald in diese, bald in jene Schenke, tranken ohne Maß und Ziel und taten dies alles in fremden Häusern noch weit ärger, ohne dabei nach etwas anderem zu fragen als, ob dort zu finden sei, was ihnen zu Lust und Genuß dienen konnte. Dies wurde ihnen auch leicht gemacht, denn als wäre sein Tod gewiß, so hatte jeder sich und alles, was ihm gehörte, aufgegeben. Dadurch waren die meisten Häuser herrenlos geworden, und der Fremde bediente sich ihrer, wenn er sie zufällig betrat, ganz wie es der Eigentümer selbst getan hätte.

Wie sehr aber auch die, welche so dachten, ihrem viehischen Vorhaben nachgingen, so vermieden sie doch auf das sorgfältigste, den Kranken zu begegnen. In solchem Jammer und in solcher Betrübnis der Stadt war auch das ehrwürdige Ansehen der göttlichen und menschlichen Gesetze fast ganz gesunken und zerstört; denn ihre Diener und Vollstrecker waren gleich den übrigen Einwohnern alle krank oder tot oder hatten so wenig Gehilfen behalten, daß sie keine Amtshandlung mehr vornehmen konnten. Darum konnte sich jeder erlauben, was er immer wollte.

Viele andere indes schlugen einen Mittelweg zwischen den beiden obengenannten ein und beschränkten sich weder im Gebrauch der Speisen so sehr wie die ersten, noch hielten sie im Trinken und in anderen Ausschweifungen so wenig Maß wie die zweiten. Vielmehr bedienten sie sich der Speise und des Tranks nach Lust und schlossen sich auch nicht ein, sondern gingen umher und hielten Blumen, duftende Kräuter oder sonstige Spezereien in den Händen und rochen häufig daran, überzeugt, es sei besonders heilsam, durch solchen Duft das Gehirn zu erquicken; denn die ganze Luft schien von den Ausdünstungen der toten Körper, von den Krankheiten und Arzneien stinkend und beklemmend.

Andere aber waren grausameren Sinnes – obgleich sie vermutlich sicherer gingen – und erklärten, kein Mittel gegen die Seuche sei so wirksam und zuverlässig wie die Flucht. In dieser Überzeugung verließen viele, Männer wie Frauen, ohne sich durch irgendeine Rücksicht halten zu lassen, allein auf die eigene Rettung bedacht, ihre Vaterstadt, ihre Wohnungen, ihre Verwandten und ihr Vermögen und flüchteten auf ihren eigenen oder gar fremden Landsitz; als ob der Zorn Gottes, der durch diese Seuche die Ruchlosigkeit der Menschen bestrafen wollte, sie nicht überall gleichermaßen erreichte, sondern nur diejenigen vernichtete, die sich innerhalb der Stadtmauern antreffen ließen, oder als ob niemand mehr in der Stadt verweilen solle und deren letzte Stunde gekommen sei.

Obgleich diese Leute mit den also verschiedenen Meinungen nicht alle starben, so kamen sie doch auch nicht alle davon, sondern viele von den Anhängern jeder Meinung erkrankten, wo immer sie sich befanden, und verschmachteten fast ganz verlassen, wie sie das Beispiel dazu, solange sie gesund gewesen waren, denen gegeben hatten, die gesund geblieben.

Wir wollen davon schweigen, daß ein Mitbürger den andern mied, daß der Nachbar fast nie den Nachbarn pflegte und die Verwandten einander selten oder nie besuchten; aber mit solchem Schrecken hatte dieses Elend die Brust der Männer wie der Frauen erfüllt, daß ein Bruder den andern im Stich ließ, der Oheim seinen Neffen, die Schwester den Bruder und oft die Frau den Mann, ja, was das schrecklichste ist und kaum glaublich scheint: Vater und Mutter weigerten sich, ihre Kinder zu besuchen und zu pflegen, als wären es nicht die ihrigen.

In dieser allgemeinen Entfremdung blieb den Männern und Frauen, die erkrankten – und ihre Zahl war unermeßlich –, keine Hilfe außer dem Mitleid der wenigen Freunde, die sie nicht verließen, oder dem Geiz der Wärter, die sich durch einen unverhältnismäßig hohen Lohn zu Dienstleistungen bewegen ließen. Aber auch der letzteren waren nicht viele zu finden, und die sich dazu hergaben, waren Männer oder Weiber von geringer Einsicht, die meist auch zu solchen Dienstleistungen gar kein Geschick hatten und kaum etwas anderes taten, als daß sie den Kranken dies oder jenes reichten, was sie gerade verlangten, oder zusahen, wenn sie starben. Dennoch gereichte ihnen oft ihr Gewinn bei solchem Dienste zum Verderben.

Weil die Kranken von ihren Nachbarn, Verwandten und Freunden verlassen wurden und nicht leicht Diener finden konnten, bürgerte sich ein Brauch ein, von dem man nie zuvor gehört hatte: daß nämlich Damen, wie vornehm, sittsam und schön sie auch waren, sich, wenn sie erkrankten, durchaus nicht scheuten, von Männern, mochten diese jung oder alt sein, bedient zu werden und vor ihnen, ganz als ob es Frauenzimmer wären, ohne alle Scham jeden Teil ihres Körpers zu entblößen, sobald die Bedürfnisse der Krankheit es erforderten. Vielleicht hat dieser Brauch bei manchen, die wieder genasen, in späterer Zeit einigen Mangel an Keuschheit veranlaßt. Überdies starben aber auch viele, die vermutlich am Leben geblieben wären, hätte man ihnen Hilfe gebracht.

So war denn, teils wegen des Mangels gehöriger Pflege, teils wegen der Heftigkeit der Seuche, die Zahl der bei Tag und Nacht in der Stadt Gestorbenen so groß, daß man sich entsetzte, wenn man sie erfuhr, geschweige denn, wenn man das Elend selbst mit ansah. Daraus entstand fast unvermeidlich unter denen, die am Leben blieben, manche Unregelmäßigkeit, die den früheren bürgerlichen Sitten widersprach. So war es früher üblich gewesen – wie wir es auch heute noch sehen –, daß die Nachbarinnen und die weiblichen Verwandten mit den nächsten Angehörigen eines Verstorbenen in dessen Hause zusammenkamen und klagten, während sich die männlichen Mitglieder der Familie sowie Nachbarn und andere Bürger vor seiner Tür in Menge versammelten. Auch kam die Geistlichkeit dazu, je nach dem Stande des Verstorbenen, und dann wurde die Leiche auf den Schultern seiner Genossen bei angezündeten Wachskerzen mit Gesang und anderen Begräbniszeremonien zu der Kirche getragen, die jener noch vor seinem Tode bestimmt hatte. Als indessen die Heftigkeit der Seuche zunahme, hörten alle diese Bräuche ganz oder teilweise auf, und neue traten an ihre Stelle. Denn nicht allein starben die meisten, ohne daß viele Frauen zusammengekommen wären, sondern gar manche verließen dieses Leben ohne die Gegenwart eines einzigen Zeugen, und nur wenigen wurden die mitleidigen Klagen und die bitteren Tränen ihrer Angehörigen vergönnt. Statt dieser hörte man nun meist geselliges Lachen, Scherze und Gespött, eine Weise, welche die Frauen, ihr weibliches Mitleid großenteils verleugnend, um sich gegen die Krankheit zu wahren, meisterlich gelernt hatten. Es kam selten vor, daß eine Leiche von mehr als zehn oder zwölf Nachbarn zur Kirche geleitet wurde. Dabei trugen nicht achtbare und befreundete Bürger die Bahre, sondern eine Art Totengräber, die sich aus dem niederen Volk zusammengefunden hatten und Pestknechte genannt wurden, gingen eilfertig mit dem Sarge und vier oder sechs Geistlichen nicht in die vom Verstorbenen vorher bestimmte Kirche, sondern in die nächste beste, manchmal mit wenigen Lichtern, zuweilen auch mit keinem. Hier ließen die Geistlichen mit Hilfe der Pestknechte den Toten in die erste beste Gruft legen, die sie offen fanden, ohne sich zu langen Feierlichkeiten Zeit zu nehmen.

Die Lage der kleinen Leute (Abb. 60) und wohl auch der meisten aus dem Mittelstand war noch viel elender, da sie entweder von der Hoffnung oder von der Armut in ihren Häusern zurückgehalten wurden, mit den Nachbarn zu verkehren und daher täglich zu Tausenden erkrankten und bei dem vollständigen Mangel an Pflege und Hilfe rettungslos starben. Es gab viele, die bei Tag oder Nacht auf offener Straße verschieden, viele, die ihren Geist in ihren Häusern aufgaben und ihren Nachbarn erst durch den Gestank, der aus ihren faulenden Leichen aufstieg, Kunde von ihrem Tode brachten. So war von den einen wie von den anderen alles voll; denn überall starben Menschen. Dann verfuhren die Nachbarn meist auf die gleiche Art, zu welcher sie ebensosehr aus Furcht, daß die Fäulnis der Leichname ihnen schaden werde, als aus Mitleid für die Verstorbenen bewogen wurden. Sie schleppten nämlich entweder selbst

60. Bettler.

oder mit Hilfe einiger Träger, wenn sie solche bekommen konnten, die Körper der Toten aus ihren Wohnungen und legten sie vor den Türen nieder. So hätte, wer – zumal am Morgen – durch die Stadt gegangen wäre, der Leichen unzählige liegen sehen. Dann ließen sie Bahren kommen oder legten, wenn es an diesen gebrach, ihre Toten auf ein bloßes Brett. Auch geschah es, daß auf einer Bahre zwei oder drei davongetragen wurden, und nicht einmal, sondern viele Male hätte man

61. Ein Krankentransport.

zählen können, wo dieselbe Bahre die Leichen des Mannes und der Frau oder zweier und dreier Brüder oder des Vaters und seines Kindes trug (Abb. 61).

Oft ereignete es sich auch, daß, wenn ein paar Geistliche vor einer mit dem Kreuz hergingen, sich gleich drei oder vier Bahren mit anschlossen und die Priester, die einen Toten begraben zu sollen glaubten, nun deren sechs, acht und zuweilen noch mehr hatten. Dabei wurden dann die Verstorbenen mit keiner Kerze, Träne oder Begleitung geehrt, vielmehr war es so weit gekommen, daß man sich nicht mehr darum kümmerte, wenn Menschen starben, als man es jetzt um den Tod einer Geiß täte. Woraus denn gar deutlich wird, daß ein geduldiges Hinnehmen der Ereignisse, welches der gewöhnliche Lauf der Welt durch kleines und seltenes Unglück auch den Weisen nicht zu lehren vermag, durch die Größe des Elends auch den Einfältigen mitgeteilt werden kann.

Da für die große Menge Leichen, die, wie gesagt, in jeder Kirche täglich und fast stündlich zusammengetragen wurden, der geweihte Boden nicht langte, besonders wenn man nach alter Sitte jedem Toten eine besondere Grabstätte hätte einräumen wollen, so machte man, statt der kirchlichen Gottesäcker, weil diese bereits überfüllt waren, sehr tiefe Gruben und

warf die neu Hinzukommenden in diese zu Hunderten. Hier wurden die
Leichen aufgehäuft wie die Waren in einem Schiff und von Schicht zu
Schicht mit ein wenig Erde bedeckt, bis die Grube bis zum Rand voll
war.

Um aber alles Elend, das unsere Stadt betroffen hat, nicht weiter in
seinen Einzelheiten auszuspinnen, sage ich, daß, während ein so feind-
liches Geschick in ihr hauste, die umliegende Landschaft deshalb nicht
um das mindeste mehr verschont blieb. Ich schweige von den Burgflek-
ken, die in kleinerem Maßstab den gleichen Anblick boten wie die Stadt.
Auf den zerstreuten Landgütern und Meierhöfen jedoch starben die
armen unglücklichen Landleute mit den Ihrigen ohne allen ärztlichen
Beistand und ohne Pflege eines Dieners auf Straßen und Feldern wie in
ihren Häusern, ohne Unterschied bei Tag und Nacht, nicht wie Menschen, sondern fast wie das Vieh. Darum wurden sie ebenso wie die
Städter ausschweifend in ihren Sitten und kümmerten sich nicht mehr um
ihren Besitz oder ihre Arbeit. Sie dachten nicht daran, die Früchte ihres
früheren Schweißes, ihrer Ländereien und ihres Viehstandes für die
Zukunft zu pflegen und zu vermehren, sondern bemühten sich mit allem
Scharfsinn einzig und allein darum, die vorhandenen zu verzehren, als
erwarteten sie den Tod an demselben Tage, den sie hatten anbrechen
sehen. Daher geschah es denn, daß Ochsen, Esel, Schafe, Ziegen,
Schweine, Hühner, ja selbst Hunde, die dem Menschen doch am treuesten sind, von den Häusern, denen sie zugehört, verjagt, nach Gefallen
auf den Feldern umherliefen, wo das Getreide verlassen stand und weder
geerntet noch geschnitten wurde. Manche unter diesen kehrten, ohne
von einem Hirten angetrieben zu werden, als ob sie mit Vernunft begabt
gewesen wären, am Abend gesättigt zu ihren Häusern zurück, nachdem
sie den Tag über Nahrung gesucht hatten.

Was kann ich Stärkeres sagen, wenn ich mich nun wieder vom Lande zur
Stadt zurückwende, als daß die Härte des Himmels und vielleicht auch
die der Menschen so groß war, daß man mit Gewißheit glaubt, vom März
bis zum nächsten Juli seien, teils von der Gewalt dieser bösartigen
Krankheit, teils wegen des Mangels an Hilfe, den manche der Kranken
leiden mußten, weil die Gesunden sie aus Furcht vor der Ansteckung in
ihrer Not verließen, über hunderttausend Menschen innerhalb der Mauern von Florenz dem Leben entrissen worden, während man vor diesem
verheerenden Ereignis der Stadt vielleicht kaum so viele Einwohner
zugeschrieben hätte. Auch, wie viele große Paläste, wie viele schöne
Häuser und vornehme Wohnungen, die einst voll glänzender Diener-
schaft, voll edler Herren und Damen gewesen waren, standen jetzt bis
auf den geringsten Stallknecht leer! Wieviel denkwürdige Geschlechter
blieben ohne Stammhalter, wie viele umfassende Verlassenschaften und
berühmte Reichtümer ohne Erben! Wieviel rüstige Männer, schöne
Frauen und blühende Jünglinge, denen, von andern zu schweigen, selbst

Galen, Hippokrates und Äskulap das Zeugnis blühender Gesundheit ausgestellt hätten, aßen noch am Morgen mit ihren Verwandten, Gespielen und Freunden, um am Abend des gleichen Tages in einer andern Welt mit ihren Vorfahren das Nachtmahl zu halten!«

»Sie füttern uns mit leeren Löffeln«

Das Florenz des 14. Jahrhunderts war nicht reich; es war bettelarm. Wohl waren in einigen wenigen Händen ungeheure Schätze gesammelt, aber die Mehrzahl der Bewohner lebte unter ärmlichen bis unerträglichen Bedingungen. Die größte Gruppe innerhalb dieses *Popolo minuto* bildeten die *Ciompi.*

Ciompi hießen alle die ungelernten, täglich entlohnten und für die schmutzigsten und monotonsten Arbeitsschritte zuständigen Arbeiter. Beschäftigt waren sie in der für diese Zeit überraschend weit arbeitsteilig organisierten Florentiner Tuchproduktion, die neben dem Fernhandel den bedeutendsten Wirtschaftsfaktor ausmachte. Zeitweilig arbeitete in diesem Bereich bis zu einem Drittel der Gesamtbevölkerung (Abb. 62).

In einer Chronik aus dem 14. Jahrhundert werden sie beschrieben:

»Der Name Ciompi kommt von den Leuten her, die am allerschlechtesten gestellt sind. Wir nennen so diejenigen, die in den Werkstätten der Arte della Lana arbeiten und das Kämmen, Kratzen und Reinigen der Wolle besorgen, damit sie gesponnen werden kann. Da sie während der Arbeit fast nackt in bestimmte Räume eingeschlossen sind, sind sie völlig mit den Farben der Wolle verschmiert und besudelt. Ciompi will also nichts anderes sagen als ganz und gar schmierig, schmutzig und schlecht gekleidet.«

In den verschachtelt strukturierten politischen Gremien der Stadt waren die Ciompi nicht vertreten; denn entscheidende Voraussetzung für jegliche politische Betätigung war die Zugehörigkeit zu einer Zunft. Die Ciompi jedoch unterlagen einem generellen Organisationsverbot. Ihr besonderes Verhalten während des »*Tumulto dei Ciompi*« im Jahre 1378, durch den sie sich eine politische Beteiligung zu erkämpfen versuchten, gibt Anlaß zu der Vermutung, daß sich diese rechtlosen Arbeiter dennoch als für das Wohl der Kommune mitverantwortliche Stadtbewohner begriffen. Ja, es darf nicht einmal völlig ausgeschlossen werden, daß sie zudem eine gewisse Ahnung hatten von den Wechselwirkungen zwischen der Prosperität der Stadt und ihrer eigenen Arbeitstätigkeit.

Die in annähernd 30 Arbeitsschritte aufgeteilte Tuchherstellung in den Werkstätten der *Arte della Lana* (Zunft der Wolltuchhändler) erscheint uns für jene Zeit handwerklich-zünftischer Produktherstellung als ein phantastischer Vorgriff auf das arbeitsteilige Industriezeitalter. Wie

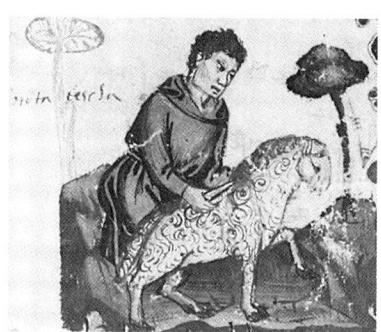

63. Schafschur, mittelalterliche Buchillu-
stration.

völlig fremd und andersartig die sich größtenteils aus der Landbevölkerung rekrutierenden Ciompi das »Fortschrittliche« an ihren Arbeitsbedingungen empfunden haben mögen, wissen wir nicht. Sicher aber ist,
daß die aus England importierte Wolle durch die Hände der Ciompi zu
einer bedeutenden Basis für den in ganz Europa gerühmten Reichtum
der Stadt Florenz wurde (Abb. 63).

600 Jahre nach dem *tumulto* erinnerte sich die Florentiner Kulturbüro-
kratie der durch das *Popolo minuto* in die Welt gesetzten, kurzen
demokratischen Phase ihrer Stadtgeschichte. Ein international besetzter
Kongreß wissenschaftlicher Spezialisten suchte Wollen und Wünsche der
Aufständischen als Erbe zu begreifen. Die seit der Wiederentdeckung
der Ciompi durch die italienische Forschung des 19. Jahrhunderts häufig
diskutierte begriffliche Einordnung bestimmte auch dieses Treffen: Wer
waren die Ciompi? Krawallmacher, Proto-Proletarier, williges Werkzeug der am Aufstand interessierten ›fortschrittlichen Bourgeoisie‹ oder
gar Revolutionäre (Abb. 64)?

Die Erinnerung an die Zeit des Aufstands drang an diesen Tagen nicht
durch die Türen des ehrwürdigen Kongreßsaals nach draußen in die
Stadt und ihre Quartiere. Eine in den Köpfen der Historiker aufgeho-
bene Geschichte? Die vormals Handelnden sind hilflos gegenüber dieser
Behandlung ihrer Geschichte.

Der folgende Versuch – einen der Ciompi gleichsam selbst erzählen zu
lassen – möchte diesem Umstand und damit den Ciompi selbst gerecht
werden. Die unserem eigenen ›Erzähler‹ entgegengebrachte Sympathie
hat die generelle Problematik nachempfundener Geschichte nicht verrin-
gert; das Experiment ist parteilich.

IL TUMULTO DEI CIOMPI: UN MOMENTO DI STORIA FIORENTINA ED EUROPEA

CONVEGNO INTERNAZIONALE DI STUDI

Firenze
16/19 settembre 1979

COMUNE DI FIRENZE
in collaborazione
con l'Istituto Nazionale
di Studi
sul Rinascimento

64. Kongreßplakat.

Arbeit, das ist für mich 18 Stunden in den fauligen und düsteren Räumen großer Werkstätten, wo wir an 6 Tagen der Woche immer und immer wieder die gleichen Bewegungen machen. Von dieser Arbeit und von unserem Versuch, besser zu leben als ein Lastesel oder ein Hund, davon möchte ich erzählen.

Bis heute habe ich mich nicht daran gewöhnt, daß mit Sonnenuntergang nicht auch die Arbeit ein Ende nimmt, so wie es früher auf den Feldern unseres Dorfes war. Das ist jetzt 10 Jahre her, daß ich unser Dorf verlassen habe, um eine Arbeit zu finden. Damals gab es genug Arbeit in der großen Stadt Florenz. Ich war einer der letzten von denen, die fortgingen, um das ewige Hungern gegen Arbeit für Geld einzutauschen.

Lange vor mir, das muß schon 30 Jahre oder mehr her sein, sind nahezu alle aus unserem Dorf in die Stadt gezogen. Damals, als die Pest die Menschen fraß. Komisch, die Landleute zogen in die Stadt, weil sie wußten, daß es in den Hallen von Florenz immer noch etwas Korn gab; zur selben Zeit reisten die Stadtmenschen in ihre Landhäuser, verriegelten die Türen, ließen keinen rein oder raus.

Damals muß die Pest wohl die Hälfte der Menschheit verschlungen haben, und so schlimm war sie vor 4 Jahren, als sie wieder wütete, längst nicht. Manchmal frißt sie nur wenige, aber du weißt nie, wann sie mit großem Hunger zurückkommen wird. Sie ist das Schlimmste, was man sich vorstellen kann und dennoch verdanke ich ihr meine Arbeit. Alle, die nach der großen Pest neu in die Stadt kamen, fanden sofort etwas zu tun; immer da, wo vorher einer gestanden hatte, der an der schwarzen Seuche gestorben war. Und weiß Gott, das waren viele. Warum ich überhaupt in die Stadt gegangen bin? Schwer ist die Arbeit überall, aber man kann schuften so viel man nur schafft, auf dem Land knurrt einem immer der Magen. Und geht auch nur eine Ernte verloren – zuviel Sonne, zuwenig Sonne, zuviel Regen oder gar keiner, grad wie der Himmel es will – dann bleiben dir überhaupt nur noch Baumrinden, Wurzeln und Gräser.

Zuerst sterben die Alten und die Kinder, und wenn der Schnee schmilzt fehlen auch einige von den Kräftigen und Gesunden. In der Stadt gibt es Orsanmichele und andere große Kornspeicher, und wenn's ans Verrecken geht, wird dort an jeden in der Reihe eine kleine Schüssel Getreide verteilt. Wer kräftig ist, kommt durch.

Und Florenz hat Mauern und Tore. Gewiß, in Siena haben sie auch Mauern, aber schöner und stärker als in Florenz können sie nur in Jerusalem sein. Ein John Hawkwood jedenfalls – oder wie sie sonst alle heißen, diese wilden Haufen von Söldnern, die ein Dorf nach dem anderen ausrauben – kann hier nicht so einfach hereinspazieren. Hier bist du sicher vor diesen plündernden Halunken« (Abb. 65).

62. Weben, mittelalterliche Darstellung.

So edel, wie er uns auf dem Fresko von Paolo Uccello im Dom entgegen-reitet, dürfte der Berufssoldat Sir John Hawkwood zu Lebzeiten kaum gewesen sein. Er und eine Reihe weiterer *Condottieri* trugen mit ihren angeworbenen Söldnerhaufen erheblich zum Elend der Landbevölkerung bei. Deren durch Mißernten und eine nur gering ausgeprägte Vorratswirt-schaft ohnehin schwierige Ernährungsgrundlage wurde durch die hungern-den Söldner zusätzlich belastet. Zu den kriegerischen Auseinandersetzun-gen zwischen kaiserlich gesinnten Ghibellinen und päpstlich orientierten Guelfen kam es meist zwischen Frühjahr und Herbst, wenn es in den Dörfern überhaupt nur etwas zu holen gab.

Die während der Pflanz- und Erntezeit ausgetragenen Kämpfe verursach-ten erhebliche Flurschäden. Bei derartigen Belastungen führte schon eine einzige Mißernte zur Hungerkatastrophe.

Der 6. August 1289 ist ein wichtiges Datum in der Geschichte von Florenz. An diesem Tag nämlich erließ der Rat der Stadt ein Gesetz. Gut sechs Jahre nach seinem Sieg über den Adel stellte das Florentiner Stadtbürger-tum die *Veräußerung von Abhängigen* unter Strafe. Damit war die an die feudale, grundherrliche Adelsherrschaft gebundene *Leibeigenschaft* der Bauern im oberen Arnotal und am Mugello aufgehoben. Nach der po-litischen Entmachtung in der Stadt war das ein weiterer Schlag gegen den Adel, diesmal gerichtet gegen die ökonomische Basis seiner Herrschaft außerhalb des Stadtbereiches.

Begleitet wird dieses Gesetz von einer höchst interessanten Erklärung. Wörtlich heißt es:

»Da die Freiheit, aus der der Wille entstammt, nicht von fremdem Ermessen abhängen kann, sondern auf Selbstbestimmung beruhen muß; da die persönliche Freiheit aus dem Naturrecht stammt, demsel-ben, das auch Völker vor Bedruckungen schützt, ihre Rechte hütet und erhöht, so sind wir willens, sie zu erhalten und zu mehren.«

65. Sir John Hawkwood, Fresko von Paolo Uccello (1436), Dom.

153

Dieser Erlaß der Republik aus dem Jahre 1289 setzte die in höriger Abhängigkeit lebende und arbeitende Landbevölkerung »frei«. Und verständlich ist es, wenn diese Rechtfertigung, die einen für Stadt und Land folgenreichen Vorgang begleitet, uns wie die Vorwegnahme der Erklärung der Menschenrechte erscheint. Aber wessen persönliche Freiheit wurde durch das Gesetz tatsächlich erhalten und vermehrt? Die Antwort darauf dürfte nicht schwer fallen: Es ist die *Freiheit der Stadt*. Denn sie hat das Recht, Arbeitskräfte auf dem Land für die in der städtischen Produktion benötigen Arbeiten freizusetzen, und folglich frei über sie zu verfügen. Dies ist die wirkungsvollere Seite eines Vorgangs, dem wir erstmals in der Geschichte einen von der herrschenden Klasse formulierten Freiheitsanspruch verdanken, der die Bauern und Lohnarbeiter zumindest ideell miteinschließt. So gesehen konnte Florenz sich selbst und dem Land gegenüber nicht nur politisch und ökonomisch sondern auch moralisch als das fortschrittliche Gemeinwesen im Vergleich zur feudalen Grundherrlichkeit begreifen. Die ›Freiheitsvorstellung‹, die dem erklärten Selbstverständnis und Anspruch der Stadtrepublik zugrunde liegt, ist eine *städtische*. Sie ist gebunden an die bis dahin bereits gemachten Erfahrungen der Kaufleute mit den Möglichkeiten der freien Entfaltung von Handelsbeziehungen, der Produktion und dem Handel mit Waren. Dem Handel schließlich verdankte Florenz seine wirtschaftliche und politische Macht. Sie erst ermöglichte ein derart entschlossenes und wirksames Auftreten dem Adel gegenüber.

Das Land blieb von dieser Entwicklung insofern unberührt, als sich die agrarischen Produktionsweisen kaum veränderten. Wenn auch jetzt das Land großflächiger, nicht mehr in Kleinstparzellen unterteilt, bewirtschaftet wurde, so verblieb doch jener Teil der Landbevölkerung, der nicht in die Stadt zog, dieser gegenüber in ähnlich feudaler Abhängigkeit wie zuvor. Besitzer des Landes waren nicht mehr die Bauern sondern wohlhabende Stadtbürger, die ihr Geld in den Erwerb von Ländereien investierten. Für die Landbevölkerung trat die Geldadelsherrschaft an die Stelle der Gutsadelsherrschaft. Und die »Freiheit« derer, die nach Florenz gingen, um dort Arbeit zu finden? Aus der Sicht der Meister der *Arte della Lana* waren sie als Wolltucharbeiter nichts anderes als lebendiger Besitz, den man gerade so bezahlte, daß die Arbeitskraft erhalten blieb. Die »Bauernbefreiung« führte zu einer regelrechten Landflucht. Vielen Bauern war die ohnehin karge Existenzgrundlage genommen, da sie laut Gesetz kein Vorrecht zum Kauf des von ihnen bewirtschafteten Bodens erhielten. Von der Stadt versprach man sich Arbeit und bessere Überlebenschancen durch eine neue soziale Sicherung: das *Ufficio dell' Abbondanza* (Behörde des Überflusses), das den Kornmarkt überwachte und in Notzeiten öffentlich finanzierte Armenspeisungen organisierte (Abb. 66/67).

Unser Augenzeuge berichtet weiter:
»In diesen Mauern von Florenz, mit ihren 15 Toren wohne ich; eigentlich aber wohne ich in San Frediano. Das ist ein Quartier, wo viele leben, die früher Landarbeiter waren; wie auch in San Pier Maggiore, Santa Croce und Santo Spirito.

Nun ja, wenn ich ›wohnen‹ sage, vielleicht stellt man sich da leicht etwas anderes vor als ich meine. Wir hausen in Hütten und kleinen Häusern. Im Sommer geht man ein vor Hitze, im Winter frieren wir. Aber das ganze Jahr über ist es darin feucht und modrig. Und eng ist es. Kein Heim, wo man nach der Arbeit die Füße hochlegt und ausspannt, sondern ein Raum für ein halbes Dutzend Menschen oder mehr zum Schlafen und Zusammenhocken bei schlechtem Wetter.

Gelebt wird in den Gassen, die keine Wege sind, sondern eher schon ein Teil der Hütten: zum Arbeiten, Kochen, Sitzen und Erzählen. Und neben den Hühnern und den paar Schweinen, Ziegen und Schafen spielen die Kinder, mitten im Dreck. Woher der kommt? Von uns natürlich, aber mehr noch von denen da oben. Die Geldsäcke, na gut, die meisten von ihnen, wohnen nämlich in festen Häusern aus Stein, hoch wie 5 Hütten übereinander. Ihre Portale haben sie an den großen Straßen, auf denen man von einem Quartier ins andere kommt, aber den Dreck kippen sie nach hinten, in die Gassen. Oben auf den Dachgärten genießen die Herren die frische Luft. In den Gassen aber stinkt es bestialisch. Hier geht nur durch, wer hier wohnt.

Einige von uns haben hier in den Gassen, wie in der Via dei Tintori, noch ihre Werkstätten, wie die Spinner oder Färber (Abb. 68). Das Werkzeug müssen sie zwar von der Arte della Lana mieten, aber sie können wenigstens an ihrem alten Arbeitsplatz bleiben. Für die Mehrzahl der Ciompi jedoch läuten bei Sonnenaufgang in jedem Stadtteil die Glocken der Wolltuchzunft. Wir trotten dann in die großen und kleinen Werkstätten der Lanaioli. In den großen Zentralwerkstätten arbeiten 50 Leute oder mehr auf engstem Raum.

Auf dem Dorf sind wir wohl auch mit der Sonne aufgestanden, aber sonst war alles anders. Da machte man im Frühling etwas anderes als im Herbst, und von der schweren Arbeit des Sommers konnte man sich im Winter ein wenig erholen. Du hast gesehen, wie das Getreide gewachsen ist, und es wurde geerntet, wenn es reif war (Abb. 69).

In den feuchten Werkstätten, wo die Sonne nicht hineinscheint, mache ich nun schon seit 10 Jahren immer dasselbe. Nur ein Tuch um die Hüften, verschmiert von Dreck und Reinigungsöl, kratze ich aus Bergen von Schafwolle mit einem kleinen Nagelbrett einzelne Stränge heraus, drehe sie ein bißchen zusammen und gebe sie dann weiter an die Spinner. Die ziehen das Vorgarn zu längeren Fäden, die auf den Spinnstock gewickelt werden. So macht jeder etwas anderes als der neben ihm, aber der einzelne macht immer dasselbe: sortieren, waschen, klopfen, kämmen, wickeln, spulen, glätten, walken, spannen, strecken, trocknen, pressen, falten oder verpacken. Wir sehen es wachsen, aber wir ernten nicht.

Tuch, das in ganz Europa begehrte Florentiner Tuch, ist das Ergebnis unserer tagtäglichen monotonen Plackerei. Tuch, durch das viele, viele

66/67. Zwei Blätter aus dem Kodex »Biadaiolo«, die auf die Hungersnot 1329-30 anspielen.
Die Armen werden aus *Siena* hinausgejagt und großzügig vor den Toren von Florenz
empfangen und bereits versorgt. Die Architektur beider Städte gleicht sich. Starke Mauern
und prächtige Tore mit den Wappen der Städte erzählen von ihrer Sicherheit. Auf dem
rechten Blatt erkennen wir deutlich den Turm des Bargello, des Palastes des Podestà, und das
Baptisterium.

156

Florenz ist die große, nahrungsspendende Stadt. Sie hilft der notleidenden Landbevölkerung, den Gebrechlichen und Bettlern. Und sie nutzt das propagandistisch gegen Siena aus.

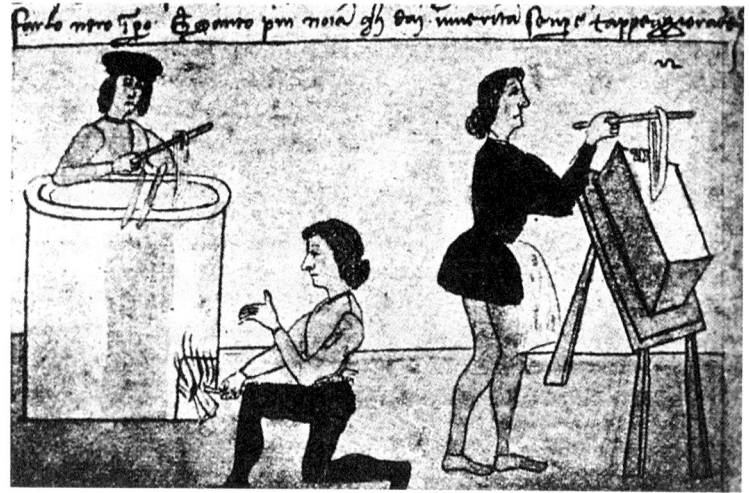

68. Färben, mittelalterliche Darstellung.

Goldflorin nach Florenz fließen. Unseren Lohn jedoch erhalten wir in Silbermünzen, mit denen wir außerhalb von Florenz so gut wie nichts kaufen können. Da zählt nur der Goldflorin. Und beim Tausch des Silbers gegen Brot merkt man, daß man von Jahr zu Jahr immer weniger dafür bekommt. Das Gold aber behält seinen Wert. Ja, gerissen und zielstrebig sind sie, die großen Herren der Arte della Lana. Ohne sie, die Vertreter der größten und mächtigsten Organisation in der Stadt, geht in Florenz so gut wie nichts.«

Giovanni Villani berichtet 1347: »Zu den Wollwebern floß es mit Zinsen zurück, weil sie ihre Arbeiter in kleinem Geld bezahlten und ihre Tuche aber in Goldgulden verkauften, und da sie in der Kommune mächtig sind, ließen sie die besagte Kommune befehlen, daß neues Silbergeld und neue Kupfermünzen geschlagen oder daß beide Münzen verschlechtert werden sollten . . . damit der Goldgulden steige.«
Die ungeheuren Gewinne der Lanaioli beruhten also nicht nur auf der in den Großbetrieben schon weit entwickelten Arbeitsproduktivität, sondern auch auf der geringen Entlohnung der Arbeiter in »kleinem Geld«.
Zudem herrschte in ganz Europa eine stetige Nachfrage nach besonders hochwertigen Stoffen, und in Florenz wurden Tuche von besonders hoher Webqualität hergestellt, die aufgrund ihrer intensiven Oberflächenbehandlung als außergewöhnliche Luxusgüter galten.
Die Wollzunft war im 14. Jahrhundert die reichste Vereinigung in Florenz. Einen ungeschriebenen Maßstab der Macht bildete die Höhe der von

69. Säender Bauer, mittelalterliche Darstellung.

den einzelnen Zünften abgeführten Steuer, und da rangierte die Arte della Lana mit weitem Abstand vor den anderen. So führte sie z. B. im Jahre 1321.
7340 Librae an Steuern ab; Die Großhändler (*Calimala*, hatten 1175 Librae zu zahlen).
Entsprechend stark war ihr Einfluß bei der Verteilung der diversen politischen Ämter.
Die *Arte della Lana* verfügte auch über eine von der städtischen Justiz abgekoppelte eigene Arbeitsgerichtsbarkeit. Sie regelte Arbeitsbedingungen, Entlohnung und Strafen. Zeitweilig gebot der das Amt ausübende *Ufficiale Forestiere* sogar über ein eigenes Gefängnis (Abb. 70).
Ein Ciompi verdiente damals kaum 150 Librae jährlich und dieser Lohn verschlechterte sich durch das willkürliche Abwertungsspiel gegenüber dem Goldflorin. Ein Beispiel: Verdiente ein Weber 1396 jährlich 200 Piccioli (etwa 52 Florin), so waren es 60 Jahre später nur noch 192 Piccioli (43 Florin). Bei etwa gleichem Lohn eine reale Minderung. Denn das Verhältnis war 1396 noch 1 Florin = 3,17 Piccioli, später dann 1 Florin = 4,8 Piccioli.

»Die Macht der Arte della Lana bekommen wir oft genug zu spüren. Wer bei ihnen in der Schuld steht, darf diese nicht einfach abbezahlen, nein, er muß sie abarbeiten. Darüber wacht der Ufficiale Forestiere, der auch die Bestrafungen vollzieht. Schon für kleine Vergehen läßt er Hände oder Füße abhacken. Vor ihm zittern alle (Abb. 71)! Am Abend, wenn er den Lohn auszahlt, bestimmt er, wer am nächsten Tag nicht

159

70. Hinrichtungsarten. Die zum Tode verurteilten wurden in Florenz durch die Via dei Malcontenti zu einer außerhalb der Mauer gelegenen Wiese, der Stätte ihrer Hinrichtung geführt. Das wäre hinter der heutigen Piazza Piave im Osten der Stadt. Darstellung aus dem Kodex De Sphaera, Modena, Bibliotheca Estense.

71. Aufseher in einer Färberwerkstatt,
mittelalterliche Darstellung.

mehr gebraucht wird. Von einem Tag auf den nächsten gehört man dann
zu den Arbeitslosen und Bettlern; und es gibt immer genug Leute, die
nur darauf warten, deinen Platz einnehmen zu können. Die Ciompi
haben eben keine Rechte.
Sicher, es gibt das Zunftgericht, das bei Streitigkeiten zu entscheiden
hat. Doch da sitzen ja genau die Herren gegen die man Klage führt.
Recht bekommt man nicht!
Jetzt wißt ihr einiges über uns, unsere Arbeit, unser Leben. Aber ich
möchte auch erzählen, wie wir uns zur Wehr gesetzt haben, wie wir es
geschafft haben, eine eigene Zunft zu gründen und an der Regierung der
Stadt beteiligt zu werden. Das ging natürlich nicht so plötzlich, und die
ganze Geschichte ist wohl auch ziemlich verworren.
Den Anfang des Aufstandes haben die meisten von uns gar nicht
mitbekommen. Nur die Lastenträger, die Boten, die auf der Piazza della
Signoria einkauften und dort herumsitzende Arbeitslose waren dabei, als
im ersten Stock des Palazzo Vecchio ein Fenster aufging und Benedetto
degli Alberti ganz laut ausrief: »Viva il popolo!« – Damit waren wir
gemeint. Die Leute, die auf der Piazza standen, haben das erst gar nicht
begriffen, aber dann riefen sie es selbst, immer lauter und immer mehr
Leute: »Viva il popolo – viva il popolo!«
Damals hat keiner geahnt, wie oft wir das noch rufen sollten und wie sehr
die Herren vom Popolo grasso dabei ins Schwitzen geraten würden. Bis
zum Abend hatte es sich in den Quartieren herumgesprochen, was
eigentlich los gewesen war, drinnen in dem Palast, auf der Priorensit-
zung.«

Auf dieser Sitzung am 18. Juni 1378 hatte Salvestro de' Medici einen
Antrag zur Einschränkung der Macht der Guelfen eingebracht. Er gehörte

wie Benedetto degli Alberti zu der Schicht der neureichen Bürger, der *Gente Nuova,* den Bankiers und Unternehmern, die nach größerem politischen Einfluß strebten. Dem entgegen stand die Macht der Parte Guelfa, die die Signoria, das entscheidende Gremium der Stadt, kontrollierte.

Als der Antrag des Salvestro de' Medici abgelehnt wurde, versuchte seine Clique sich Unterstützung bei den Schichten zu holen, die aufgrund ihrer schlechten Lebensbedingungen traditionell gegen die regierenden Guelfen und Oberzünfte opponierten.

»Als ich von der Arbeit nach Hause ging, war Unruhe in den Straßen; die Leute waren aufgeregt. Seit 10 Jahren war ich in Florenz, aber so etwas hatte ich noch nie erlebt. Ein Geraune und Gerede, egal wo man ging. Da, wo die Ciompi zusammenstanden wurden auch Forderungen laut: »Der Ufficiale Forestiere muß weg! Eine eigene Ciompi-Zunft! Verbot des Handabhackens! Keine Strafe für Glücksspiel! Belohnung für Salvestro de Medici!«

Am nächsten Tag hat das Consiglio Salvestros Antrag doch noch angenommen. Daraufhin schlugen die Guelfen los. 300 Leute in Kettenhemden und mit Schwertern und Lanzen schwer bewaffnet. In allen Stadtteilen tobten die Kämpfe, und die Paläste der Castiglianchi und der Strozzi waren nicht die einzigen, die an diesem Tag brannten. Wir hatten gesiegt. Wir, das waren die Ciompi, zusammen mit den kleinen Handwerkern. Aber auch die von den Arti Maggiori, denn da waren wir uns einig: Hier ging es nicht nur gegen die Guelfen, hier ging es um Florenz!

Trotz unseres Sieges hatten wir nicht gewonnen. Als am 1. Juli der neue Rat zusammentrat, hatte sich kaum etwas verändert. Nun ja, die Arti Minori saßen jetzt auch mit im Rat; sie waren die eigentlichen Gewinner. Aber sonst? Salvestros Clique, die Bosse von den Zünften und sogar immer noch einige von den Guelfen, das war der alte und nahezu unveränderte neue Rat. Dafür hatten wir uns tagelang mit den Guelfen geprügelt. Die Arti Minori hatten jetzt wenigstens einen Fuß in der Tür, aber die Ciompi blieben draußen.

Jetzt merkten wir erst recht: Was wir brauchten war eine eigene Zunft! Eine Organisation der Wollarbeiter, das war die Voraussetzung, um endlich mitreden zu können. Also setzten wir uns zusammen, ohne die Handwerker, und schrieben unsere Forderungen auf, zum ersten Mal allein. Wir wollten:
– eine eigene Zunft,
– höhere Löhne,
– Abschaffung des Ufficiale Forestiere
– keine Gerichtsverfahren gegen Aufständische!

Das Consiglio beriet darüber und setzte – wie das in Florenz so üblich ist – eine besondere Kommission ein. Heraus kam dabei nichts!

Unsere Geduld war zu Ende!

In Ronco, außerhalb von Florenz, trafen wir uns heimlich und verabredeten für den 20. Juli einen Aufstand. Am 20. ging es dann Schlag auf Schlag. Nachmittags um drei sollte es losgehen, aber gegen Mittag läuteten plötzlich die Glocken. Das war das Zeichen.

Nicolo der Uhrmacher gab es. Er hatte im Palazzo della Signoria zu tun und erfuhr, daß die Prioren drei Ciompi mit glühenden Eisen verhörten.

Unser Plan war verraten!

Jetzt oder nie!

Von den Glocken aufgeschreckt strömten immer mehr Leute, auch aus den anderen Quartieren, zum Palazzo Vecchio. Bald war halb Florenz versammelt, und dann der Lärm »Viva il popolo! Viva il popolo!«

Erst nur Dreck, dann flogen auch Steine gegen den Palast. Die Prioren beeilten sich ziemlich, unsere drei Brüder wieder freizugeben. Aber das war uns jetzt nicht mehr genug. Die größten Schurken unter den feinen Herren da drinnen sollten auch etwas abkriegen von der Wut in unseren Bäuchen. Wir hatten lange genug still gehalten. Zuerst zogen wir in Richtung Dom, vorneweg Simone, der Waffenschmied, in der Hand unser Banner. Da wurde nicht lange geredet. Es war klar wohin es ging: zu den Häusern von Berto Ugolini und Nico Albizzi. Das waren die größten Blutsauger unter den Lanaioli. Die größten Lumpen in den feinsten Stoffen.

Nach unserem ›Besuch‹ blieben nur verkohlte Balken, zerschlagene Möbel und zerfetzte Tuche zurück. Wir wollten nicht plündern, wir wollten keine Schätze. Das Zeug sollte brennen!

»Gerechtigkeit, nicht Raub!« haben wir gerufen. Dann brannte der Palast der Arte della Lana, dieses Nest der Dicken mit den Pelzen, ihre Werkstatt der Bücher, wo sie immer neue und längere Zahlen schrieben, durch die sie fetter und fetter wurden. Da brannten sie, diese Zettel, auf denen sie unsere Schulden sammelten, die Verträge und die Listen, diese Fetzen, die uns immer länger und für immer weniger arbeiten ließen. Weg damit, ins Feuer! Und diese ach so wichtigen und schlauen Bücher wehrten sich nicht mal, knisterten wie trockenes Holz und verbrannten zu Asche. Irgendwie waren wir doch ein bißchen erstaunt.

Es war alles so einfach!

Einer ist uns entkommen:

Der Ufficiale, dieser Hund, der mehr Hände und Füße hatte abhacken lassen, als wir zählen konnten. Wenn die, die er zu Krüppeln gemacht hat, ihn gekriegt hätten, sie hätten ihn zerrissen.

Am nächsten Morgen stürmten wir gegen den Bargello, von dem es immer hieß, er sei uneinnehmbar. Von den umliegenden Häusern aus beschossen wir den Palast und schon nach zwei Stunden ergab sich der Podestà mit seinen Leuten. Auch im Bargello stapelten sie ihre verdammten Bücher. Durch ihre Tinte floß unser Blut. Hier sammelten sie die Namen ihrer Opfer, der Gefolterten, Verstümmelten und Gehenkten.

Und die Prioren?

Sie hatten sich längst im Palazzo Vecchio verschanzt.

Seit 2 Tagen warteten sie auf unseren Ansturm. Aber als wir angriffen, setzten sie sich nicht zur Wehr. Vielleicht waren sie einfach zu feige, als sie sahen, wie viele da draußen versammelt waren. Als die Tür aufgebrochen war, stürmten wir hinein. Vorneweg sprang Michele di Lando mit unserem Banner die große Treppe hinauf, ihm nach drängten und tobten die Ciompi, die Handwerker und Bettler.

Der Palast war erobert. Der Palazzo Vecchio gehörte uns! Wir waren die Herren der Stadt. Jetzt hielt Michele eine prächtige Rede, von der wir so beeindruckt waren, daß wir ihn zu unserem Bannerträger ausriefen. Wer konnte ahnen, daß er uns verraten sollte.

Währenddessen hatten einige den Henker, Ser Nuto, auf die Piazza geschleift. Mit einem Bein hängten sie ihn in die Schlinge seines eigenen Galgens. Sie haben sich auf ihn gestürzt und in Stücke gerissen. Alles, was von ihm blieb, war ein Fuß, der noch tagelang da oben in der Schlinge hing. Ser Nuto war der einzige, den wir töteten. Aber wieviele Ciompi hatte er gequält und ermordet.

Wir waren am Ziel. Florenz konnte endlich eine gerechte Regierung erhalten. Keinen Rat in dem die Fetten alleine bestimmten, sondern eine Regierung in der auch Ciompi und kleine Handwerker etwas zu sagen hatten. Die Kommune des Volkes Gottes.

Wir waren jetzt alle Mitglieder der neuen Zunft der Ciompi. Feierlich zogen wir am nächsten Tag in einer Prozession durch die Stadt. Vorneweg trugen wir unser Wappen mit dem Lamm, dem Schwert und dem Kreuz. Alle Florentiner sollten es sehen: die Ciompi hatten erreicht, wofür sie gekämpft hatten! Endlich waren wir vollwertige Bürger der schönsten und edelsten aller Städte! Ich glaube, so glücklich wie an diesem Tag sind wir nie wieder gewesen, und mit uns unser herrliches Florenz.«

Mit ca. 9000 Mitgliedern bildete die neue Arte die Ciompi jetzt die größte Interessenvertretung der Stadt und verfügte über ein Drittel der Sitze in der Stadtregierung. Die von den Ciompi angestrebten Veränderungen widersprachen natürlich den Interessen der *Gente Nuova* und denen der *Arti Minori*. Diese versuchten den Einfluß der Ciompi zurückzudrängen. Für die rechtmäßigen Wahlen zur Signoria wurde das passive Wahlrecht wieder an eine feste Steuerabgabe gebunden, so daß die Ciompi nicht wählbar waren.

Noch härter wurden die auf ihren täglichen Lohn angewiesenen Arbeiter von der Aussperrung getroffen. Die Unternehmer der *Arte della Lana* hatten nämlich die Werkstätten geschlossen, die Rohstoffe fortgeschafft und selber die Stadt verlassen. Die mit Strafandrohungen verknüpften Regierungserlasse zur sofortigen Öffnung der Werkstätten konnten da wenig helfen.

Am 28. August formulierten die Ciompi neue Forderungen. Vom Mißtrauen gegen ihre eigenen Führer geprägt, fielen sie ungewöhnlich radikal aus:

– alle Zunftdelegierten und Prioren sollten wegen Betruges für fünf bis zehn Jahre von allen Ämtern ausgeschlossen werden
– keine weiteren Gehaltszahlungen an die Inhaber öffentlicher Ämter
– genereller Ausschluß aller Adligen von Ämtern
– Rückgabe der erhaltenen Belohnungen (insbesondere durch Salvestro de Medici)

Das Mißtrauen der Ciompi war begründet. So hatte ihr Bannerträger Michele di Lando – kaum, daß die Ciompi den Palazzo Vecchio erstürmt hatten – hinter ihrem Rücken mit der Neuverteilung von Privilegien und Vergünstigungen begonnen: Salvestro de Medici sprach er die Steuern aus den Buden auf dem Ponte Vecchio zu; sich selbst erhob er ohne Zögern zum Podestà von Empoli.

Michele di Lando – längst zur Gegenseite übergelaufen – setzte auch das Zeichen zur Niederschlagung der Revolte. Am 31. August entsandten die Ciompi von Santa Maria Novella, wo sie sich verschanzt hielten, zwei Abgeordnete in den Palazzo Vecchio. Michele di Lando »trat mit dem blanken Schwert hinter die beiden, traf am oberen Treppenabsatz mit ihnen zusammen, schlug einen auf den Kopf und ließ ihn die Treppen hinunterfallen. Dann traf er einen armen Burschen, der gerade Wein brachte, und durchbohrte ihn so, daß er nach hinten fiel und sofort starb. Den anderen Abgesandten stieß er mit dem Degen nieder.« Darauf strömten die aufgebrachten Ciompi auf der Piazza della Signoria zusammen. Sie waren leichte Beute für einen längst vorbereiteten Hinterhalt. Am 31. August 1378 starb der Aufstand der Ciompi in einem Hagel von Steinen und Pfeilen.

Am 1. September – vier Wochen nach ihrer Gründung – wurde die Zunft der Ciompi wieder aufgelöst. Die meisten der Überlebenden flohen nach Padua, Bologna, Lucca oder Pisa. Michele di Lando beendete sein Leben viele Jahre später als wohlhabendes Mitglied der *Arte della Lana* von Modena.

Ciompi heute

Der ›Tumulto dei Ciompi‹ war kein Einzelfall der europäischen Geschichte. Wie sich die Ciompi nach ihrer Niederwerfung noch weitere Male – wenn auch erfolgloser – erhoben, so kennen wir auch aus anderen Städten Mitteilungen über ähnliche Aufstände. Über deren möglicherweise bis zu uns reichende Bedeutung teilt auch die Beharrlichkeit etwas mit, mit der sich die meisten unserer Geschichtsbücher darüber ausschweigen.

Ein derartiger Umgang mit Geschichte ist auch in Florenz erkennbar: Michele di Lando, der sich »in jenen unruhigen Zeiten den würdelosen Begierden der Masse entgegenstellte«, setzten die Florentiner Stadtväter ein Denkmal. Daß die kleine *Piazza dei Ciompi* an der *Via Pietrapiana* nach den Wolltucharbeitern benannt wurde, wissen nur die wenigsten (vgl. Abb. 78).

Dem Interessierten bietet ein Tagesausflug nach *Prato*, einem Städtchen 20 km nordwestlich von Florenz, eine andere Art aktualisierter Geschichtsvermittlung:

Pratesi – Wolltuche aus Prato – waren im Mittelalter hoch begehrte Luxusstoffe. Heute ist Prato die ›Hauptstadt der Lumpen‹. Doch hinter der Bezeichnung verbirgt sich Anerkennung für ein einzigartiges Phänomen: Seit annähernd 20 Jahren wird in Prato Recycling betrieben. In einem je nach Auftragslage miteinander konkurrierenden oder kooperierenden System von ca. 15 000 Klein- und Kleinstbetrieben entstehen

72. Wollsortierer.

neue Stoffe aus Lumpen. Die angelieferten Altkleider werden sortiert, zerkleinert, neu gesponnen und verwebt. Von Schurwolle unterscheiden das Ergebnis nur Profis.

Diese in der Welt einmalige Produktion steht und fällt mit der taktilen Sensibilität der Lumpensortierer. Den ›modernen Ciompi‹ genügt ein Griff, um den Wolleanteil der einzelnen Stücke zu erfassen. In zugigen Hallen häufen sie bunte Lumpenberge zu 50-, 75- und 100% Hügeln. Synthetics separat (Abb. 72).

Die Löhne sind höher als üblich in der Toskana, denn Prato lebt gut von seinen Lumpen: die wiederaufbereiteten Textilien erbringen jährlich weit über 2 Milliarden DM. Über die Geschichte der Wolltuchweberei informiert das liebevoll betreute Stoffmuseum in der Viale della Repubblica. Mehr vom Reiz des Webens und den aktuellen Problemen der Textilindustrie erfährt man beim Besuch der mit dem Museum verbundenen Textilfachschule.

»Leere Löffel – volle Löffel«
Vom Essen in Florenz

Giovanni Villani berichtet, daß die 90 000 Einwohner von Florenz um 1338 täglich 140 *moggia* (ca. 120 000 kg) Korn und jedes Jahr 55-60 000 *cogni* (1 *cogno* = 455 Liter) Wein, 4000 Ochsen und Kälber, 60 000 Hammel und Ziegen, 20 000 Lämmer und 30 000 Schweine verbrauchten. Rechnet man alle Fleischmengen zusammen, so käme ein Pro-Kopf-Verbrauch von ca. 38 kg heraus.

Von diesen Mengen an Fleisch ist in die Töpfe der vielen Armen, der Arbeiter und der kleinen Leute nichts gewandert. Bei über 12% Almosenempfängern (Abb. 73) mußte sich gut ein Drittel der Bevölkerung in erster Linie von Brot ernähren. Es war schlecht und setzte sich meist aus Hirse und Spelz zusammen: Ein schweres und unverdauliches Brot, nicht zu vergleichen mit dem sehr viel teureren und feinen Weizenbrot, das die Wohlhabenden für sich backen ließen.

Manchmal gab es zu diesem Brot der Armen auch etwas Bohnen und Kohl sowie im Winter Kastanien. Doch nicht selten kam es vor, daß man in Notzeiten Wurzeln und Stroh essen mußte.

Auch die Suppen spielten eine große Rolle. Ein Stück Speck als Brotbelag erschien schon als Leckerbissen. Vielleicht hat sich zu feierlichen Anlässen doch einmal ein Stück Schweine- oder Hühnchenfleisch in den Kochtopf der Arbeiter verirrt.

Die *pasta* war zur Zeit Villanis noch nicht so gebräuchlich, daß wir sagen könnten, sie sei, wie das billige und sättigende Nudelgericht *al pomodoro,* eine der Hauptnahrungen der Arbeiter und ihrer Familien gewesen. Tomaten kannte man damals ohnehin nicht. Erst 1554 sprach man erstmals vom »goldenen Apfel«, dem *pomo d'oro* (heute pomodoro geschrieben). Die Entdeckung Mexikos durch die Spanier (Cortez) brachte auch die Tomate nach Europa. Sie glich in keiner Weise der uns heute bekannten, denn sie war klein und gelb. Erst zwei Jahrhunderte später haben die Italiener es verstanden, die größere rote Sorte zu entwickeln.

Es läßt sich nicht mit Sicherheit feststellen, wann zum ersten Mal von der *pasta* gesprochen wurde. Wohl sagt man, daß der venezianische Kaufmann Marco Polo nach seiner Rückkehr aus China Ende des 13. Jahrhunderts die dort seit langem bekannten Nudeln in Italien eingeführt habe. Jedoch in einem Kochbuch mit anonymem Autor (wahrscheinlich ein Florentiner Koch) werden schon 1290, also 5 Jahre vor Marco Polos

73. Ein Heiliger verteilt Almosen. Ein Gemälde aus dem Umkreis des Meisters der Capella Rinuccini (14. Jahrhundert, Florenz Galleria dell'Accademia).
Die mildtätige Gabe ist die Geste des *popolo grasso* gegenüber den vielen Armen und Elenden in Florenz. Eine fromme Tätigkeit, wie uns dieses Bild glauben macht. Almosen de facto aber als Notwendigkeit, die Not eines nicht geringen Bevölkerungsteils zu lindern und den vereinzelten Reichtum Gott gegenüber zu rechtfertigen, indem man ihn »verteilte«.

Rückkehr, die berühmten Ravioli, Maccheroni, Tortelli und Vermicelli erwähnt. Ja, man will sogar die Teigwaren bereits im 11. Jahrhundert gekannt haben. Möglicherweise gelangten die Nudeln aus den arabischen Ländern über Venedig nach Italien. Die Behauptungen, sogar die Etrusker und später die Ostgoten hätten Nudeln gegessen, sind nicht zu belegen. Zu Hause hergestellt, wird die *pasta* erst gegen Ende des 15. Jahrhunderts in Italien zum Hauptbestandteil einer Mahlzeit.

74. Verteilung des Getreides in Orsanmichele.

Große Hungerkatastrophen, hervorgerufen durch anhaltende Dürren und Seuchen und die damit verbundenen schlechten Ernten, trafen Bevölkerungsschichten wie die Ciompi am härtesten. In solchen Fällen sah sich die Stadtregierung vor die Notwendigkeit gestellt, die Versorgung der notleidenden Bevölkerung mit Nahrungsmitteln selbst in die Hand zu nehmen.

75. Backstube mit Verkaufsstand.

Eine große Hungersnot hatte Florenz in den beiden Jahren 1329/30 durchzustehen. Erschwerend für die Versorgungslage innerhalb der Stadt war, daß von der ebenfalls hungernden Landbevölkerung etwa 15 000 Bauern in die Stadt strömten. Im Februar 1329 entschloß sich die Kommune, eigens Brot zu backen. Sie verkaufte es mit Verlust zum Herstellungspreis an 12 Verkaufsstellen innerhalb Florenz. Wieder ist es Villani, der uns davon unterrichtet, daß die Kommune während dieser Notlage 60 000 Goldflorin zur Bekämpfung des Hungers ausgegeben haben soll.

Ein anderer Zeitchronist, der Meister des *Biadaiolo,* hat in seiner Miniatur für den reichen Getreidehändler *Domenico Lenzi* eine Szene festgehalten, wie zur Zeit der Hungersnot auf dem Markt von Orsanmichele das Getreide an die notleidende Bevölkerung verteilt wird (Abb. 74). Hoch über dem Markt schwebt das schwarze Ungeheuer des Hungers. Bewaffnete Soldaten bieten Schutz vor Plünderungen, insbesondere aber vor Taschendieben. Denn: »Zur Zeit der Hungersnot des Jahres 1329, inmitten der Gruppen erregter Menschen in der Getreidehalle von Orsanmichele hielten sie ihre reiche Ernte, obwohl ›Barattieri‹ mit Beil und Block aufgestellt waren, um Unruhestiftern wie Dieben ohne weiteres Fuß oder Hand abzuschlagen. Fortwährend wurden Männern, Frauen, Mädchen die ›Marsupi‹ (die Geldbörsen) abgeschnitten, was der Getreidehändler Domenico Lenzi ebenso sorgsam verzeichnete wie die Getreidepreise und die Ausbrüche der Verzweiflung des notleidenden Volkes; es scheint jedoch, daß die Spitzbuben wesentlich gewandter waren als die wachhabenden Nuntien der Kommune, denn wir erfahren nicht, daß einer von ihnen erwischt worden wäre.« (Davidsohn. »Barattieri« nannte man in Florenz jene, die sich für die schändlichsten Arbeiten gerade gut genug waren: Henker, Foltersknechte u. dgl. waren *barattieri.* Davidsohn erzählt, daß man sie oft nicht unter den Florentinern fand und deshalb aus Neapel holen mußte.)

Brot durfte man nur als Mitglied der Zunft der Bäcker, der *fornai,* backen. Sitz dieser Zunft war – bevor Vasari die Uffizien dorthin setzte – *San Piero a Scheraggio,* eine Häusergruppe in der Zone zwischen der Via Lambertesca und dem Lungarno.

Alle Bäcker mußten das von ihnen gebackene Brot mit ihrem Zeichen versehen. In jeder Bäckerei mußte ferner eine Brotform aus Holz aufgestellt sein, die dem fertigen Brot ähnelte (Abb. 75). Der Preis wurde amtlich vom obersten Rat der Stadt, dem *Maggiore Consiglio,* festgesetzt. Der gleiche oberste Rat bestimmte außerdem die Qualität des Mehls und die sämtlicher Zutaten. Es gab für alles präzise und peinlich genaue Anordnungen, die bei Nichtbefolgung hohe Strafen nach sich zogen. Bestraft werden konnte man durch eine Geldbuße. Wer aber das Brot verfälscht und verdorben zum Kauf anbot, dem drohte die öffentliche Bekanntmachung in der Stadt und das Gefängnis.

Wir haben gehört, daß es den Regierenden der Stadt gleichgültig war, unter welch schrecklichen Verhältnissen Arbeiter, wie die Ciompi, ihr Brot verdienen mußten. Aber es konnte ihnen offensichtlich nicht gleichgültig sein, daß Bäcker und Getreidehändler mit ihrer Ware, dem Brot und dem Getreide, spekulierten. Die amtlichen Festlegungen der Preise und der Qualität des Hauptnahrungsmittels der Arbeiter kam nicht nur diesen zugute.

Die Kommune beugte vor: Sie war bemüht, Empörung und Aufruhr des Volkes zu verhindern. Und wer läßt schon gerne seine Arbeitskräfte verhungern!

Reiche Vorräte und kluge Ratschläge

Zur Zeit der Hungersnot der Jahre 1329/30 hatte die Stadt noch ein anderes Gesetz erlassen müssen. Es bestimmte, daß nur ein gewisses Quantum an Getreide in einem privaten Haus aufbewahrt werden durfte. Und erinnern wir uns, daß Boccaccio von Florentinern berichtet, die sich während der Pest 1348 »in kleinen Kreisen« zusammentaten, um in ihren Häusern »die feinsten Speisen und die ausgewähltesten Weine« zu genießen (siehe S. 140).

Während das arme Volk in Florenz oft nicht wußte, wie es genug für den nächsten Tag zu essen bekommen sollte, war das »fette Volk«, das *Popolo grasso,* sehr wohl in der Lage, sich reiche Vorräte anzulegen.

Der toskanische Kaufmann *Paolo da Certaldo,* ein Zeitgenosse Boccaccios, mahnte in seiner nach 1350 verfaßten Sammlung moralischer Belehrungen, dem *Libro di buoni costumi:* »Voraussicht ist eine gute Sache. Nun weißt Du, daß es Jahre des Hungers und der Dürre gibt.

172

Fülle deshalb Dein Haus mit Korn, genug für 2 Jahre, und mache es auch so mit dem Öl . . . Und halte Dir immer ein Faß mit Essig«. (»La previdenza è una cosa belissima . . . E perciò sappi che vi sono anni pieni di fame, carestie; rifornisci perciò la casa di grano, per due anni . . .; lo stesso fai con l'olio . . . E tieni una botta d'aceto«).

Aber nicht nur Korn, Öl und Essig sollten laut Certaldo die Ernährungsgrundlage jener wohlhabenden Häuser bilden, in denen sich im Laufe des 14. Jahrhunderts neben einer Wohn- auch eine Eßkultur zu entwickeln begann. In den Stadtpalästen (vgl. Abb. 35) mit ihren Arkaden, ihren Innenhöfen und den kleinen Gemüse- und Gewürzgärten wurde allenthalben gut gelebt und gut gegessen. Mitte des 15. Jahrhunderts soll es 138 solcher Gemüse- und Ziergärten in Florenz gegeben haben.

Noch heute erinnert eine *Via del Paradiso* (von der Via Ripoli zur Via Fortini) an das »Paradies«. Man nannte so den luxuriösen Palast, den der aus ältestem Florentiner Adel stammende *Antonio Alberti* in dieser Straße gegen Ende des 14. Jahrhunderts für sich und seine Familie bauen ließ.

Der Dichter *Giovanni da Prato* hat 1389 in seinem Romantraktat *Paradiso degli Alberti* das Leben hinter den Mauern des Palastes beschrieben. Und es erweckte nicht gerade den Neid weniger, daß man dort »wie im Himmel lebte« – »viveva come in cielo«.

Doch zurück zu Certaldo und dem, was er seinen Mitbürgern rät. Er schreibt: »Wenn es möglich ist, richte Deinen Tag so ein, daß Du nicht mehr als zweimal ißt, morgens und abends, und trinke nicht zuviel und Du wirst viel gesünder sein. Immer essen am Tag, das ist wie ein Tier leben.«

Certaldo versucht hier nicht, die Menschen zu sparsamer Haushaltsführung zu überreden. Vielmehr ergab sich in den Haushalten der Kaufleute und Händler die Notwendigkeit einer Einteilung des Tagesablaufes, auf die sich auch Certaldos Ratschlag bezieht.

Der Tagesablauf begann bei Sonnenaufgang. Bevor man morgens früh das Haus verließ, um seinen Geschäften nachzugehen, gab es etwas trockenes Brot und ein Glas Wein. Die Hauptmahlzeiten am Tag waren das *domestio* (das Mittagessen) und das *prandium* (das Abendessen). Da es kaum üblich war zu frühstücken, wurde das Mittagessen verhältnismäßig früh zwischen 10 und 11 Uhr eingenommen. Hielt man sich an Certaldos Empfehlung, nur einmal am Tag zu kochen, so war bereits für das Abendessen mitgesorgt. An den langen Sommertagen aß man auch am Nachmittag eine Kleinigkeit, die *merenda*.

76. Kinder und Ammen.

Certaldo weiß auch das Richtige über Babynahrung mitzuteilen: »Versichere Dich, daß die Säugamme reichlich Milch hat. Denn wenn es ihr daran gebricht, gibt sie dem Kind vielleicht die Milch einer Ziege, eines Schafs, eines Esels oder sonst eines Tieres. Das Kind aber, ob Junge oder Mädchen, dem man Tiermilch gibt, hat keinen so ausgebildeten Verstand wie eines, das mit der Milch einer Frau ernährt worden ist. Stets schaut es dumm und geistesabwesend drein, als sei es nicht ganz richtig im Kopf« (Abb. 76).

Waren die Kinder größer, machte man sich Gedanken über ihre Widerstandsfähigkeit in Notzeiten. Der Dominikaner *Giovanni Dominici* (1356-1420?) empfiehlt, daß man die Kinder daran gewöhnen sollte, »einfache Kost zu essen, billige und gewöhnliche Kleider zu tragen«. Auch rät er den Wohlhabenden, sie sollten ihren Sohn von Zeit zu Zeit so behandeln, »als sei er der Sohn eines Bauern.«

Vom guten Essen

Daß Certaldos Richtlinien von jedermann befolgt wurden, ist kaum anzunehmen.

Von *Francesco Datini,* einem unerhört reichen Kaufmann aus Prato (gestorben ist er am 16. August 1410), wissen wir dank der hervorragenden Biografie von Iris Origo (*The Merchant of Prato,* 1957, Penguin Books 1979), welch großen Wert er auf das Essen legte. Sein Denkmal steht in Prato auf der kleinen Piazza zwischen der Galeria Comunale und dem Palazzo Comunale.

Datini hielt sich zur Abwicklung seiner Geschäfte meist in Florenz auf. Damit er dort auf die Vorzüge der häuslichen Küche nicht verzichten mußte, schickte ihm seine Frau Margherita öfters eine Menge Landeier, Käse und Gemüse, Hühner, kleines Wild und Früchte. Er ergänzte dies mit Gewürzen und Konfekt, gesalzenem Fleisch und anderen in Florenz erhältlichen Delikatessen. Auf dem *Mercato Vecchio* war das Angebot an Lebensmitteln so reichhaltig (Abb. 77), daß sich Datini manches davon nach Prato schicken ließ. Ein besonderer Leckerbissen waren kleine, im Arno gefangene und danach frittierte Fische. Aber auch Meeresfische, wie Meerbarben, Goldbrassen, Meeräschen, Krebse und Tintenfische wurden neben den Flußfischen auf dem Fischmarkt beim Ponte Vecchio angeboten. Cosimo I. hat diesen Markt gegen Mitte des 16. Jahrhunderts zum Mercato Vecchio verlegen lassen, wo die Fischhändler eine eigene, von Vasari entworfene Loggia erhielten. Seit der Zerstörung des alten Marktes findet man diese *Loggia del Pesce* heute an der *Piazza dei Ciompi* (Abb. 78).

77. Ein Marktstand um die Mitte des 15. Jahrhunderts.

78. Die *Loggia del Pesce* an der Piazza
Ciompi, bzw. an der Via Pietrapiana. 1568
nach einem Entwurf von Vasari gebaut.

Natürlich gab es damals noch keinen Kühlschrank. Doch hatte man eine
Möglichkeit gefunden, das Eis des Winters in unterirdischen Eiskellern
aufzubewahren, um es, in kleine Stücke zerhackt, über die Fische zu
legen. Seine *Aale* bekam Datini u. a. aus den Lagunen von Comacchio;
und seinen *Käse* aus Parma. Das *Brot* ließ Francesco mit Weizen backen,
das auf seinen eigenen Feldern geerntet wurde. Erschien ihm das Brot
einmal nicht gut genug, so beschwerte er sich bei seiner Frau und ließ
einen Sack Weizen zum Müller bringen mit der Bemerkung, das Mehl
werde gebraucht, um Brot für *ihn*, Francesco Datini, zu backen.
Sehr oft auch teilte er in seinen Briefen an seine Frau mit, was er sich bei
seiner Rückkehr von Geschäftsreisen zu essen wünsche. Einmal schrieb
er ihr, daß er sich für den Tag, an dem er von Florenz nach Prato
zurückkehre, eine gute Suppe mit fettem Käse darin wünsche, einige
frische Eier und wenn es Fische auf dem Markt gäbe, die noch lebten und
frisch und gut seien, so solle sie mehrere Pfund kaufen und viele gute
Feigen, Pfirsiche und Nüsse. Schließlich solle sie darauf achten, daß der
Tisch schön gedeckt und der Raum gut gesäubert sei.
Im kleinen *Küchengarten* des Stadtpalastes der Datini in Prato wuchsen
große Bohnen und Kichererbsen, die Margherita genau nach Angaben
ihres Mannes zubereiten mußte. Zu einem solchen Garten gehörten
weiter Zwiebeln, Minze, Thymian, Rosmarin und Majoran.

79. Eine Gesellschaft sitzt im Innenhof eines Palastes zu Tisch. Der Hof ist durch die Wandbespannung in einen Garten verwandelt, in einen »giardino di delizie«, ›Garten der Freuden und des Vergnügens‹.
Bei dem Palast könnte es sich um den Palazzo Medici (vgl. Abb. 85) in der Via Larga handeln. Unsere Abbildung ist eine Miniatur aus dem Jahr 1460, »Virgilii Opera« von Apollonio di Giovanni (1425-1465).

An *Fleisch* erwähnt Datini in seinen Aufzeichnungen vorwiegend Kalb, Schwein, das Fleisch von Zicklein und Hammel. Rindfleisch taucht kaum auf, da es sehr teuer war und selbst am Tisch der Ratsherrn von Florenz selten und meist gekocht serviert wurde.
Die besten Fleischspeisen wurden ohnehin für diesen Tisch reserviert. So war Francesco Datini sehr stolz, als er am 12. April 1389 seiner Frau mitteilten konnte, daß er ihr drei besonders gute Stücke Fleisch schicken werde, die für die Ratsherren bestimmt waren. Er bittet Margherita, das beste Stück der Frau des Podestà von Prato zu geben und selbst Freunde für den nächsten Abend einzuladen, um dieses besondere Fleisch bei gutem Wein (einem *Trebbiano* oder einem *Chianti* aus dem Val de Greve) in geselliger Runde zu verpeisen.
Obst wurde häufig während des Essens zur Erfrischung gereicht, da die Speisen und Soßen recht scharf gewürzt waren und der Gaumen dadurch stark gereizt wurde. Überhaupt aß man gern Süßes zu Fleischgerichten, was sich in der heutigen Florentiner Küche völlig verloren hat.
Francesco Datini muß eine ganz besondere Vorliebe für Früchte gehabt haben; denn sein Arzt teilt ihm in einem Brief vom Mai 1404 mit, er würde es damit übertreiben. Da man heute in Italien nach dem Essen frisches Obst gereicht bekommt, mag man kaum verstehen, daß der Arzt Datini »bei Gott« anfleht, vor allem *nach* dem Essen von den Früchten zu lassen.
Als sich Francesco und Margherita Datini an jenem Aprilabend 1389 mit

ihren Freunden zu Tisch setzten, war dieser sicherlich mit einem feinen, bis zum Boden reichenden Leinentuch bedeckt (Abb. 79). Der unterschiedliche Reichtum einzelner Familien war nicht nur sichtbar in der Vielzahl verschiedener Speisen. Er zeigte sich auch im Schmuck der gedeckten Tische, der von einfachen bis zu feinen, kunstvoll gefalteten Leinenservietten reichte, wovon man eine für Mund und Hände benutzte und eine andere sich auf die Knie legte.

Mann und Frau saßen nebeneinander, sie tranken aus einem Becher und aßen von demselben Teller. In den Kastellen der Feudalherren war es noch im Jahrhundert zuvor üblich gewesen, den Braten auf runden Fladen zu servieren. Man sagt, daß dieses vom Saft des Fleisches durchtränkte Brot anschließend von den Leibeigenen in einem Kessel, dem *paiolo,* mit Öl, Wasser und Gemüse- sowie Fleischresten aufgekocht wurde. Vielleicht entstand so die *ribollita,* eine Suppe, die man heute verschiedentlich noch als Florentiner Spezialitätengericht auf den Speisekarten der Trattorien findet.

Die Brotscheiben wurden später durch Holztassen, schüsselähnliche Teller, Teller aus Metall, aus Terrakotta, Porzellan und Fayence, ja sogar durch vergoldetes Geschirr ersetzt.

Während das Volk nur Messer zum Schneiden und für flüssige Speisen Löffel benutzte, schätzen die reichen Leute den praktischen Nutzen der zwei- und später dreizinkigen Gabel.

»Im Mittelstande begnügte man sich der Regel nach mit einfachen Gerichten, die man um der Ersparnis halber, wie dies durch die Jahrhunderte Sitte geblieben ist, häufig bei den Bäckern schmoren ließ; das Stadtgesetz legte diesen die Verpflichtung auf, für den kleinen Topf der Armen gar nichts, für den größeren der Wohlhabenden nur eine ganz kleine Gebühr zu erheben. Am Fest Allerheiligen kam allgemein, wie im Norden am Martinstage, eine Gans auf den Tisch, im Winter war Hauptstück der Nahrung ein gesalzenes Schweinefleisch, wovon in keiner wohlhabenden Familie ein ansehnlicher Vorrat fehlte, doch bildete diese Pökelware auch einen Gegenstand der Einfuhr aus dem Königreich Neapel, und die Pizzicagnoli (Lebensmittelhändler – die Verf.) hielten sie für solche feil, die nicht selbst oder in Gemeinschaft mit anderen schlachten ließen. Daneben wurden Wurst und Käse verschiedener Art, heimische wie aus allen Gegenden Italiens stammende, in nicht geringer Menge verzehrt. Lamm-, Ziegen-, Hammel- und Kalbsbraten waren häufige Kost, als Festgerichte galten in Fleischbrühe gekochte »Pappardelle«, große Bandnudeln, mit Parmesankäse und gehacktem Hasenfleisch bestreut, Kapaunen, Fasanen, Rebhühner, Turteltauben, in Öl gebackene Hirsekuchen, Blancmanger (Mandelsüßspeise – die Verf.), das man »Bramangiere« nannte, sowie mit Holunder gefüllte Pfannkuchen. Volkstümliche »Ghiottonerie«, wie das Statut des Capitano del Popolo sie nennt, waren in Garküchen hergestellte gebackene Milz, Raviuoli aus frischem Käse, Spinat und Mehl, doch auch raffinierte Speisen, wie gebackene Hühnerlebern oder Pasteten. Bei Gastmählern gab es gelegentlich frische Seefische, Wild von jenseits der Alpen sowie Pfauenbraten, und in sinnloser Lust am Prunk überzog man bei solchem Anlaß gelegentlich die Fleischstücke, die auf die Tafel kamen mit Blattgold. Die Konfitüren waren zum Teil aus dem Orient bezogen, und eine uns abstoßend erscheinende Sitte bestand darin, bei üppiger Schmauserei deren nicht nur zum Nachtisch, sondern auch beim Beginn des Essens darzureichen.« (Davidsohn)

Luxusgesetze

Die Kommune und die Kirche haben im 14. Jahrhundert des öfteren gegen die allzu ausladenden und üppigen Fest- und Eßgewohnheiten der Florentiner Bourgeoisie sogenannte *Luxusgesetze* bzw. kirchliche Verordnungen erlassen. Ein solches Luxusgesetz aus dem Jahre 1330 besagt zum Beispiel, daß bei Gastmählern nicht mehr als 3 Hauptgänge serviert werden durften.

Öfter als einmal setzte man Höchstgrenzen für den Lebensmittelverbrauch (einige Nahrungsmittel wurden sogar ganz verboten). Eis- und Süßspeisen wurden rationiert oder gänzlich untersagt. Nur bei Festlichkeiten wie Hochzeiten war mit Ausnahmen zu rechnen. Die Gesetze waren streng, es gab viel Streit und man ging sogar so weit, die Köche reicher Familien unter Eid Gesetzeswidrigkeiten aussagen zu lassen.

Ähnliche, in der Regel aber unwirksame Richtlinien erließ auch die Kirche. Durch die vorgeschriebenen Fastentage konnte sie eine gewisse Abstinenz verordnen. Doch muß man sagen, daß die kirchlichen Gesetze die Vertrautheit der Familie respektierten und nicht versuchten, die Mahlzeiten und den privaten Verbrauch zu regulieren. Allerdings gab es eine Einschränkung bei der Bewirtung der Gäste. Hier wollte die Kirche nicht mehr als 2 Hauptgänge erlauben: *Il lesso* (das Gekochte) und *l'arrosto* (das Gebratene), sowie an den Fastentagen 2 Fischgerichte. *Il lesso* sollte aus 3 verschiedenen Fleischsorten bestehen und *l'arrosto* aus 4. Dabei ist zu berücksichtigen, daß jeweils für eine Person das gesetzlich vorgeschriebene Essen nur auf einem Teller angerichtet werden durfte. Freilich, das Gesetz hat es gegeben, doch es gab auch die Florentiner, und es war nicht schwer, diese Vorschriften zu umgehen.

Die Florentiner in der Trattoria

Die Florentiner Küche verdankt ihren guten Ruf nicht nur den Speisen, die vor Jahrhunderten in den Küchen reicher Familien entwickelt und zubereitet wurden. Gut gekocht hat man auch in den Osterien und Trattorien, von denen viele in der Nähe des Mercato Vecchio lagen. Für die Männer war es attraktiv, nach Geschäftsschluß in die Taverne oder Trattoria zu gehen, um dort Feunde zu treffen und Persönlichkeiten des politischen und kulturellen Lebens ihrer Stadt zu sehen. Sie aßen die herrlich zubereiteten, delikaten Speisen, während zu Hause die Frauen mit dem Essen warteten.

Gerade für die Frauen der kleinen Handwerker und Gewerbetreibenden war es nicht leicht, mit diesen schön angerichteten Speisen der Trattoria wettzuhalten. Schließlich wußten sie sich nicht anders zu helfen, als sich gemeinsam an die Stadtregierung zu wenden. Auch besorgt um den Bestand des wenigen Geldes für die Familie, erwirkten sie eine Verfügung, die den Osterien und Trattorien untersagte, weiterhin köstliche Speisen festlich anzurichten und aufzutragen. Es handelte sich dabei um Gerichte wie *fegatelli* – eine Art Kuttelfleck mit Leberfarce – und gefüllte Nudeln, *tortelli.*

Überliefert sind uns einige Namen von Trattorien innerhalb und außerhalb der Mauer von Florenz.

Michele del Bello in der Nähe der Porta alla Croce; *Giardino* in der Via de' Pilastri; *Vinegia* in der gleichnamigen Straße; *Badracca* in San Piero a Scheraggio; *al Frascato* im antiken Ghetto; *Bertucce* bei der Kirche San Martino; *Moro* am Markt von San Piero; *Trave torta* nahe dem Ponte alla Carraia.

Von ihnen berichtet *Bastiano de' Rossi.* Er war Mitglied der *Accademia della Crusca* (die höchste Italienische Sprachakademie, gegründet von Francesco I de' Medici) und hatte irgendwann einmal durstig auf der Suche nach einem Glas Wein eine Reihe von Osterien und Trattorien – die oben genannten und noch einige andere – aufgesucht und deren Türen verschlossen vorgefunden. Da er in einer *Cicalata* (›Geschwätz‹) 1593 seinen Kollegen der Akademie davon erzählte, kennen wir die Namen dieser Trattorien.

Der Poet *Anton Francesco Grazzini* genannt *il Lasca,* erinnert sich in einer »Lehrstunde über die Wurst«, daß in der Osteria *del Porco* ein Koch *fegatelli* so gut zuzubereiten verstand, daß er dadurch reich wurde. Der Koch hatte einen derart guten Ruf, daß ihn die Signoria zweimal in der Woche in den Palazzo Vecchio bestellte, um sich von ihm bekochen zu lassen.

Mit Beginn des 16. Jahrhunderts gründete man in Florenz die erste Kochakademie mit dem Namen »Gesellschaft des Kochkessels«. Es erstaunt nicht, daß sich diese *Compagnia del Paiolo* gerade in Florenz gebildet hat; dort, wo die Begeisterung für die Gastronomie zur Zeit der Renaissance ihren Höhepunkt erreichte.

Die aus nur 12 Mitgliedern bestehende Gesellschaft (Compagnia) erbat sich von ihren Kochkünstlern (darunter auch kochende Künstler, wie der Maler *Andrea del Sarto,* 1486-1531) bei jedem Zusammentreffen ein von ihnen selbst erdachtes Gericht. Jede der 12 Mitglieder konnte dazu weitere 4 Gäste einladen. Bei der Beschreibung eines der Gerichte von Andrea del Sarto kann man sich nur schwer vorstellen, daß dieses kunstvoll zusammengebastelte Gebilde auch gegessen wurde.

Er baute einen achteckigen Tempel ähnlich dem Baptisterium San Giovanni. Aus Würstchen gestaltete er die Säulen und aus Parmesanekken die Kapitelle, das Gesims war aus Zuckerguß. Das Podium war aus Marzipan aufgebaut und der Fußboden aus gefärbter Gelatine, die ein Mosaikmuster aufzeigte. Im Innern des Tempels hatte Andrea del Sarto ein Musikpult aus Kalbfleich angeklebt. Auf ihm lag ein Chorbuch aus Lasagne mit Buchstaben und Noten, die aus Pfefferkörnern gestaltet waren. Im Chor saßen die Chorherren: gekochte Drosseln mit aufgesperrten Schnäbeln, die Chorhemden aus Schweinshaut trugen. Hinter diesen befanden sich gebratene Tauben und kleine eßbare Singvögel, die zu einer Gesangsgruppe formiert waren.

Wir haben in Florenz keinen Koch gefunden, der uns dieses von Andrea del Sarto zusammengestellte Essen hätte auftischen können. Die einfachen und charakteristischen Gerichte hingegen haben uns viel mehr interessiert, zumal man sie in einigen Trattorien noch heute finden kann.

Rezepte

Wir haben, von einigen Abweichungen abgesehen, Rezepte ausgesucht, die ohne große Schwierigkeiten auch zu Hause nachgekocht werden können. Wenn von Brot die Rede ist, so handelt es sich immer um Weißbrot.

Ribollita – aufgekochte Suppe

Für dieses Gericht sollte man keinesfalls Konserven oder gefrorene Zutaten verarbeiten.

Als Grundlage kann man schon eine vorgekochte *echte* dicke Bohnensuppe (zuppa di fagioli) verwenden.

Die verschiedenen Gemüse, wie Karotten, Stangensellerie, Lauch, Mangold, Blumenkohl, auch Kartoffeln, werden zerkleinert und mit Zwiebeln und Knoblauch in Olivenöl angedünstet. Anschließend geschälte

Tomaten und Petersilie hinzufügen. Mit Salz und Pfeffer abschmecken, mit Fleischbrühe auffüllen und garkochen.

Altbackenes, am Abend zuvor eingeweichtes Brot wird am nächsten Tag mit der Gemüsesuppe erneut aufgekocht. Die Bohnensuppe kann, nach Belieben passiert werden, doch sollte etwa die Hälfte der Bohnen ganz bleiben.

Die *ribollita* wurde gewöhnlich mittwochs gekocht und, immer wieder aufgewärmt, bis zum Samstag gegessen. In manchen Familien aß man sie hin und wieder sogar schon zum Frühstück.

Es empfiehlt sich, die Suppe bei Tisch mit Olivenöl und frisch gemahlenem Pfeffer zu verfeinern.

Panzanella – Brotsalat

Altbackenes Brot etwa 1 Stunde in kaltem Wasser einweichen, leicht ausdrücken und in eine Salatschüssel bröckeln. Zerkleinerte Gurken- und Tomatenstücke, frisches Basilikum und kleingeschnittene Zwiebeln sowie einige zerschnittene Salatblätter (lattuga) unter das Brot mischen. Öl, Essig, Salz und Pfeffer in einer Tasse verquirlen und übergießen. Gut durchmengen und einige Stunden ziehen lassen. Kalt servieren.

Crostini – geröstetes Brot mit Hühnerleberpaste

Zutaten für 6 Personen
6 Hühnerlebern, 50 g Butter, 1 kleine Zwiebel, 4-6 Teel. Marsala oder Madeira, 3 Sardellenfilets, 2 Teel. Kapern, 2 Lorbeerblätter, Salz und frischen Pfeffer, 1 Stangenweißbrot.

Die kleingeschnittene Zwiebel in der heißen Butter (etwa 25 g) bräunen, die Leber und die Lorbeerblätter zugeben und anbraten. Mit dem Südwein ablöschen und die Flüssigkeit verdunsten lassen. Die Pfanne vom Feuer nehmen, die Leber herausnehmen und auf einem Brett zusammen mit den Sardinen und den Kapern kleinhacken oder mit dem Wiegemesser zerkleinern, bis die Konsistenz breiig ist. Dann gibt man alles zurück in die Pfanne, salzt und pfeffert, läßt wenige Minuten unter Rühren aufkochen und entfernt die Lorbeerblätter.

Das in Scheiben geschnittene Weißbrot wird geröstet oder getoastet und dünn mit Butter bestrichen. Danach verteilt man die noch warme Leberpaste auf die Schnitten und ißt sie sofort.

Dieses Gericht wird vielfach auch mit Milz zubereitet und ist in mehreren Trattorien (Latini, Coco Lezzone, Sabatino, La Beppa, Fagioli etc. . . .) als Antipasto auf der Speisekarte zu finden.

Pappa al Pomodoro – Tomatenbrei

Zutaten für 8 Personen
800-1000 g frische, ausgereifte Tomaten, 1 Teel. Tomatenmark, 500 g
Brot, 1 mittelgroße Stange Lauch, 8 große frische Basilikumblätter,
1 Stück Ingwer, 1$^{1}/_{2}$ l Fleischbrühe, 1 Glas Olivenöl, Salz und Pfeffer.

Das Öl wird in einen Topf gegossen, der kleingeschnittene Ingwer mit
dem ebenfalls zerkleinerten Lauch darin kurz angebräunt. Das Tomatenmark hinzufügen und danach die geschälten, in kleine Stücke
geschnittenen Tomaten mit dem Basilikum unterrühren. Gut durchko-
chen lassen. Nach etwa 5 Minuten fügt man die Fleischbrühe hinzu,
würzt mit Salz und Pfeffer und beim erneuten Aufkochen vermengt man
die Flüssigkeit mit dem in feine Scheiben geschnittenen, am besten
altbackenen Brot. Dies alles zusammen sollte nun noch etwa 3 Minuten
gut kochen. Danach nimmt man den Topf vom Feuer und läßt ihn ca. 1$^{1}/_{2}$
Stunden *zugedeckt* stehen. Vor dem Essen rührt man nochmals kräftig
durch. Diesen Tomatenbrei kann man lauwarm oder heiß im Sommer
auch kalt essen.
Auch aufgewärmt schmeckt er vorzüglich, doch immer mit einem Schuß
guten Olivenöl, das man aber erst bei Tisch in die Teller einrührt. Man
verfeinert die *pappa al pomodoro* mit frisch gemahlenem Pfeffer, nie mit
Käse!

Carabaccia – Zwiebelsuppe

In den Angaben des Originalrezeptes zur Zeit der Renaissance wurden
in der *carabaccia* (carabazada) Mandeln, Zucker und Zimt mitverarbei-
tet.
Heute findet man in der Florentiner Küche kaum mehr ein Rezept, in
dem sauer und süß miteinander verarbeitet wird.

Zutaten für 4 Personen
3 große Zwiebeln, 4 Stangen Sellerie, 2 mittelgroße Karotten, 300 g
Erbsen (gekocht), 4 Eier, 4 Brotscheiben, $^{1}/_{2}$ Glas Olivenöl, geriebener
Parmesankäse, Salz und Pfeffer.

Zwiebeln, Sellerie und Karotten in kleine Würfel schneiden. In einen
Topf geben; mit der angegebenen Ölmenge, dem Salz und Pfeffer
zugedeckt, langsam köcheln lassen. Hin und wieder umrühren, aber
nach Möglichkeit kein Wasser zugießen. Nach etwa 1 Stunde Garzeit
gibt man die schon gekochten Erbsen hinzu, die zur Hälfte durch ein
Sieb passiert sein sollten. Die Brotscheiben rösten (toasten) und ganz
kurz in heißes Wasser eintauchen. In Suppentassen oder -teller legen und

mit der *carabaccia* überdecken. Obenauf kommt ein vorher in nicht
gesalzenem Wasser gekochtes ›verlorenes‹ Ei. Abschließend überstreut
man die Suppe mit geriebenem Parmesan.

L'acqua cotta – gekochtes Wasser

Zutaten für 6 Personen
1 Zwiebel, 1 kleine Selleriestange und 1 kleiner Bund Petersilie, 12 große
Scheiben Brot, ca. 1,5 kg junger Mangold, 1 Glas Olivenöl, 2 geschälte
Knoblauchzehen, Salz und Pfeffer, 4 reife Tomaten und 3 Teel. Tomatenmark sowie 6 Eier.

Zuerst Zwiebel, Sellerie und Petersilie kleinhacken; zusammen mit dem
Öl und den Knoblauchzehen (man drückt zuvor mit einem Messer leicht
auf die Zehen) in einer großen Gußeisenpfanne (oder einem Topf aus
dem gleichen Material) erhitzen. Sobald die Knoblauchzehen goldgelb
sind, herausnehmen und den gesäuberten, kleingeschnittenen Mangold
tropfnaß hinzufügen. Sofort salzen und pfeffern. Es wird ein hoher Berg
von Gemüse, der aber schon bald in sich zusammenfällt, wenn die
Pfanne mit einem Deckel geschlossen wird. Nach wenigen Minuten kurz
umrühren und die geschälten Tomaten sowie das Mark zufügen. Während das Gemüse langsam köchelt (hin und wieder umrühren und
gegebenenfalls heißes Wasser nachgießen), das in Scheiben geschnittene
Brot in die vorbereiteten (heißen) Suppenteller geben und das gegarte
Gemüse darüber schütten. In der Pfanne behält man etwas von dem Sud
zurück, läßt ihn erneut aufkochen und schlägt dann nacheinander 6 Eier
hinein, die mit der Flüssigkeit bedeckt sein sollten. Nach ca. 5 Minuten
sind die Eier gekocht (das Eiweiß gestockt und das Eigelb nach flüssig).
Jetzt verteilt man vorsichtig die Eier in die Teller mit dem Gemüse, und
zwar so, daß sie in der Mitte in dem Sud schwimmen.
Am Tisch kann man mit Olivenöl, Pfeffer und Parmesankäse verfeinern.

Trippa alla Fiorentina – Kutteln nach Florentiner Art

Zutaten für 4 Personen
1 kg Kutteln (Kaldaunen, gereinigt), 350 g reife Tomaten, 1 große
Zwiebel, 1 Stange Sellerie, 1 große Karotte, 4 Eßl. Olivenöl, 3-5 Teel.
Parmesankäse, Salz und Pfeffer.

Zwiebel, Sellerie und Karotte zerkleinert in dem Olivenöl etwa 20
Minuten dünsten. Danach die in feine Streifen geschnittenen Kutteln
zufügen und 10 Minuten ziehen lassen. Die von der Haut befreiten
Tomaten zugeben, salzen und pfeffern und das Ganze für weitere 20
Minuten bei kleiner Flamme und zugedecktem Topf dämpfen.

Kurz vor Ende der Garzeit den geriebenen Parmesan unterrühren.

Hat sich durch die Tomaten zuviel Flüssigkeit gebildet, sollte man diese abgießen, denn das Gericht darf nicht »wäßrig« sein.

Man liest häufig Rezepte, bei denen die Kutteln stundenlang gekocht werden sollen. Die »Trippa« in Florenz ißt man sogar roh (z. B. in Salaten). Deshalb wird man in einem echten Florentiner Rezept nie lange Kochzeitangaben finden.

Il Trippaio

»Meooo!
Assuntina! ce l'ho un bocconcino! O Meo!«
Es ist eine alte Florentiner Tradition, auf der Straße ein *panino con trippa* zu essen. Der *trippaio* besitzt kein Geschäft, in dem er seine »heiße Ware« anbietet. Er stellt sich auf Plätze und in Straßen.

Diese Tradition, vielleicht eine der charakteristischsten von Florenz, hat sich bis heute erhalten, obwohl es andere Köstlichkeiten gibt, die im Vorübergehen verzehrt werden können. Wir denken dabei an die vielen Pizzerien, die zur Straße hin ihre Fenster geöffnet haben oder an die Rosticcerien oder Friggitorien.

Der bekannteste *trippaio* war »I'papa«, und hatte seinen Stand auf der *Piazza de' Tavolini.* Wir können uns an drei Verkaufsstände in Florenz erinnern:
In der *Via dell'Ariento,* Ecke Via Sant-Antonio (in der Nähe des Mercato Centrale); auf der *Piazza Fres-*

80. Kutteln-Verkäufer.

cobaldi (gleich wenn man über die Brücke S.Trinità kommt) und den auf der *Piazza Dante Alighieri* (Via de' Tavolini).

Eine schöne Geschichte erzählt, daß mit dem ersten Schrei des *trippaio* die Katzen von den Dächern hinunter auf die Terrassen sprangen und in der Küche mit lautem Gejammer ihrer »padrona« davon erzählten. So blieb der padrona nichts anderes übrig, als das Körbchen, mit dem sie sonst die Post zu sich hochzog, mit etwas Geld, einem *centino,* hinunterzulassen und mit einem Leckerbissen für die Katze wieder hochzuziehen.

Die Katzen auf der Straße hatten es da wesentlich einfacher. Sie waren gleich an Ort und Stelle und brauchten erst gar nicht auf das Rufen des *trippaio* zu warten. Sie saßen schon mittendrin im Verkaufsstand und halfen ihm mit ihrem Schreien – . . . *Meooo* – Miau! Da sie auf diese Weise für ihn die schönste Reklame machten, gab er ihnen dafür hin und wieder eine Belohnung.

Castagnaccio – Kastanienkuchen

Zutaten
300 g Kastanienmehl, ½ l Wasser, 40-50 g geschälte Pinienkerne, 40-50 g Walnußkerne, 70 g Zibibbo (Traubenbeeren), frische Rosmarin-zweige, Salz, Olivenöl.

Das Mehl wird in eine große Schüssel gesiebt und mit dem kalten Wasser solange verrührt, bis eine glatte, relativ flüssige Masse entstanden ist. Es dürfen keine Klümpchen zurückbleiben.
Jetzt fügt man 2 Eßl. Olivenöl, 1 Prise Salz und die zuvor eingeweichten Traubenbeeren hinzu und verrührt alles miteinander. Danach füllt man die Masse in eine mit Öl ausgestrichene Tortenform, wobei der Teig nicht höher als 2 cm sein sollte. Dieser wird dann mit den Pinien- und Walnußkernen bestreut und mit einigen kleinen Rosmarinzweigen be-legt. Bevor die Form in den vorgeheizten Backofen geschoben wird, sollte die Oberfläche des Teiges mit etwa 2 Teel. Olivenöl beträufelt werden.
Die Backdauer wird bei 200° C etwa 30 Minuten betragen. Doch erkennt man an der rissigen, aufgesprungenen, krustigen Oberfläche und der dunklen Farbe, wann der *castagnaccio* fertig ist.
Man kann ihn kalt essen; warm entwickelt er besser sein Aroma und den typischen Geschmack der Kastanien.
Der *castagnaccio* ist kein original Florentiner Rezept, hatte seinen Ursprung jedoch in der Toskana, nämlich in Lucca. Doch heute gehört er zu den typischen Gerichten, die man in Trattorien wie »La Panza-nella« findet.

Pandiramerino – Rosmarinbrot

Rosmarin heißt auf italienisch *rosmarino,* aber auf florentinisch *rame-rino.*

Zutaten
500 g Mehl, 30 g Hefe, etwas warmes Wasser, 150 g Zibibbo (Trauben-beeren), 300 g Zucker, 2 frische Rosmarinzweige, Salz, 3 Eßl. Olivenöl.

Man kann sich vom Bäcker den Brotteig holen oder ihn mit den angegebenen Zutaten selbst bereiten. Abgedeckt an einem warmen Platz sollte der Teig ca. 1 Stunde gehen.
In der Zwischenzeit erhitzt man das Öl und bräunt darin leicht die Rosmarinzweige und die Traubenbeeren (nicht eingeweicht). Nach ei-nigen Minuten nimmt man die Zweige heraus und läßt Beeren und Öl

erkalten. Danach vermengt man beides mit dem aufgegangenen Teig, gibt Zucker, einige Rosmarinblätter sowie eine Prise Salz zu und knetet alles kräftig durch.

Man formt kleine Brote, legt diese auf ein bemehltes Backblech und stellt es zum erneuten Gehen an einen zugfreien Ort. Nach etwa $1/2$ Stunde haben sich die kleinen Brote um das Doppelte erhöht. Bevor sie im vorgeheizten Ofen bei 175-200° C 50-70 Minuten gebacken werden, ritzt man in den Teig 4 Längsstreifen oder ein Kreuz ein und bepinselt die Brote mit Öl.

Das jetzige Rezept von *pandiramerino* ist ein wenig verfeinert gegenüber dem traditionellen von früher, das nur in Perioden der Fastenzeit *(giovedi santo)* gebacken wurde.

Heute wird *pandiramerino* das ganze Jahr über gefertigt und hat nicht mehr die Form eines Brotes, sondern ist zu einem richtigen Gebäck geworden. Im Gegensatz zu heute wurde es *immer* ohne Zucker und nur nach Belieben mit Traubenbeeren *(zibibbo)* gebacken. Hingegen war es üblich, im Mörser zerriebenen Rosmarin in Öl einzuweichen und beides auf den Teig zu gießen.

Noch heute erinnert man sich in Florenz gern an die Brotverkäufer, die *pandiramerinaii* und mit besonderer Sehnsucht an ihre Ausrufe

»son bollenti!«

»son coll'olio!«

Der wohlriechende Duft dieser heißen und mit Öl gebackenen Brote zog sich durch die Straßen von Florenz, die damals noch nicht mit Abgasen verpestet waren wie heute.

Die älteren Frauen folgten einem alten Brauch und gingen mit dem gekauften Brot in die Kirche, um es segnen zu lassen. Das vor dem Backen in das Brot eingeritzte Kreuz hatte für den, der es zubereitete eine andere Bedeutung, als für den, der es aß.

Pattona – ›süße‹ Polenta aus Kastanienmehl

Zutaten
1 l Wasser, 500 g Kastanienmehl, Salz

In einem ausreichend großen Topf (paiolo) das leicht gesalzene Wasser zum Kochen bringen und die gesamte Menge des Kastanienmehls auf einmal einrühren. Für die weitere Verarbeitung geben wir zwei verschiedene Rezepte an. Die Kochzeit beträgt bei beiden etwa $1/2$ Stunde, doch in einem ist die Rede vom ständigen Umrühren mit einem großen Holzlöffel und das andere empfiehlt, den Brei die gesamte Kochzeitdauer überhaupt nicht anzurühren.

Betrachten wir uns erstmal die letztere, wesentlich einfachere und nicht so anstrengende Methode.

Der Topf bleibt etwa $^1/_2$ Stunde auf dem Feuer (die Flamme darf nicht zu groß sein). Wasser, das danach nicht eingekocht ist, sollte man abgießen. Es wird später wieder verwendet. Den Topf vom Feuer nehmen, die Masse kräftig mit einem großen Holzlöffel umrühren und das abgegossene Wasser (unter ständigem Rühren) nach und nach wieder zugeben. Wenn das Mehl sich gelöst hat und keine Klümpchen mehr bildet, glättet man die Oberfläche der *pattona* mit dem kalt abgewaschenen Holzlöffel und stellt den Topf wieder aufs Feuer.

Nach einigen Sekunden beginnt der Brei Blasen zu schlagen. Jetzt stürzt man ihn mit einem Schwung auf einen gesäuberten Holztisch (so machen es heute noch die Bauern) oder auf ein Tuch, läßt die *pattona* erkalten und schneidet sie danach in Stücke.

Die erste Methode empfiehlt hingegen, ohne Unterlaß und sehr kräftig zu rühren, und zwar immer im Kreis, so daß sich keine Klümpchen bilden können. Wenn die Masse zu fest wird, heißes Wasser zugeben. Nach etwa $^1/_2$ Stunde versucht man den Brei vom Rand des Topfes zu lösen und alles in die Mitte zu rühren. Hierzu benutzt man den mit kaltem Wasser abgewaschenen Holzlöffel. Danach wird der Topf auf ein Nudelbrett (aus Holz) gestürzt und die *pattona* nach Belieben geformt. Nach Erkalten kann man sie mit einem Faden oder Messer schneiden. Man ißt die *pattona* kalt, warm oder auch am nächsten Tag aufgebacken, mit *ricotta* oder einem anderen frischen Käse. Ausgezeichnet schmeckt sie auch mit Hering, Stockfisch oder mit Schweinefleisch.

Von Brot war in diesem Buch bereits die Rede. Es war die Grundlage vieler einfacher Gerichte und wurde in allen möglichen Variationen verarbeitet, auch süß.

Für die Feste verfeinerte man den Teig mit Eiern. Auch Gewürze und Aromen wurden beigefügt, vorausgesetzt, man besaß sie, denn sie waren sehr teuer.

Zucker ersetzte man durch Honig, da er zu jener Zeit noch eine Rarität und für die einfachen Leute nicht erschwinglich war. Zucker wurde lange Jahre nur als »Gewürz« benutzt oder, ähnlich dem Salz, als Prise einem Gericht zugegeben. Der damalige Name des Zuckers spricht für sich: *sale dolce* – süßes Salz!

Auch gepfeffertes Brot und Fladen wurden häufig gebacken, doch immer ohne Salz.

»Gewürztes Brot«
Landbrot in frisches, gerade aus der Presse gekommenes Olivenöl eingetaucht und mit Salz bestreut.
Landbrot mit Essig und ein wenig Olivenöl beträufelt, gesalzen und gepfeffert, nach Belieben mit kleingeschnittener Petersilie bestreut.

Landbrot in Milch eingeweicht, von beiden Seiten in verquirltes Ei getaucht und in Öl ausgebacken. Mit Salz und Pfeffer gewürzt. Die Florentiner nennen es *pandorato*.

Landbrot (auch altbacken) mit einer aufgeschnittenen Tomate abgerieben, bis es feucht ist, mit Öl beträufelt und mit Salz und Pfeffer bestreut. Diese Brotstücke nennt man in vielen Gegenden Italiens *panzanella*.

Landbrot in etwas Fleischbrühe getränkt und mit heißer *trippa* (Kutteln) belegt, gesalzen und gepfeffert.

Landbrot in etwas Wasser getränkt und mit Zucker bestreut oder in Rotwein getränkt und mit Honig bestrichen.

Landbrot mit Butter bestrichen, mit Zucker bestreut und mit *ricotta* (Molkenkäse) belegt.

Die Medici und Savonarola

Luxus und Askese im Florenz
des 15. Jahrhunderts

»Der Mensch ist das Wesen und Maß aller Dinge«

Auf unserem Stadtrundgang sind wir den großen Palästen der *Rucellai,* der *Pitti,* der *Antinori* und der *Strozzi* begegnet. Alles Architekturen, die vom Ruhm und Glanz der Stadt nur im Selbstverständnis ihrer Besitzer uns etwas erzählten. Bei dem spätesten dieser Paläste, dem 1489 begonnenen Palazzo Strozzi, haben wir gehört, daß *Lorenzo de' Medici* die Pläne für diesen Bau vorher hatte sehen wollen, und daß er Filippo Strozzi Anweisungen gab, wie dieser seinen Palast bauen und nutzen sollte. Eine unerhört anmaßende Forderung, wenn man sich überlegt, daß dieser Strozzi und seine Familie sicherlich über ähnlichen Reichtum verfügten wie die Medici. Die beiden Familienpaläste ähneln einander in ihrer räumlichen Ausdehnung (vgl. Abb. 40 mit Abb. 85).
Ein Bewunderer des in Künstler- und Philosophenkreisen hoch geschätzten Lorenzo, *Filippo Redditi,* schrieb in einer Lobrede, daß man in Florenz in Fragen der privaten und öffentlichen Bauten allgemein »großen Gebrauch« gemacht hätte von Lorenzos Erfindungen und seinem Gefühl für die Harmonie. Er habe die Architekturlehre nicht nur bewundert, sondern auch verbessert und zweifellos soviel Kenntnis von der Geometrie besessen, daß er einen Platz unter den großen Fachleuten verdiene.
Lorenzos politisch dominierende Rolle in Florenz erfuhr durch die an ihm bewunderte Urteilsfähigkeit in »Geschmacksfragen« die Aura einer einzigartigen Persönlichkeit, die aufgrund ihres intellektuellen und ästhetischen Vermögens zum Maßstab ihrer Umwelt wurde.
Vom Menschen als *Wesen und Maß aller Dinge* hatte Leon Battista Alberti gesprochen. Als er 1474 starb, war Lorenzo schon fünf Jahre an der Macht. Alberti galt zu seiner Zeit als Prototyp des allseitig erfahrenen und gebildeten Mannes, als erster *uomo universale,* der alle praktischen und intellektuell-künstlerischen Fertigkeiten in sich vereinte. Lorenzo de' Medici gab diesem Ideal die politische Rechtfertigung, indem er beides in seiner Person verband: Er setzte gleichermaßen politische und ästhetische Maßstäbe und machte dadurch die Ästhetik zu einer politischen Angelegenheit. Die Idealität dieses Verhältnisses liegt in seiner Person: *sie geht von ihm aus.*
Lorenzo ist darin, wie wir noch sehen werden, seinem Großvater Cosimo de' Medici gefolgt. Zumindest hatte dieses in der Person des Lorenzo sich verkörpernde neue Verhältnis des Einzelnen zu seiner Umwelt – auf

81. Piazza SS. Annunziata.

die sich nicht der Mensch bezieht, sondern die dieser auf sich zu beziehen versucht – bereits im frühen 15. Jahrhundert Konsequenzen für die Raumgestaltung. Masaccios *Trinitätsfresko* (Abb. 45) haben wir zuvor als ein solch frühes Beispiel der neuen Beziehung zwischen Raum und Mensch bzw. der Raumdarstellung und ihrem festgelegten Bezug zum Betrachter-Standort kennengelernt. Gleichzeitig versuchte man in Florenz, diese Beziehung durch Eingriffe in das mittelalterliche Stadtbild auch im realen Raum herbeizuführen.

Die vom Dom in nördliche Richtung verlaufende *Via dei Servi* hinaufgehend, erreicht man an deren Ende einen an drei Seiten gleichmäßig gestalteten Platz: die Piazza SS. Annunziata (Abb. 81). Sie ist das früheste Beispiel einer idealen und einheitlich entworfenen Platzanlage in Florenz. Architektonisches Kernstück der Planung ist ein *Findelhaus,* das man an dieser Stelle für verwaiste Kinder errichtete. Dieses *Ospedale degli Innocenti* liegt an der rechten Seite der Piazza. Mit dem Bau begann man – nach Plänen Brunelleschis – im Jahre 1419. Finanziert wurde diese Anlage allerdings nicht von einem privaten Auftraggeber, sondern noch von einer der reichen Zünfte, von der *Arte della Seta* (Zunft der Seidenproduzenten). Im Januar 1445 wurde das Findelhaus eröffnet.

Das den Platz beherrschende Architekturmotiv dieses als Aufenthaltsort für Kinder gedachten *Ospedale* ist die sich über eine Freitreppe am gesamten Gebäude entlangziehende *Loggia.* Wie eine Membrane schiebt sie sich zwischen den Platz als Außenraum und das Innere des Findelhauses. Brunelleschi ist dabei in seinen Planungsvorstellungen von einem Platz ausgegangen, der allein durch die gleichmäßige Harmonie und Proportion der Loggia als ein in sich abgeschlossener Raum erlebt werden kann. Dafür spräche auch, daß die unter Brunelleschi noch ausgeführte rechte Seite der Piazza zum Maßstab und zum Modell für alle späteren Ergänzungen geworden ist. Dies gilt für die Loggia bzw. die breite Säulenhalle vor der Kirche SS.Annunziata (1599 von G. B. Caccini ausgeführt). Dasselbe trifft zu für den Bogengang des Gebäudes der »Bruderschaft der Diener Marias« von Antonio da Sangallo und Baccio D'Agnolo (1516-1525), das dem Ospedale Brunelleschis gegenüberliegt. Auch die Aufstellung des Reiterdenkmals des Ferdinando I. de' Medici (von Giambologna, 1608) und die zwei Brunnen (von Ferdinando Tocca 1629) unterstreichen die räumliche Einheit und Geschlossenheit des Platzes. Die Rundbilder (Tondi) aus glasierter Terrakotta zwischen den Arkadenbögen der Loggia des Findelhauses hat *Andrea della Robbia* 1487 geschaffen.

Ein Platz, wie die Piazza SS. Annunziata, ist nicht mehr das Resultat einer Stadterweiterung sondern das einer künstlerischen Planung. Seiner Ausführung geht ein Entwurf, eine Idee voraus, die sowohl die Form als auch die Funktion des Raums vorweg begriffen und definiert hat. Zufälligkeiten, Ungeordnetes und Nicht-Kalkulierbares gibt es auf diesem Platzraum und in seiner gleichmäßigen Architektur nicht. Ideale Proportions- und harmonische Maßverhältnisse sowie die rationale Raumauffassung mit Hilfe des perspektivischen Blicks reduzieren den Platz auf seine mathematischen Gesetzmäßigkeiten. Die Welt, so hat es ganz den Anschein, ist ein erst noch zu erschaffender, vom freien Willen und Selbstverständnis des humanistisch gebildeten Patriziers und Künstlers abhängiger wirklicher Raum. Die Natur ist nicht mehr alleiniger Maßstab für das Handeln auf dieser Welt. Die menschliche Schöpferkraft wird zur »Nebenbuhlerin« der Natur. Von den Künsten, die »Häuser und Städte, Bilder und Skulpturen, . . . Wissenschaften und Erfindungen, Sprachen« hervorbringen, wird man bald behaupten können, daß sie »die Werke der niedrigen Natur« verbessern, verschönern und vollenden. *Arbitrarius plates et fictor:* Der Mensch ist sein eigener Werkmeister und Bildner, sagt *Pico della Mirandola* (1463-1494), ein Philosoph und enger Vertrauter des Lorenzo de' Medici. In seiner berühmten Schrift »Über die Würde des Menschen« läßt er Gott zu Adam sprechen:

»Wir haben dir keinen bestimmten Wohnsitz, noch ein eigenes Gesicht, noch irgendeine besondere Gabe verliehen, o Adam, damit du jeden beliebigen Wohnsitz, jedes beliebige Gesicht und alle Gaben, die du dir sicher wünschst, auch nach deinem Willen und nach deiner eigenen Meinung haben und besitzen mögest. Den übrigen Wesen ist ihre Natur

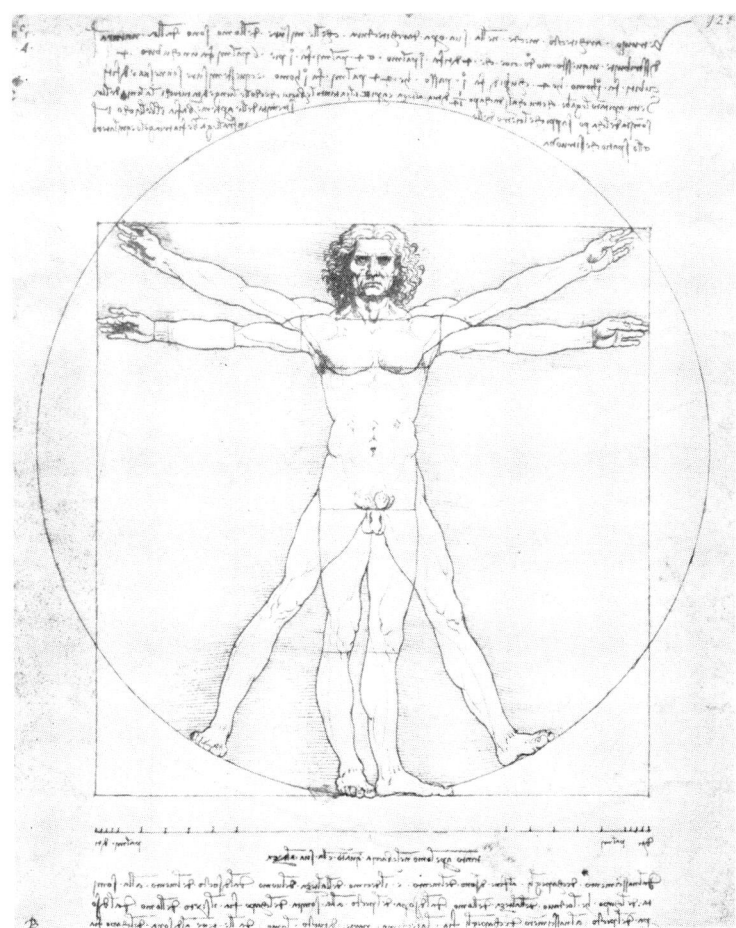

82. Der nackte Mensch muß sich ganz schön strecken, um die Harmonie der vollkommenen geometrischen Flächen von Quadrat und Kreis zu erreichen. ›In die Mitte der Welt gesetzt‹, ist sein Blick doch nicht so bequem wie der des Adam bei Pico della Mirandola. – Eine Zeichnung Leonardo da Vincis.

durch die von uns vorgeschriebenen Gesetze bestimmt und wird dadurch in Schranken gehalten. Du bist durch keinerlei unüberwindliche Schranken gehemmt, sondern du sollst nach deinem eigenen freien Willen . . . sogar jene Natur dir selbst vorherbestimmen. Ich habe dich in die Mitte der Welt gesetzt, damit du von dort bequem um dich schaust, was es alles in dieser Welt gibt.«

Durch keinerlei Schranken gehemmt und in die Mitte der Welt gesetzt, erfährt auch die menschliche Natur ein neues Interesse. Wie ist der Mensch beschaffen, der die äußere Natur durch Planung und Eingriff nach seinem Willen verändert und vorherbestimmt? Ist der Mensch erst Wesen und Maß aller Dinge, so muß er es sich auch gefallen lassen, selbst zum Objekt des Messens und mathematischen Vergleichs zu werden (Abb. 82). Der Idee nach freigesetzt, das Koordinatensystem der Beziehungen in Raum und Zeit festlegen zu können, sieht sich der Einzelne durch den Zwang der Idealität dieses Systems gebunden. Schließlich wird der rational geschaffene, objektive Idealzustand, wie er räumlich mit Brunelleschis Planung für die Piazza SS. Annunziata schon früh im 15. Jahrhundert angestrebt wurde, zum Ordnungs- und Disziplinierungsfaktor. Das Reiterstandbild des Ferdinando I. de' Medici ist 1608 so aufgestellt worden, daß es den Platzraum beherrscht.

Die Medici

Bleiben wir im Jahr 1419, als Brunelleschi mit seinen Planungen für das Findelhaus bei den Mitgliedern der *Arte della Seta* Verständnis fand. In diesem Jahr gab eine andere Zunft, die der Bankleute, eine Statue für ihre Nische an Orsanmichele in Auftrag. Die Bäcker hatten sich nicht imstande gesehen, ihre Nische auszuschmücken und gaben sie deshalb an die Bankleute ab. Mitglied der Kommission, die unter den eingereichten Entwürfen die Auswahl traf, war auch *Cosimo de' Medici*. Von ihm heißt es, er hätte zur Finanzierung der Statue stets mehr gegeben als die anderen. Den Auftrag für die Figur des *Hl. Matthäus* erhielt Lorenzo Ghiberti. Es handelt sich um die 1422 vollendete Statue an der äußeren linken Seite von Orsanmichele gegenüber vom *Palazzo Arte della Lana*.

Ein Jahr vorher, 1418, hatte der Prior von *San Lorenzo* die Stadt um die Erlaubnis gebeten, einige Häuser abreißen zu dürfen, um die Kirche zu vergrößern. *Giovanni di Bicci de' Medici*, Vater von Cosimo, war der reichste Mann in diesem Stadtquartier, und er entschied sich zur Finanzierung einer Kapelle, der *Alten Sakristei* von San Lorenzo. Der Bau wurde zwischen 1419 und 1429 von Brunelleschi ausgeführt und ist das erste in sich geschlossene Beispiel seiner neuen Architektur. Donatello hat zwischen 1435 und 1443 die Flachreliefs und die Bronzetüren geschaffen. Gedacht war die Sakristei als Familienkapelle der Medici. In dem Sarkophag unter dem Marmortisch ist Giovanni di Bicci mit seiner Ehefrau beigesetzt worden.

Das waren die ersten Auftritte der Medici in ihrer Eigenschaft als Mäzene. Der 1404 in dieser Stadt geborene Alberti sollte später in seinem Architekturtraktat diese Tätigkeit als *magnificentia* (Großzügigkeit) adeln. Keine Familie in Florenz hat diese Tugend im Laufe des 15. Jahrhunderts machtpolitisch wirksamer für sich in Anspruch zu nehmen gewußt als die Medici.

Diese Familie, deren Wappen mit den sieben Kugeln *(Palle)* man in Florenz überall begegnet, stammt ursprünglich aus dem Gebiet des Mugello-Tals, 30 km nordöstlich von Florenz. Urkundlich ist ein Medici erstmals 1216 in Florenz erwähnt. Zur Zeit der bürgerlichen Verfassung 1293/95 bekleideten Mitglieder der Familie bereits hohe politische Ämter. Ein Ardingho de' Medici wurde 1296 sogar zum *gonfaloniere*, also in das höchste Amt der Republik gewählt. Zwar tauchen Medici im Laufe des 14. Jahrhunderts immer wieder in den Wahllisten der Signoria auf. Eine politisch bedeutsame oder gar wirkungsvolle Rolle haben sie in dieser langen Zeit jedoch nicht gespielt.

Die Medici müssen wohlhabende Bürger ihrer Stadt gewesen sein. Aber reich waren sie nicht, wenn man hört, daß 1364 im Rahmen einer Zwangsanleihe von ihnen eine Summe von 304 Florin erbeten wurde, während die Familie der Strozzi ihrem Einkommen entsprechend mit 2063 Florin veranschlagt wurde. Dies ändert sich erst unter *Giovanni di Bicci de' Medici* (1360-1429).

»Giovannis Vater war 1363 als verhältnismäßig wohlhabender Mann gestorben, hatte aber sein Geld gleichmäßig unter seinen fünf Söhnen aufgeteilt. Vieri (Kopf eines anderen Zweigs der Medici – d. Verf.) dagegen gehörte Ende des vierzehnten Jahrhunderts zu den erfolgreichsten unter den über siebzig Bankiers von Florenz, und bei ihm erhielt Giovanni seine Ausbildung. 1385 leitete er bereits die römische Zweigstelle der Bank Vieris und kaufte sich mit der Mitgift, die seine Frau Picarda Bueri im gleichen Jahr in die Ehe gebracht hatte, als Juniorpartner ein. Vom Jahre 1393 an, in dem Vieri sich zur Ruhe setzte, war Giovanni selbständig, hatte aber stets Partner, die das Kapital der Bank vermehrten. 1397 verlegte er seinen Hauptsitz nach Florenz an den Schnittpunkt der Via di Porta Rossa und der Via dell' Arte della Lana, nicht weit von Or San Michele, wo auch seine Konkurrenten saßen. Das Anfangskapital betrug 10 000 Florin; mehr als die Hälfte brachte Giovanni selbst auf, während zwei Partner den Rest beisteuerten.

Wie die anderen Banken dieser Zeit arbeitete die Firma der Medici als Depositenbank, löste Wechsel auf ausländische Banken ab, gab Kredite und legte ihr eigenes Kapital an. 1408 gab es schon Niederlassungen in Venedig und Rom, letztere mit einer Zweigstelle in Neapel. Giovanni beteiligte sich auch an zwei Unternehmen, die Tuch herstellten. Der Gewinn in den Jahren 1397 bis 1420 belief sich auf 151 820 Florin, der Anteil Giovannis auf 113 865.

Die römische Niederlassung war die bei weitem einträglichste, und der größte Coup gelang Giovanni im Jahre 1413, als er Hauptbankier des Papstes wurde und gegen eine Provision den größten Teil der Kircheneinkünfte verwaltete. Diese Stellung, die fast ein Monopol darstellte, hatte er nur zwei Jahre inne, bis sein Freund und Gönner, Papst Johannes XXIII., durch das Konzil von Konstanz im Jahre 1415 abgesetzt wurde. Eine Zeitlang mußte Giovannis Bank nun wieder mit ihren Hauptkonkurrenten in Rom, mit den Banken der Spini und der Alberti, in Wettbewerb treten, aber allmählich besserten sich die Geschäfte, und als die Spini 1420 Bankrott machten, stand die Medicibank an erster Stelle.« (J. Hale) (Abb. 83)

Giovanni di Bicci hinterließ bei seinem Tode 1429 seinen beiden Söhnen Cosimo (geb. 1389) und Lorenzo di Giovanni (geb. 1395) ein Vermögen von 180 000 Florin. Gemessen am Steueraufkommen war jetzt nur noch Palla Strozzi reicher.

Cosimo verwaltete das ihm hinterlassene Erbe sehr erfolgreich und politisch geschickt. Außer in Florenz besaß seine Familie fünf weitere Bankfilialen in Italien und vier nördlich der Alpen. Neben den Gewinnen aus dem international verzweigten Bankgeschäft basierte der Reichtum der Medici auf Handelsgeschäften. Für Alaun, ein für die Tuchproduktion unentbehrliches Mineral, das in der Mitte des 15. Jahrhunderts in der Nähe von Rom, in Tolfa, abgebaut wurde, erhielten sie sogar das alleinige Handelsrecht.

Die große republikanische Vergangenheit der Stadt hatte nicht verhindern können, daß schon wenige Jahre nach dem Ciompi-Aufstand von 1378 die Oligarchie ihre ehemaligen Positionen zurückerobern konnte. Als Cosimo 1429 zu einem der reichsten Männer in Florenz wurde, entsprach das noch nicht der politischen Rolle, die er Jahre später einnehmen sollte. Noch bestimmte das oligarchische Regiment der *Albizzi* und *Uzzano* die Geschicke der Stadt. Nach einer Phase außenpolitischer Erfolge freilich – der Versuch des Herzogs Gian Galeazzo Visconti von Mailand, die *Freiheit* der Stadt von außen zu bedrohen, wurde abgewehrt, und mit dem Gewinn Livornos der lang ersehnte eigene Zugang zum Meer erreicht – begannen die Albizzi und Uzzano 1430 einen höchst unnötigen und verlustreichen Krieg gegen Volterra und Lucca. Ungeheure Summen wurden in dieses vollkommen sinnlose Unternehmen investiert, was in der Konsequenz dazu führte, daß im Jahre 1433 die Staatsverschuldung auf nicht weniger als 3,5 Mill. Florin angewachsen war.

Aufgrund ihrer hervorragenden finanziellen Position, die sich trotz des Krieges außerordentlicher Zuwachsraten erfreute, wurde die »Partei« der Medici für andere Bankiers und Kaufleute interessant. Es wäre jetzt der Zeitpunkt gewesen, die Medici an der Macht zu beteiligen. Dagegen agierte vor allem *Rinaldo degli Albizzi,* der die Verbannung der Medici

83. Eine Bank in Florenz mit Kunden, 15. Jahrhundert.

durchzusetzen versuchte. Welche Gründe – außer der Machtkonkurrenz – für eine Verbannung sprachen, erfahren wir von Macchiavelli bzw. von *Niccoló da Uzzano.* Es handelt sich bei dieser Quelle um eine später von Macchiavelli nachempfundene Rede des Niccoló, der darin ausdrücklich vor den Folgen einer solchen Verbannung warnt: »Der Grund für eine Verbannung beruhte in dem Verdacht, Cosimo werde sich zum Herrn in dieser Stadt machen . . . Cosimos Handlungen, die uns zu solchem Verdacht berechtigen, sind, daß er allen mit seinem Gelde diente, nicht nur Privatleuten, sondern auch der Gemeinde, nicht nur den Florentinern, sondern auch Condottieri, daß er diesem und jenem nach Ämtern strebenden Bürger sich günstig zeigt, daß er durch die allgemeine Gunst, die er genießt, seinen ›Amici‹ (die eigentliche ›Partei‹, zusammengesetzt aus einem Netz von Verwandtschaft, Nachbarschaft und freundschaftlichen Geschäftsbeziehungen – d. Verf.) zu Ehren verhilft. Als Gründe für seine Verbannung müßte man also anführen, daß er mildtätig, gefällig, freigiebig und vor allem geehrt ist . . . Gesetzt aber, es gelänge ihn zu verbannen – und es kann leicht gelingen, wenn wir eine günstige Signorie abwarten – wie könntet ihr, unter so vielen Amici, die in Florenz bleiben, jemals verhindern, daß er zurückkehrt?«

Niccoló da Uzzano sollte Recht behalten. Wohl gelingt es, die Medici im Herbst 1433 als »Störer, Staatsfeinde und Unruhestifter« zu langjährigem Exil zu verurteilen. Der Medici-Partei, jenen »vielen Amici«, vor denen Niccoló gewarnt hatte, fällt aber bereits am 29. 8. 1434 bei der Auslosung der Signoria die Mehrheit zu. Am 6. Oktober des gleichen Jahres können Cosimo und sein Bruder mit großem Gefolge zurückkehren. Macchiavelli, der selbstverständlich nicht dabei sein konnte, gibt den Empfang, den die Stadt bereitete, mit den Worten wieder: »Selten ist ein Bürger, der nach einem Sieg im Triumph heimkehrte, von seinem Vaterland mit solchen Freudenbezeugungen empfangen worden. (. . .) Alle begrüßten ihn als den Wohltäter des Volkes und den Vater des Vaterlandes.«

Cosimo selbst hat in seinen Erinnerungen diesen vermeintlich triumphalen Einmarsch etwas bescheidener wiedergegeben: »Da man erwartete, wir würden uns nach unserem Hause begeben, war die ganze Straße mit Menschen gefüllt. Lorenzo und ich, von einem Diener begleitet, ritten jedoch längs der Mauer und so gelangten wir an der Santissima Annunziata, dem Chor des Doms und dem Palazzo del Podestà vorbei, fast unbemerkt zum Palazzo della Signoria, denn alles war in der Via Larga vor und in unserem Haus . . . Die Signoren empfingen uns freundlich und ich dankte ihnen, wie sich's gebührt. Dann blieben wir auf ihren Wunsch bei Ihnen.«

Von nun an regierte nur noch eine Partei bzw. eine Familiendynastie in Florenz – die Medici. Sie hatten ihrerseits die alten politischen Gegner in die Verbannung geschickt und so einen weiteren Grundstein für ein machtpolitisches und wirtschaftliches Erbe gelegt, das von Cosimo (gest. 1464) an seinen Sohn Piero (1416-69) und wiederum an dessen Sohn und Cosimos Enkel Lorenzo (1449-1492) ohne Unterbrechung weitergereicht wurde. Zwei Tage nach dem Tod seines Vaters schildert Lorenzo, wie »die führenden Männer der Stadt und der Regierung« zu ihm kamen, um ihm »Mut zu machen, die Leitung der Stadt und der Regierung zu übernehmen, wie (sein) Vater und (sein) Großvater es getan hatten«.

Die Kontinuität der Herrschaft der Medici bis zum Tode Lorenzos im Jahre 1492 beruhte keineswegs allein auf politisch geschicktem und nicht selten rücksichtslosem Taktieren, und auch nicht einzig auf ihrer wirtschaftlichen Macht als größtes Bankhaus in Europa. Eine Aufzeichnung in Lorenzos *Erinnerungen,* die er für seine Söhne verfaßt hat, verrät uns, daß das *Ausgeben* von Geld nicht minder wichtig war, um Macht und Ansehen zu erhalten, als dessen Vermehrung. Bei der Durchsicht des Familienkontobuchs stellte Lorenzo 1472 fest, daß seine Familie zwischen 1434 und 1471 »eine unglaubliche Summe ausgegeben« hatte. Es soll sich dabei um »nicht weniger als 663 755 Florin für öffentliche Bauten, karitative Zwecke und als Steuern« gehandelt haben. »Obwohl viele denken mögen, wir hätten lieber einen Teil dieser Summe im eigenen Geldbeutel behalten sollen, bedaure ich die Ausgaben nicht, denn ich glaube, daß das Geld in der Förderung bedeutender öffentlicher Objekte gut angelegt ist.«

Es ist nicht eindeutig zu ergründen, warum aus der Sicht des Politikers und Bankiers Geld gut angelegt ist, wenn mit ihm öffentliche Einrichtungen unterstützt werden (Vgl. S. 257 ff.). Was könnte die Medici bewegt haben? Eine große Rolle spielte sicherlich die Rechtfertigung des privaten Reichtums vor Gott, der Kirche und der städtischen Gemeinschaft. Wir haben von den Konflikten mit den Wertvorstellungen der christlichen Lehre gehört, in die ein vom Geldgeschäft lebender Bankier geriet. Der Ruf eines Wucherers war dem Ansehen äußerst schädlich. Die fromme »Verteilung des Reichtums«, fast so etwas wie seine öffentlich zur Schau gestellte »Demokratisierung«, konnte da schon hilfreich sein. Auch müssen wir im Falle der *karitativen Stiftungen* berücksichtigen, daß durch die Konzentration wirtschaftlicher Macht – die Zahl der Banken ging zwischen 1338 und 1460 von 80 auf 33 zurück – viele wohlhabende und reiche Familien rasch zu Almosenempfängern werden konnten. Es waren also nicht nur entrechtete und um ihre Arbeit gebrachte Lohnarbeiter, die als Bettler und Krüppel der Unterstützung bedurften.

Ein Beispiel dafür ist die kleine Kirche *San Martino.* Sie liegt im Zentrum der Stadt an der Via Dante, und ihre Geschichte als Pfarreikirche der Alighieri und Donati läßt sich bis auf das Jahr 986 zurückverfolgen. 1432 ist sie völlig umgebaut und 1479 noch einmal verändert worden. Betritt man dieses Kirchlein, so steht man in einem Raum, dessen halbkreisförmige obere Wandflächen (Lünetten) mit Fresken ausgemalt sind, die uns einen unvergleichlich lebendigen und unmittelbaren Einblick in das alltägliche Leben im Florenz zur Zeit der Medici geben. Wenngleich von keinem Künstler »ersten Ranges« gemalt – man spricht von einem Schüler Ghirlandaios, einem *Francesco d'Antonio del Chierico* –, gehören sie mit zu den interessantesten Wandbildern in Florenz. Es sind auf ihnen Szenen festgehalten, die in blaues und rotes Tuch (beides nicht billige Stoffe) gekleidete Männer – sogenannte *Buonomini* – dabei zeigen, wie sie für andere Menschen etwas tun. Dargestellt sind Handlungen der Barmherzigkeit, der *Misericordia.* Die Buonomini verteilen *Brot und Wein* und *Kleidung* an die Armen (Abb. 84). Sie machen *Krankenbesuche,* bezahlen die *Unterkunft für ein Pilgerpaar,* besuchen *Gefangene* und lösen sie aus; sie geben *juristischen Beistand bei einer Vermählung* und leiten die *Auflösung eines Hausstandes.*

Im Frühjahr 1442 hatte der Prior des Konvents von San Marco, *Antonino Pierozzi,* der spätere Erzbischof von Florenz (bis 1459), zwölf ehrenwerte Männer zu sich gebeten. Es waren darunter Angehörige von Kaufmanns- und Notarfamilien, aber auch Handwerker und sogar zwei

84. Die Verteilung von Tuch durch die *Buonomini* an verarmte Florentiner. (F. d'Antonio del Chierico, Oratorium der Kirche San Martino) Die Kirche ist, wie andere, vormittags und nachmittags geöffnet.

nicht in der Stadt wohnhafte Männer. Antonino hatte sie eingeladen, um über eine dringend erforderliche Einrichtung zur Unterstützung der *poveri vergognosi* zu sprechen. Damit waren Familien gemeint, die sich ihrer durch finanzielles Mißgeschick eingetretenen Armut schämten. Eine Armut, die meist erst durch das raffiniertere finanzielle und handelspolitische Geschick ihrer Konkurrenten herbeigeführt worden war.

Cosimo de' Medici, dessen Familie von der Armut der anderen gewiß am ehesten profitierte, unterhielt freundschaftliche Beziehungen zu dem Prior von San Marco. Dieser hatte ihm dort eine geräumige Zelle eingerichtet, in die sich Cosimo zum frommen Gebet und zur Lektüre theologischer Schriften zurückzuziehen pflegte. Das war nichts Ungewohntes für ihn, der als junger Mann in einem Florentiner Kloster, in *Santa Maria degli Angioli* (an der heutigen Via degli Alfani) erzogen worden war. 1437 hatte Cosimo sich schon entschlossen, die Kosten für die Umbauten des Dominikanerklosters San Marco zu übernehmen und seinen »Hausarchitekten« Michelozzo mit der Durchführung beauftragt.

Und auch im Falle der Stiftung jener karitativen Einrichtung verstand es sich von selbst, daß Cosimos Beitrag erneut großzügig ausfiel. Sein Sohn Piero und seine Enkel Lorenzo und Giuliano, letzterer fiel 1478 der *Pazzi*-Verschwörung zum Opfer, sind ihm darin gefolgt. Eine Eintragung im Buch dieser seit 1478 in S. Martino ansässigen Stiftung weist u. a. am 25. März und am 10. Dezember 1475 Lorenzo und Giuliano als Spender einer Summe von 1200 und 560 Librae aus.

Ein Bankier, Kaufmann und die Geschicke seiner Stadt beherrschender Politiker, der vormittags mit dem Prior eines Klosters ernsthafte Gespräche über theologische Fragen führt, sich in die dort für ihn reservierte Klosterzelle zurückzieht, um über die Unterstützung solcher Mitbürger nachzudenken, die gleichzeitig durch seine politischen und kommerziellen Geschäfte verarmen, mag uns wie ein Heuchler vorkommen. Bei wohlmeinenderer Betrachtung müßten wir von einer widersprüchlichen Person sprechen, die in sich höchst unterschiedliche Wert- und Moralvorstellungen zu vereinen sucht – dies freilich immer mit Blick auf die Sicherung und Erweiterung des eigenen politischen und wirtschaftlichen Vorteils.

Die Reingewinne, die die Medici unter Cosimo zwischen 1435 und 1450 aus ihren weitreichenden Unternehmungen schöpften, schätzt man auf jährlich 13 500 Florin. Allein 40 000 Florin werden sie für den privat finanzierten Neubau des Dominikanerklosters *San Marco* ausgegeben haben. Noch größer dürften die Kosten für den Neubau von *San Lorenzo* gewesen sein. Cosimo beschloß 1441 die Wiederaufnahme der schon zur Zeit seines Vaters 1419 begonnenen und zwischenzeitlich unterbrochenen Umbauten. Allerdings stellte er eine bis dahin in Florenz nicht gekannte Bedingung: San Lorenzo sollte die Kirche der Medici werden. Nur die Medici sollten die Erlaubnis erhalten, sie als Grabeskirche ihrer Familie zu benutzen und neben den Kanonikern ihr Wappen in der Kirche anzubringen. Der gebräuchliche Anspruch einer Stifterfamilie auf eine durch sie finanzierte Kapelle in einer der Florentiner Kirchen überträgt sich – wohl auch angesichts der Höhe der investierten Summe – auf den gesamten Kirchenraum.

1444 beauftragte Cosimo Michelozzo mit dem Bau eines neuen Familienpalastes an der Via Larga (heute Via Cavour; Abb. 85). Den Quellen zufolge soll er vorher Brunelleschi um einen Modellentwurf gebeten haben. Vasari berichtet, daß Cosimo das Vorhaben ablehnte, »eher um Neid zu vermeiden denn Ausgaben«. Brunelleschis Palastentwurf war Cosimo wohl zu protzig und monumental geraten.

Vasaris Bemerkung läßt sich unschwer in Verbindung bringen mit Cosimos eigener bescheidener Schilderung seiner Rückkehr aus dem Exil: Man wollte herrschen, ohne durch allzu deutliche Präsentation der Macht Argwohn und Mißgunst beim Volk zu wecken.

Allerdings muß man sich beim Anblick des Medici-Palastes fragen, wie

85. Palazzo Medici-Riccardi.

gewaltig denn wohl Brunelleschis Entwurfsvorschlag gewesen sein muß
angesichts dieses auch nicht gerade klein geratenen städtischen Familien-
wohnsitzes. Die Bauarbeiten wurden 1464 abgeschlossen. An der Ecke
Via Larga/Via Ginori muß man sich die beiden Bögen geöffnet als eine
Loggia vorstellen. Sie wurden 1517 nach einem Entwurf Michelangelos
mit vergitterten Fenstern geschlossen. Geöffnete Loggien waren nicht
mehr gefragt.
Der Grundriß des Palastes ist quadratisch mit einem von Säulen um-

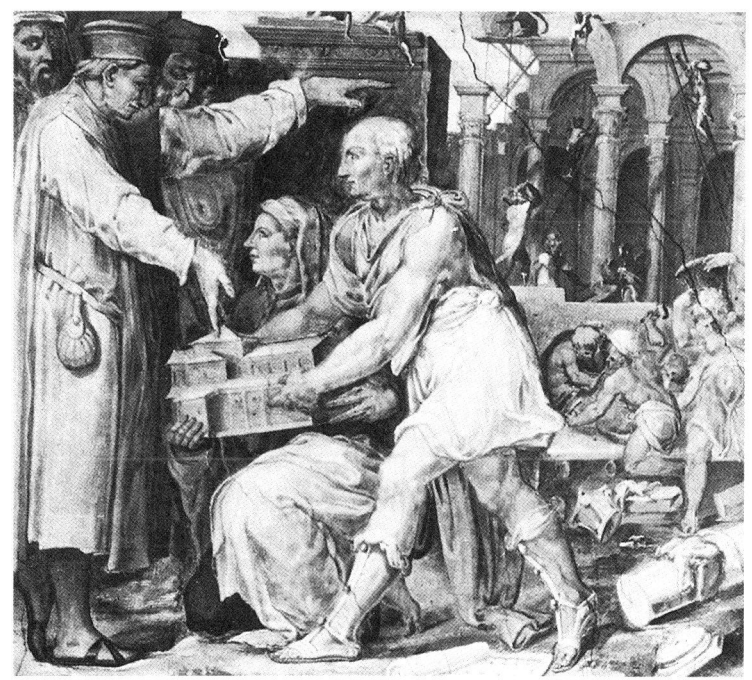

86. Vasari, *Cosimo de' Medici als Bauherr* (1555-1558), Fresko im Palazzo Vecchio.

standenen Innenhof in der Mitte und der außen um den ganzen Sockel herumgeführten typischen Steinbank, auf der man ausruhen konnte. Wie so oft ist das hohe Untergeschoß aus roh behauenen Quadersteinen errichtet. Schwächer wird der abwehrende Eindruck dieser Architektur im mittleren und oberen Geschoß. Das Mauerwerk der von leicht wirkenden Biforienfenstern aufgebrochenen Wandfläche wirkt hier glatter. Mitte des 17. Jahrhunderts wurde der Palast an die Familie Riccardi verkauft; deshalb auch der heute gebräuchliche Doppelname. Die *Biblioteca Riccardiana*, die ein gewisser Riccardo Riccardi im Jahre 1600 gegründet hatte, wurde später hierher verlegt. Sie umfaßt neben zahlreichen Büchern mehr als 4000 alte Handschriften (geöffnet von 8 bis 14.00 Uhr, samstags nur bis 13.00 Uhr). Gegenüber vom Eingang zum Palast liegt an der anderen Straßenseite der Feltrinelli-Buchladen.

Im Palazzo Vecchio befindet sich ein Fresko Giorgio Vasaris, das er 1555-1558 für den Großherzog Cosimo I. gemalt hat. Es ist gedacht als eine augenfällige Erinnerung an die große Vergangenheit der Medici als Mäzene. Abgebildet ist Cosimo de' Medici, der »Vater des Vaterlandes«, wie er mit gebieterischer Geste auf die im Bau befindliche Kirche San Lorenzo zeigt (Abb. 86). Vor ihm knien sehr wahrscheinlich Brunelleschi und Lorenzo Ghiberti und präsentieren voller Demut das Modell der fertigen Kirche.

Der ältere Cosimo hätte es zu seiner Zeit abgelehnt, sich in dieser Pose des anweisenden Auftraggebers und Kunstwerke in die Welt setzenden Herrschers darstellen zu lassen. Dem widerspricht aber nicht, daß er eben das in Wirklichkeit war. Aufgrund seiner finanziellen Möglichkeiten hatte er selbstverständlich Einfluß genommen und gefördert, wo es ihm sinnvoll erschien. 1450 finanzierte er den Bau der Loggia der *Badia* von Fiesole. Etwa im gleichen Jahr stifteten die Medici ein *Marmor-Tabernakel* für die Kirche Santissima Annunziata, auf dessen Oberfläche tatsächlich zu lesen steht, wieviel allein der Marmor gekostet hat: nämlich 4000 Florin – *Costò fior. 4 mila el marmo solo.*

Die letzte Stiftung Cosimos konzentrierte sich auf den Neubau der Badia von Fiesole, deren Architekt wir nicht kennen. Allerdings wird der Innenraum sogleich an die Formsprache der Bauten Brunelleschis erinnern, der jedoch 1456, als die ersten Planungen begannen, schon zehn Jahre tot war. Deshalb ist anzunehmen, daß Cosimo selbst diese Art des Bauens durchsetzte und nach einem Architekten Ausschau hielt, der ihm für die Durchführung seiner Vorstellungen geeignet schien.

Cosimos Geste auf dem Fresko von Vasari ist deshalb nicht nur die des Auftraggebers, sondern die eines Mäzens, der von der Sache etwas versteht und seine ästhetischen Ansprüche in den durch ihn finanzierten Bauten durchsetzt.

Der Aufzug der Medici

Die aus politischer Klugheit geborene Bescheidenheit ist aber nur eine Seite von Cosimos Charakter. Auch sein zeitweiliger Rückzug in die eigens für ihn reservierte Zelle im Kloster San Marco ist keineswegs Ausdruck einer asketischen Lebenseinstellung. Wenn er auch persönlichen Pomp vermied, so schätzte er doch die glanzvolle Selbstdarstellung seines Geschlechtes. Seine mäzenatischen Aufwendungen kommen der Verschwendungssucht sehr nahe. Dafür spricht die Veranstaltung glanzvoller Turniere, auf denen seine Söhne und Enkel sich gleich Adligen repräsentativ zur Schau stellten. Wie Jacob Burckhardt bemerkt, »nehmen die ersten Medici sich des Turnierwesen mit einer wahren Leidenschaft an, als wollten sie, die unadligen Privatleute, gerade hierin zeigen, daß ihr geselliger Kreis jedem Hofe gleichstehe«. Der verschwenderische Luxus, der bei solchen Turnieren betrieben wurde, ist durch zeitgenössische Beschreibungen überliefert.

Einen besonders detaillierten Bericht besitzen wir von einem Turnier aus dem Jahre 1469, auf dem Piero de' Medici seinen Sohn Lorenzo glanzvoll debütieren ließ. Martin Wackernagel hat daraus einige Proben mitgeteilt:

»Der junge Lorenzo selbst, als der offizielle Veranstalter des ritterlichen Treffens – an dem noch zwölf andere Angehörige vornehmer Geschlechter teilnahmen –, erschien im Gefolge eines ganzen Trupps von Trompetern, Pagen und befreundeten Kampfgenossen in einem mit kostbaren Perlen bestickten Barett, Halbpanzer mit gleichfalls perlbestickter Schärpe, worauf die Devise ›le temps revient‹ in einer Umrahmung von frischen und verdorrten Rosen eingestickt war. Reicher Perlenschmuck auch auf der rotweißen Schabracke seines Pferdes und dem Schildüberzug, der, vor dem Kampf abgestreift, die Bemalung des Schildes selbst mit den französischen Lilien zeigte. Künstlerisch interessanter aber war die von einem Pagen vorangetragene große Standarte mit emblematischem Bildschmuck: eine Dame im kostbaren Gewand unter Lorbeerbäumen mit teils dürren, teils grünenden Ästen stehend, von denen sie Zweige zu einer Girlande flicht; einzelne Lorbeerblätter flattern über die ganze Bildfläche, an deren Rand Sonne und Regenbogen erscheinen.

Derartige allegorisierende Bilder, mit Devisen und Impressen durchsetzt, präsentierten natürlich auch die anderen Kämpfer auf ihren Standarten, Pagentrachten, Pferdedecken usw. So hatte z. B. der Sohn des Luca Pitti auf der Standarte eine stehende Frau in rotem Damastgewand, die einem Amorknaben die Flügelfedern ausrupft, darüber eine große goldene Sonne, deren Strahlen sich über das ganze Bildfeld verteilten. Bei Jacopo Bracciolini, dem Sohn des Staatskanzlers Poggio, erwähnen die Aufzeichnungen eine schwarzsamtene Pferdeschabracke mit fünf Hydrafiguren in Perlstickerei. Ein Mailänder Gast aus dem Hause der Borromei behauptete sich den Florentinern gegenüber ansehnlich genug, schon mit der lang herabfallenden Decke seines Pferdes, deren karmesinfarbener Samtstoff reich bestickt war mit einer dicht geflochtenen, von Vögeln belebten Girlande aus Perlen (im ganzen zwölf Pfund gewöhnlicher Perlen, nicht gerechnet einzelne größere Exemplare), dazwischen Orangeblüten und Früchte aus getriebenem Silberblech, insgesamt 1700 an Zahl, usw.« (aus: M. Wackernagel: Der Lebensraum des Künstlers in der florentinischen Renaissance, Leipzig 1938, S. 206)

Wir können uns im Palast der Medici selbst einen anschaulichen Eindruck von dem Gepränge verschaffen, mit dem die Florentiner Patrizier bei solchen Turnieren aufzutreten pflegten. 1459 erteilte Piero de' Medici dem Maler *Benozzo Gozzoli* (um 1420-1497) den Auftrag, die

Familienkapelle des Palastes mit Fresken auszustatten, auf denen der Zug der heiligen drei Könige dargestellt werden sollte (Abb. 87). Dieses Thema bot schon immer den Künstlern und ihren Auftraggebern die gern ergriffene Gelegenheit, kostbar gekleidete Könige mit ihrem herausgeputzten Gefolge darzustellen. Ein berühmtes und frühes Beispiel ist die Altartafel »Die Anbetung der drei Weisen«, die 1423 Gentile da Fabriano für den Bankier Palla Strozzi malte (heute in den Uffizien).

Gozzoli betonte noch weit mehr als dieses Vorbild den weltlichen Charakter des Themas. Sein prunkvoller Aufzug der Könige, der sich über drei Wände hinzieht, scheint nur noch der ungenierten Zurschaustellung adliger Eitelkeiten zu dienen. So können wir uns beispielsweise nicht des Eindrucks erwehren, daß auf der linken Wand das adlige Jagdvergnügen mit dressierten Geparden und Falken zum eigentlichen Bildthema avanciert. Die im Hintergrund verschwindende Kamel- und Pferdekarawane wirkt denn auch nicht wie die Spitze eines frommen Zuges, sondern ist eher ein Hinweis auf den Fernhandel mit Luxusgütern, der erst diesen aufwendigen Lebensstil ermöglichte. Die Darstellung des Königs selbst erscheint dagegen als läßliches Detail, was durch die unglückliche Versetzung eines Wandteils bei Umbauten im 17. Jahrhundert nur allzu deutlich wird. Um dem mit seinem Maultier etwas kläglich an den Bildrand gedrückten König dennoch Aufmerksamkeit zu sichern, wollen wir uns den Hinweis nicht verkneifen, daß zu der Zeit bei festlichen Aufzügen Maultiere mit Salben und Wohlgerüchen parfümiert wurden.

Die Fresken Gozzolis werden schon die Zeitgenossen bestenfalls vordergründig als frommes Bildthema aufgefaßt haben. Der hl. Antonino, Erzbischof von Florenz seit 1446, wandte sich eindeutig dagegen, »Absonderlichkeiten in die Geschichte der Heiligen und in Kirchen zu malen, Dinge, die nicht dazu dienen, Andacht hervorzurufen, sondern Gelächter und eitle Gedanken – Affen, oder Hunde, die Hasen jagen, und dergleichen, oder müßig ausgemalte Kleidung«, kurzum gegen all die Dinge, die Gozzoli detailliert wiedergibt (Abb. 88). Nun lag es aber auch nicht im Interesse seines Auftraggebers, die Kapelle ausschließlich als Andachtsraum auszustatten. Allein der Chor mit den Engeln und der Altartafel des Filippo Lippi (einer getreuen Kopie des in Berlin sich befindenden Originals) strahlt sakrale Würde aus. Das Nebeneinander von weltlicher und sakraler Raumgestaltung macht deutlich, daß für die Medici irdische Prachtentfaltung und fromme Andacht keine Gegensätze darstellten. Und so verwundert es auch nicht, daß die Kapelle wie eine göttlich geduldete Rechtfertigung fürstlichen Lebensstiles wirkt. Jedoch wäre es verfehlt, die Fresken lediglich als platte Huldigung des Luxus zu deuten. Sie liefern vielmehr die politische Begründung für den fürstlichen Herrschaftsanspruch der Medici.

Man nimmt an, daß mit dem Königszug auf ein politisch herausragendes

87. Gozzoli, *Zug der heiligen drei Könige* (1459-1461), Palazzo Medici-Riccardi, Medici-Kapelle, rechte Wand.

Ereignis in der Geschichte von Florenz angespielt werden soll. In dem König auf der Rückwand glaubt man den Kaiser von Byzanz wiederzuerkennen. Eine gewisse Ähnlichkeit dieses Königs mit Medaillenporträts des Kaisers spricht für diese Identifizierung, außerdem die auffallende griechische Tracht und der Bart. Die Florentiner der Frührenaissance, die wie die alten Römer den Bart verpönten, bestaunten die Griechen wegen ihrer Barttracht.

Der Kaiser von Byzanz zog 1439 feierlich in Florenz ein, um an dem Konzil teilzunehmen, das die Wiedervereinigung von Ost- und Westkirche erreichen wollte. Das Konzil tagte zunächst in Ferrara, aber auf Betreiben Cosimos wurde es schließlich nach Florenz verlegt. Dies war ein beachtlicher Erfolg für Cosimo, dem es damit gelang, das politische Prestige von Florenz erheblich zu steigern und der Stadt eine verstärkte Bedeutung im Kreis der italienischen Großmächte zu sichern. Nicht von ungefähr sträubten sich die Konkurrenten Mailand und Venedig lange, Florenz als Tagungsort zu akzeptieren. Zwanzig Jahre später riefen die Fresken Cosimos politisches Geschick erneut auffällig in Erinnerung.

Allerdings dürfen wir den propagandistischen Wert dieser Fresken nicht

88. Gozzoli, *Zug der heiligen drei Könige* (Detail), linke Wand.

überschätzen. Die Kapelle war nur der Familie und einem engen Kreis von Freunden und Besuchern zugänglich. Die Medici betrieben mit der Kapelle keine öffentliche Propaganda, sondern wollten in ihrem eigenen Lebensraum auf ihre Gleichwertigkeit mit den fürstlichen Herrscherhäusern hinweisen. Und nicht zuletzt sind die Bildwerke wohl auch als Mahnung an die Nachkommen zu verstehen, sich dieses Anspruchs würdig zu erweisen.

Das wird besonders deutlich an den Figuren auf der rechten Wand (vgl. Abb. 87). Wie aus guten Gründen angenommen werden kann, ist der hier abgebildete jugendliche König niemand anders als der junge Lorenzo de' Medici, der bereits jetzt, da er erst elf Jahre zählt, seinem späteren Beinamen »der Prächtige« alle Ehre macht.

Es fällt schwer, in der idealen Jünglingsgestalt die Gesichtszüge des erwachsenen Lorenzo wiederzufinden. Er galt als einer der häßlichsten Männer von Florenz. Aber Porträtähnlichkeit wurde von dem Künstler auch nicht verlangt. Vielmehr sollte er in dieser Figur symbolisch den fürstlichen Rang veranschaulichen, den die Medici zumindest im privaten Kreis beanspruchten. Denn noch traten sie öffentlich nicht als Fürsten auf, obwohl die von ihnen veranstalteten Turniere bereits von solchen Ambitionen geprägt waren. Wahrscheinlich hatte sich auch Gozzoli von dem Turnier, das die Medici 1459 zu Ehren des Papstes abhielten, entscheidende Anregungen geholt.

Wie dem auch sei, er hat, dem Wunsch des Auftraggebers folgend, sorgfältig darauf geachtet, daß der jugendliche König unmißverständlich als Lorenzo identifiziert werden konnte: Das Zaumzeug seines Pferdes ist mit dem Wappen der Medici (dem Schild mit den sieben Kugeln) geschmückt; darüber hinaus wird seine Gestalt von einem Lorbeerstrauch hinterfangen – von diesem Gewächs ist der Name Lorenzo abgeleitet. Hinter ihm versammeln sich die weiteren männlichen Mitglieder seiner Familie, zuvorderst sein Vater Piero, der Auftraggeber, daneben, gleichfalls mit roter Mütze, sein Großvater Cosimo und zwischen ihnen sein Onkel Giovanni. Kein Zweifel: Der Zug der heiligen drei Könige gerät zu einer glanzvollen Selbstdarstellung der Medici.

Die Medici auf dem Weg zu fürstlicher Macht? Den Königen gleichgestellt? Selbst für einen privaten Kapellenraum der Frührenaissance enthält diese Darstellung ein erstaunliches Maß an Unverfrorenheit. Diese wird sogar so weit getrieben, daß die Toskana als der territoriale Bereich erscheint, über den die Medici zu herrschen wünschen. Die Landschaft, aus der sich der Zug herausschlängelt, wird gekrönt von einer Villa, die ihrer noch im mittelalterlichen Burgenstil erbauten Villa Cafaggiolo (vgl. Abb. 56) gleicht.

Konnten die Medici derart unverhüllt ihre Ambition herausstreichen? Immerhin hegten die Florentiner seit dem Mittelalter eine starke Abneigung gegenüber Tyrannen. »Schon das pomphafte Aufziehen, das Prachtkostüm, wodurch die Gewaltherrscher vielleicht weniger ihrer Eitelkeit genüge tun, als vielmehr Eindruck auf die Phantasie des Volkes machen wollten, erweckt ihren ganzen Sarkasmus. Wehe, wenn ihnen gar ein Emporkömmling in die Hände fällt, wie der neugebackene Doge Agnello von Pisa (1364), der mit goldenem Szepter auszureiten pflegte und sich dann wieder zu Hause am Fenster zeigte, ›wie man Reliquien zeigt‹, auf Teppich und Kissen von Goldbrokat gelehnt; kniend mußte man ihn bedienen wie einen Papst oder Kaiser.« Was Burckhardt für das Trecento festhält, gilt auch für das 15. Jahrhundert, wie der Auftritt Savonarolas beweist.

Vielleicht sind die zahlreichen eindrucksvollen Portraits (darunter ein Selbstportrait Gozzolis), die sich hinter den Medici aufreihen, eine beschwörende Geste gegenüber dem Florentiner Patriziat, sich als Hofstaat dem Zug der Medici anzuschließen. Schließlich wußte auch Piero de Medici, wie vergänglich weltliche Macht ist. Von ihm stammt die Inschrift auf dem Sockel der Judith (s. S. 240), die vor irdischem Hochmut warnt.

Nun mögen uns derlei Gegensätze – glanzvolle Selbstdarstellung einerseits, Warnung vor der Vergänglichkeit irdischer Macht andererseits – als Ungereimtheiten erscheinen. Piero dürfte wie sein Vater Cosimo, darin kaum Widersprüchliches entdeckt haben. Zum besseren Verständnis sollten auch wir Abschied nehmen von einer Vorstellung, die die Vertreter der Medici-Familie als homogene Persönlichkeiten zu begreifen versucht.

Dies ist übrigens kein neuer Gedanke. Der Hamburger Kunsthistoriker Aby Warburg formulierte bereits 1902: »Die ganz heterogenen Eigenschaften des mittelalterlich christlichen, ritterlich romantischen oder klassisch platonisierenden Idealisten und des weltgewandten etruskischheidnisch praktischen Kaufmanns durchdringen und vereinigen sich im Mediceischen Florentiner zu einem rätselhaften Organismus . . .«

Savonarola: Prediger und Politiker

»Der erste Grund, der mich bewogen hat, ins Kloster zu gehen, ist dieser: Das entsetzliche Elend der Welt, die Bosheit der Menschen, die Unzucht, die Ehebrüche, der Hochmut, der Götzendienst und die rohen Gotteslästerungen. Denn unsere Zeit ist soweit an den Abgrund gekommen, daß man niemand mehr findet, der recht handelt und gottesfürchtig lebt . . .«

Das sind im ausgehenden 15. Jahrhundert für einen jungen Mann durchaus keine ungewöhnlichen Motive für den Entschluß zu einem Leben in klösterlicher Abgeschiedenheit. Der junge Dominikanermönch aus Ferrara, von dem die obige Äußerung stammt, beließ es jedoch nicht bei einer stillen Vita Contemplativa, er machte Kirchengeschichte. Als er 1491 zum Prior des Klosters San Marco in Florenz gewählt wurde, hatte »das fratzenhafte Ungeheuer« (Goethe) noch sieben Jahre zu leben; Jahre, die für die meisten Florentiner eine keineswegs unfreiwillige »Diktatur Gottes« bedeuteten. Der Florentinische Statthalter Gottes hieß *Girolamo Savonarola* (Abb. 89).

89. Fra Bartolommeo, *Portrait Savonarola,* Kloster San Marco.

Bis zu 10 000 Menschen strömten Sonntags in den Dom, um den Dominikaner aus Ferrara zu hören. Ein ungewöhnliches Interesse – rhetorisch geschickte Prediger gab es viele –, zumal die Donnerreden Savonarolas häufig eher Publikumsbeschimpfungen glichen (Abb. 90): ». . . wie werden jemals die Könige oder Fürsten und ihre Frauen und Töchter das Heil gewinnen können, die nicht einfach leben, sondern alles an Prunk, an Pferde, an überflüssige Luxushunde wegwerfen und deshalb mit ihren Steuern das Volk mehr belasten, als sie dürften? Wie können sich noch jene Großbürger entschuldigen, die ähnliche Dinge tun? Wie ihre Frauen, die so viele Kleider und so viele Edelsteine und soviel Prunk und Vergnügungen haben? Was werden auch viele Handwerker sagen, die es den Großbürgern gleichtun wollen? Was viele Bauern, die sich anstrengen, den Handwerkern gleich zu sein? Was, sag ich, werden auch die Frauen aller dieser sagen vor dem Richterstuhl

90. Savonarola predigt in San Marco. Männliche und weibliche Gottesdienstbesucher sind durch einen Vorhang voneinander getrennt. Zeitgenössischer Holzschnitt aus ›Revelazio e Vita‹, London, British Museum.

Christi? Oh, wieviel Frauen werden dafür verdammt werden, daß sie viele überflüssige Dinge haben, die sie in ihren Kästen verbergen, während die Armen Christi vor Hunger sterben!

Doch was sollen wir noch von den Ordensleuten sagen, von den Mönchen wie von den Bettelbrüdern an jedem Ort, die – ich sag nicht: Klöster –, sondern Paläste bauen und kostbare Kleider brauchen vom feinsten Stoff und dem zartesten Gewebe, das es gibt?

(. . .). Diese Ordensleute freuen sich sehr, bei ihren Feierlichkeiten vor den Altären in einem Gewand von Gold, Silber und Seide gesehen zu werden. (. . .)

Und sie wollen ›feine‹ Arme sein! Und so suchen und sammeln sie den ganzen Tag die Almosen für die elenden Armen und geben sie aus für Prunk und Überfluß.«

Aber Savonarolas feurige Reden gegen Prunksucht und Verschwendung erklären noch nicht den ungeheuren Zulauf, den der Askese predigende Mönch genoß. Politik – konkrete Stellungnahme, ohne Namen zu nennen – machte seine Bedeutung aus. Er verheimlichte nicht, daß eine Familie seinen theokratischen Vorstellungen in besonderer Weise im Wege stand. So hatte er es nicht nötig, in einer *Rede über die Tyrannenherrschaft* auch nur einmal den Namen Medici zu erwähnen. Jeder wußte, von wem er sprach.

»Alle guten Gesetze sucht er schlau zu lockern, da sie seiner ungerechten Herrschaft entgegenstehen, und fortwährend macht er neue Gesetze, wie er sie haben will. In allen Behörden und Ämtern, in der Stadt wie außerhalb, hat er seine Spitzel, die ihm hinterbringen, was man tut und sagt, und die von ihm aus den betreffenden Amtsträgern Vorschriften machen, wie sie zu handeln haben: daher ist er die Zuflucht aller Verbrecher und der Untergang der Rechtschaffenen. (. . .)

Und wer schlecht von ihm redet, muß sich verstecken, denn er verfolgt ihn bis an die äußersten Enden der Welt, und mit Verrat oder mit Gift oder auf andere Weise nimmt er seine Rache; und ist ein großer Mörder, denn er ist stets von dem Wunsch erfüllt, die Hindernisse für seine Herrschaft wegzuräumen, wenngleich er stets zur Schau trägt, es nicht zu sein, und daß ihm der Tod der andern leid tue. Und er gibt sich oftmals so, als wolle er den strafen, der einen solchen Mord ausgeführt hat, aber dann läßt er ihn heimlich entfliehen; und der tut nach einer gewissen Zeit so, als ob er um Erbarmen bäte – und er nimmt ihn auf und behält ihn in seiner Umgebung.

Auch will der Tyrann noch in allen Dingen überlegen sein, etiam in den kleinsten, wie im Scherzen, im Reden, im Turnier, im Pferderennen, in der Gelehrsamkeit; und in allen anderen Dingen, bei denen ein Wettbewerb vorkommt, möchte er immer der erste sein; und wenn er es nicht durch seine Fähigkeiten kann, dann sucht er mit List und Trug der Überlegene zu werden.

Und um sein Ansehen zu erhalten, macht er es schwer, bei ihm zur Audienz zugelassen zu werden, und oftmals befaßt er sich mit seinen Vergnügungen und läßt die Bürger draußen stehen und warten, und dann gewährt er ihnen nur kurz Gehör und zweideutige Antworten und will aus Andeutungen verstanden werden, denn scheinbar schämt er sich zu verlangen, was in sich schlecht ist, oder das Gute abzuschlagen: darum sagt er halbe Worte, die den Schein des Guten haben, aber er will ›verstanden‹ werden. Und häufig verhöhnt er rechtschaffene Menschen mit Worten und Handlungen und macht sich mit seinen Komplicen über sie lustig.

Er steht in geheimem Einverständnis mit andern Fürsten; und dann hält er – ohne von den Geheimabkommen etwas zu sagen – Rat, was man zu tun habe, so daß jeder auf gut Glück antwortet und er allein als kluger, wissender Erforscher der Geheimnisse der (hohen) Herren erscheint; und darum möchte er allein allen Menschen Gesetze geben, und es gilt der kleinste Zettel von ihm oder das Wort eines seiner Roßknechte bei jedem Richter mehr als alles verfaßte Recht. (. . .).

Er bemüht sich darum, das Volk mit den lebensnotwendigen Dingen vollauf zu beschäftigen, und deswegen hält er es, so sehr er kann, knapp durch Abgaben und Umlagen, und oftmals – besonders in Zeiten des Wohlstands und der Ruhe – beschäftigt er es mit Schauspielen und Festen, damit es an sich denkt und nicht an ihn; und gleicherweise (ist er bemüht zu erreichen), daß die Bürger nur an die Führung ihres eignen Hauses denken und sich nicht mit den Staatsgeheimnissen befassen, damit sie unerfahren und unwissend in der Stadtregierung seien, und er allein Herrscher bleibe und klüger erscheine als alle.

Alles in allem, unter einem Tyrannen ist nichts von Dauer, denn alles richtet sich nach seinem Willen, der seinerseits nicht von der Vernunft, sondern von der Leidenschaft gelenkt wird; und darum steht unter ihm durch seinen Hochmut jeder Bürger am Rand des Abgrunds.«

Lorenzo de' Medici stirbt am 8. April 1492. Vom Sterbebett hat uns Pico

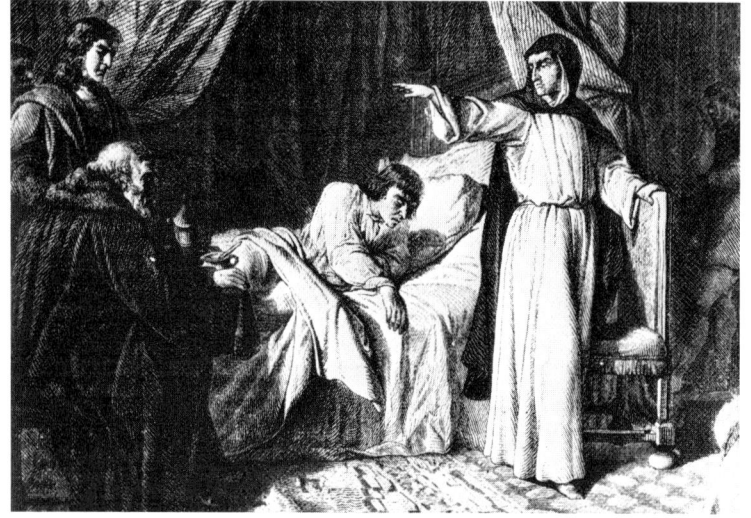

91. Savonarola am Totenbett Lorenzo des Prächtigen im Jahr 1492. Darstellung aus dem 19. Jahrhundert.

della Mirandola einen schauerlichen Bericht hinterlassen, dessen Richtigkeit wir wohl bezweifeln müssen. Dennoch charakterisiert seine Schilderung des letzten Zusammentreffens Lorenzos mit Savonarola die damalige Stimmung. Es heißt, Lorenzo habe Savonarola zu sich gebeten, um von ihm die Absolution zu erhalten. Pico berichtet, daß Savonarola drei Bedingungen gestellt habe. Von Lorenzo soll er gefordert haben: »Erstens müßt ihr bereuen und wahre Zuversicht in Gottes Gnade empfinden.« Lorenzo daraufhin: »Das tue ich.« Savonarola weiter: »Zweitens müßt Ihr Euren auf üblem Weg errungenen Reichtum aufgeben.« Lorenzo soll dem nach einigem Zögern zugestimmt haben. Als Savonarola drittens fordert, Lorenzo müsse Florenz »die Freiheit wiedergeben«, soll sich dieser abgewandt und geschwiegen haben. Savonarola habe daraufhin das Sterbezimmer verlassen (Abb. 91).

Poliziano, der ebenfalls in den letzten Stunden Lorenzos anwesend war, hat diese Szene anders gesehen. Savonarola habe gemeinsam mit Lorenzo gebetet und ihm die Absolution ohne jede Bedingung erteilt.

1494 bestimmt der politisch ebenso unerfahrene wie uninteressierte Piero de Medici die Geschicke der Stadt. Als im gleichen Jahr das Heer Karls VIII. Florenz belagert, läßt sich Piero vorschnell und in völliger Fehleinschätzung der Lage zur Kapitulation zwingen.

Verärgert ernennt die Signoria fünf neue Verhandlungsführer, ». . . von welchen einer Fra Girolamo war, . . . von dem wir glauben, er sei ein Prophet, und er leugnet es nicht, in seinen Predigten, sondern sagt immer im Auftrag Gottes und er weissagt viele Dinge.«

Savonarola wirkt auch auf Karl VIII., so daß dieser – derweil von seiner eigenen Bedeutung für die Erneuerung der Kirche überzeugt – Florenz verschont. Am 17. November zieht er in die Stadt ein, aus der schon acht Tage vorher die Medici verbannt worden waren. Im Dezember 1494 gibt sich Florenz eine neue Verfassung. In der verabschiedeten Form entspricht sie weitgehend einer von Savonarola vorgeschlagenen Konzeption.

Jetzt ganz unter Savonarolas Einfluß geraten, wird aus dem sinnenfrohen und kunstfreudigen Florenz eine weltabgewandte Theokratie:

»Tu, sag ich dir, zuerst die zwei Dinge, die ich dir schon einmal gesagt habe: daß nämlich jeder beichte und gereinigt von Sünden dastehe, und daß ihr alle auf das Gemeinwohl der Stadt achtet. Und wenn ihr das tut, wird eure Stadt glorreich sein, denn auf diese Art wird sie im geistlichen und zeitlichen Bereich neugestaltet, nämlich in ihrem Volke; und von dir wird ausgehen die Neugestaltung ganz Italiens, und Florenz wird reicher und mächtiger werden, als es je gewesen, und wird seine Herrschaft über viele Orte ausbreiten. (. . .).

Dies Geheimnis habe ich dir gesagt, Florenz, hauptsächlich, damit du mehr Lust bekommst, dich Gott gemäß neu zu gestalten und daß du deine Flügel breitest für die Neugestaltung der anderen Völker, und selig der bei diesen Dingen dabeisein wird. Tu also ab von dir, Florenz, die alten Dinge und erneure dich ganz, Gott gemäß. Tu auf, Florenz, die Ohren und achte auf das, was ich dir sage . . .

Weiterhin mußt du von dir diese Lieder, Spiele und Schenken abtun und die üblen Kleidersitten der Frauen; und so muß man alles, was der Gesundheit der Seele schädlich ist, wegschicken, und jeder möge für Gott leben und nicht für die Welt, und alle mit Einfachheit und christlicher Liebe.«

Die mittelalterliche strenge Lehre des Mönches fand zunehmend Anhänger, zumal sie durch populäre Maßnahmen für sich selbst warb: so durch die Abschaffung der meisten Steuern oder auch durch die Einrichtung eines kommunal verwalteten Leihhauses, das Wucherzinsen vermeiden sollte. Was zählte dagegen der Verzicht auf modische Prachtentfaltung oder die Beschäftigung mit antiken Philosophen und »moderner« Kunst, war dies doch nur die sinnlich-intellektuelle Spielwiese einiger weniger gewesen.

In den kommenden Jahren denunzierten Diener ihre Herren und Kinder die eigenen Eltern, wenn diese von dem vom Frate vorgezeichneten rechten Pfad zum Herrn abwichen. Derlei gottesfürchtiges Leben gipfelte in zwei »Verbrennungen der Eitelkeiten«. Jene von 1497 hat der Chronist Burlamacchi nachträglich aufgezeichnet:

»Als im Jahre 1497 der Karneval kam, ordnete der Frate an, daß man eine wunderschöne Prozession voller geistlicher Schauspiele veranstaltete um 21 Uhr. Außerdem ließ er auf der Piazza della Signoria eine große hölzerne Konstruktion errichten, wo die eitlen und unzüchtigen Dinge gesammelt wurden, die die Kinder aus allen Teilen der Stadt zusammengetragen hatten. Die: Konstruktion sah folgendermaßen aus.
Die Holzhauer nahmen einen Baum und stellten ihn mitten auf dem Platz auf, er hatte eine Höhe von 30 Ellen. An der Spitze des Baumes befestigten sie viele Balken, die, sozusagen von einem Zentrum ausgehend, in Form einer Pyramide oder eines Zeltes zur Erde strebten. Sie bedeckten eine Fläche von 120 Ellen, die von ganz unten bis zur Spitze bedeckt war mit Besenkräutern, Reisigbündeln, anderen trockenen Hölzern und einer großen Menge Schießpulver. Dieser Aufbau hatte acht Seiten, jede mit 15 Stufen, auf denen alle die Eitelkeiten und die unzüchtigen Dinge waren, verschieden zueinander plaziert mit wunderbarer Kunstfertigkeit.
Auf der ersten Stufe waren ausländische Tuche, die zwar sehr wertvoll, aber voller schamloser Figuren waren. Auf der zweiten Stufe war eine große Zahl von Büsten und Gemälden der schönsten Frauen aus Florenz und anderwärts von der Hand der hervorragendsten Maler und Bildhauer. Auf der nächsten Stufe waren Spieltische, Karten, Würfel und trionfi, auf der folgenden waren Liederbücher, Harfen, Lauten, Gitarren, Cembali, Dudelsäcke und andere Instrumente. Auf der nächsten Stufe waren die Eitelkeiten der Frauen: Perücken, Schleier, Fläschchen, Salben, Spiegel, Parfums, Puder, Kämme und anderes Unzüchtige. Es folgten Bücher von lateinischen und volkssprachlichen Autoren voller Unzucht, Morganti und andere Abenteuergeschichten, Bücher von Boccaccio, Petrarca usw. Auf der nächsten Stufe waren Masken, Bärte, Kostüme und andere Karnevalsutensilien.
Unter all den Dingen gab es vieles von großem Wert, z. B. sehr vornehme Bilder und Skulpturen, Schachspiele aus Elfenbein und Alabaster, so daß ein venezianischer Kaufmann der Signoria 20 000 Dukaten dafür bot. Als Antwort auf dieses Angebot wurde von ihm ein Porträt angefertigt. Das Porträt wurde auf die Spitze der Pyramide auf einen Stuhl gestellt, sozusagen als Herrscher aller Eitelkeiten.
Außerdem war dort oben eine Figur, die den Karneval darstellte. Sie war so unförmig und monströs, daß es schwer ist, sie zu beschreiben. Dieses außerordentlich vorzügliche Gerüst war also bestückt. Am Morgen des Faschingsdienstag empfingen viele Tausend aus der Hand des Frate die Kommunion. Sie sangen so viele Psalmen und Hymnen, daß es schien, die Engel seien gekommen, um mit den Menschen auf der Erde zu leben.« (Burlamacchi, 1764)
Savonarolas Gesellschaftskritik machte auch vor der Tiara nicht halt, die damals Alexander VI. aus dem berühmt-berüchtigten Haus der Borgia

trug, stolzer Vater von sieben Kindern und in den Augen der meisten Zeitgenossen gleichsam die Inkarnation der sieben Todsünden. An ihm sollte Savonarola scheitern. Die von Alexander verfügte Exkommunikation kümmerte den Prediger wenig. Als jedoch 1498 die Savonarola-Gegner über die Ratsmehrheit verfügten, war Alexanders Chance gekommen: Bei Androhung des Interdikts verlangte er die sofortige Auslieferung des aufsässigen Mönchs.

Ausgeliefert wurde er dennoch nicht; die Florentiner machten ihm selbst den Prozeß. Der dazu angereiste päpstliche Gesandte Francesco Romolino verkündete beim Eintreffen in Florenz: »Wir werden ein schönes Feuer machen; ich habe das Urteil schon bei mir.«

Die Hinrichtung Savonarolas und seiner beiden treuesten Anhänger am 23. Mai 1498 hat Simone Filipepi beschrieben:

»Es hatte der Rat an der Rednerbühne am Fuß des Stadtpalastes eine Tribüne machen lassen, um die drei Väter ihrer Würden zu entkleiden; und von da aus ging eine andere Tribüne von der Rednerbühne ab gegen den Platz, an deren Ende ein Holz oder eigentlich ein Pfahl in die Höhe ragte, auf dessen Spitze ein Kreuzbalken angebracht war, dessen Ausmaß jedoch nicht sehr groß war; denn wie sich die Gegner dessen versahen, ließen sie davon an jeder Seite abnehmen, damit es nicht jenem Christi gleich wäre, aber trotzdem war es doch ein Kreuz wie vorher; und am Fuß desselben waren viele Pfähle wohl aufgeschichtet mit andern brennbaren Dingen. Und diese Zurüstung hatte man unter Gewaltanwendung herstellen lassen von vielen armen Handwerkern und anderen, die an den Vater glaubten und an seine Lehre, indem man sie zwang, Holzwerk und Balken herbeizutragen soviel man brauchte, und es wurden ihnen – für Bezahlung – tausend Verruchtheiten gesagt. Nachdem dann die drei Väter vor den Kommissar des Papstes geführt worden waren und vor den Bischof der Pragagnoti und den General des Dominikanerordens, um sie ihrer Würden zu entkleiden – und es waren auch einige Kanoniker von Santa Maria del Fiore da, von denen einer Messer Nerotto hieß, ein verdorbener Mensch, der im Konkubinat lebte und ein ganz schlechtes Leben führte –, da begann – nachdem sie ihres Habits schon entkleidet waren – der genannte Bischof die üblichen Zermonien vorzunehmen. Da er aber in einigen Dingen Fehler machte, mußte ihn der Vater, Bruder Girolamo, berichtigen; und wie er dann sagte, daß er ihn scheide von der streitenden und triumphierenden Kirche, nahm der Vater, Bruder Girolamo, noch einmal das Wort und sagte – Monsignore, Sie irren sich, Sie haben nämlich nur zu sagen ›von der streitenden‹: ›von der triumphierenden‹, das steht bei Gott. – Und so fing der gute Bischof noch einmal an. Nachdem sie degradiert waren, trat Romolino vor und verkündete das Urteil, mit dem er sie alle drei zum Tod verdammte als Häretiker und Schismatiker; und dennoch hatten sie

kurz vorher gebeichtet und kommuniziert, etwas, das dem Häretiker-
und Schismatiker-Sein widerstreitet. (. . .)

Dann, an den Fuß des Kreuzes geführt, wurde zuerst dem Bruder
Silvestro der Strick um den Hals gelegt mit einem eisernen Kragen; dann
wurde das gleiche dem Bruder Domenico von Pescia getan; und zuletzt
dem Vater, Bruder Girolamo. Und in dieser gleichen Ordnung wurden
sie aufgehängt, einer nach dem anderen. Und sofort legte man Feuer an
den Scheiterhaufen, und so wurde aus ihnen Staub und Asche gemacht,
obgleich man einige Reliquien von ihren Gebeinen bekam, wie es Gott
gefiel. Nachdem die Gegner sich versehen hatten, daß einige – Männer
und Frauen – heimlich besagte Asche sammelten, kamen einige Stabträ-
ger von seiten des Rates, um die Leute zu entfernen; nachdem man dann
Karren hatte kommen lassen, ließen sie alle jene Asche auf den Ponto

92. Die Hinrichtung Savonarolas.

Vecchio bringen und sie in den Arno schütten, von der Mitte der Brücke.« (Abb. 92)

Savonarola und die Kunst

Savonarola war kein prinzipieller Gegner der Kunst, ein absolutes Bilderverbot sprach er nirgends aus. Er war im Gegenteil überzeugt von ihrer sozialen Nützlichkeit, sofern sie sich darauf besann, christliche Heilserwartung und asketische Lebenseinstellung zu propagieren. Bilder sind die Bibel der Armen und Ungebildeten, sie sollen zu moralischer Belehrung taugen und fromme Gedanken wecken. So verkündet es schon die Kirche des Mittelalters und so verkündet es Savonarola. »Die Bilder in der Kirche sind die Bücher der Kinder und Frauen«, heißt es bei ihm. Und weiterhin: »Was diejenigen angeht, die nicht lesen können, so sollen sie diese Gemälde betrachten und darauf das Leben Christi und der Heiligen sehen.«

Was Savonarolas Zorn weckte, war die Verweltlichung der Kunst seiner Zeit. »Ich sage euch«, ruft er in einer Predigt aus, »die Gottesmutter kleidete sich wie eine arme Frau, einfach und züchtig; ihr aber stellt die seligste Jungfrau dar wie eine Dirne!« Immer wieder tadelte er den verschwenderischen Prunk der Kirche, die ruhmsüchtige Ausstattung der Grabmäler, die Darstellung von nackten Heiligen, vor allem aber die vielen schamlosen Bilder in den Wohnungen.

Doch waren seine Ausfälle gegen den herrschenden Kunstgeschmack im 15. Jahrhundert keine Ausnahmen. Selbst die Amtskirche lehnte fromme Bildwerke ab, die nur der Prunksucht dienten, wie die oben zitierte Äußerung des Erzbischofs von Florenz belegt (s. S. 208). Insbesondere wetterten die zahlreichen Bußprediger das ganze Jahrhundert hindurch gegen den Luxus und veranstalteten lange vor Savonarola »Verbrennungen der Eitelkeiten«. Was diesen von seinen Vorläufern und von der Amtskirche unterschied, war die Unerbittlichkeit, mit der er seine rigorose Kunstauffassung durchzusetzen versuchte. Man gewinnt den Eindruck, daß Kunst für Savonarola nicht nur ein didaktisches Instrument, sondern zugleich ein soziales Medium war, an dem anschaulich die Einheit aller Gläubigen, die Aufhebung von gesellschaftlichen Rangunterschieden und kulturellen Absonderungen erfahren werden konnte. Es scheint, als ob er damit die Erwartungen eines Großteils seiner Zuhörer traf. Kunst als lebendiger Bestandteil einer asketisch-frommen Stadtgemeinschaft und nicht als kulturelle Überhöhung eines Herrschaftsanspruches, von dem die Mehrheit ausgeschlossen bleibt: Solche Hoffnungen mag er geweckt haben.

Das könnte zusätzlich erklären, warum er auf zahlreiche Künstler eine starke Anziehungskraft ausübte. Nicht wenige bekannten sich selbst nach seinem tragischen Tode zu ihm, die berühmtesten sind Michelangelo, Botticelli, Fra Bartolommeo und Lorenzo di Credi. Ob er darüber hinaus die allgemeine Kunstentwicklung beeinflußte, ist schwer zu entscheiden. Man nimmt an, daß durch seinen Einfluß sich vor allem die angewandte häusliche Kunst wandelte, deren weltliche und besonders erotische Färbung er scharf geißelte. Auf dem Gebiet der Truhen- und Getafelmalerei verschwanden die galanten Motive der antiken und mittelalterlichen Novellistik fast ganz, um biblischen oder streng moralischen Themen aus der Antike Platz zu machen.

Auf zwei Künstler hat Savonarola besonders nachhaltig eingewirkt. Einer von ihnen ist *Fra Bartolommeo* (1472-1517). Von ihm stammt das berühmte Porträt des Predigers (vgl. Abb. 89), das sich heute in der einst von ihm bewohnten Zelle in San Marco befindet. Bartolommeo gab, erschüttert durch die Verbrennung Savonarolas, die Malerei auf und trat als Mönch in das Kloster San Marco ein, um sich dort ganz der geistigen Nachfolge seines verehrten Vorbildes hinzugeben. Erst auf inständiges Bitten seines Priors begann er 1504 wieder zu malen. Doch bemühte er sich in seinen Bildern, jener Frömmigkeit Ausdruck zu verleihen, von der er sich durchdrungen fühlte. Deshalb erscheint ein Vorfall wenig glaubwürdig, den Vasari berichtet. Einige Jahre nach Fra Bartolommeos Tod bekannten einige Frauen in der Beichte, ein von ihm gemalter Hl. Sebastian habe in ihnen sündhafte Gedanken geweckt, dazu habe sie der schöne nackte Jünglingskörper angeregt. Die Klosterleitung entschloß sich daraufhin, das Bild zu entfernen und verkaufte es schließlich an *Giovanni della Palla*, dem ersten bedeutenden Kunsthändler der Neuzeit.

Sandro Botticelli

Der zweite Künstler, der sich bedingungslos Savonarolas Morallehre unterwarf, ist *Sandro Botticelli* (1444/45-1510). Fra Bartolommeo war, als er unter Savonarolas Einfluß geriet, noch ein junger Maler, der eben erst seine Laufbahn begann. Botticelli war zu diesem Zeitpunkt schon in ganz Italien ein berühmter Künstler, »ein ausgezeichneter Maler sowohl auf der Holztafel, als auch an der Wand«, wie es in einem Schreiben an den Herzog von Mailand um 1490 heißt. Alle die Werke, die sich heute unauflöslich mit seinem Namen verbinden, hatte er bereits vollendet, darunter auch die in den Uffizien aufbewahrte *Geburt der Venus* (um 1485, Abb. 93), das wohl bekannteste und meist reproduzierte Bild von seiner Hand. Es fällt schwer zu glauben, daß dieses Bild von einem Künstler stammt, der sich bald darauf einer puritanischen, sinnenfeind-

93. Botticelli, *Geburt der Venus* (um 1485), Uffizien.

lichen Frömmigkeit verschrieb. Erst recht Savonarola, der alles Heidnische und Nackte verdammte, mußte ein solches Bild als Ausfluß sündhaften Gedankenguts erscheinen. Wir können heute eine derart vereinfachte, aus sexualfeindlicher Triebunterdrückung entspringende Wahrnehmung kaum nachvollziehen. Botticellis komplexe Verarbeitung erotischer Phantasie entzieht sich einer raschen Deutung. Die schamhaften Gebärden der Venus, die melancholische Neigung des Kopfes, der abgewandte schwermütige Blick wirken auf uns wie eine stille Mahnung, über die Vergänglichkeit von Liebe und Schönheit, über die Aufeinanderfolge von Blühen und Verwelken nachzudenken. Die Frühlingsgöttin, die die von den Zephyren an das Ufer gewehte Venus verhüllen wird, bekräftigt das Momenthafte ihrer Erscheinung. Trotz ihrer sinnlichen Nähe bleibt sie uns seltsam entrückt, gleichsam ein unerreichbares Ideal. Und dennoch: Bei aller Ferne ist sie auch die Verkörperung einer erotischen Phantasie, die in ihrer ideellen Fassung noch ihren irdischen Ursprung verrät.

Botticelli malte dieses Bild für *Lorenzo di Pierfrancesco,* der zu einer jüngeren Nebenlinie der Medici gehörte, die mit der in Florenz herrschenden Hauptlinie verfeindet war. Dieser enorm reiche Familienzweig hatte Lorenzo 1477 eine bedeutende Summe Geld geliehen, doch sah sich Lorenzo außerstande, das Geld zum vereinbarten Zeitpunkt zurückzuzahlen. Nunmehr beanspruchte Lorenzo di Pierfrancesco, in die Machtposition seines Vetters Lorenzo aufzurücken, was dieser auf keinen Fall zulassen wollte. Der mühsam ausgehandelte Kompromiß ließ beide Seiten unbefriedigt. Lorenzo trat schweren Herzens die Stammvilla der Medici an die Nebenlinie ab, ein nicht zu unterschätzender Gesichtsverlust, behielt aber seine politische Führungsrolle.

Lorenzo di Pierfrancesco konnte diese Niederlage nicht verwinden. Als Savonarola wider die Tyrannenherrschaft der Medici zu Felde zog, schloß er sich ihm an, verzichtete auf den Namen Medici und legte sich stattdessen den Beinamen *Popolano* zu, um seine Volkstümlichkeit zu beweisen und seine Popularität zu steigern. Ob dies allein aus machtpolitischen Erwägungen geschah – immerhin führte er in diesem Sinne Verhandlungen mit dem französischen König –, sei dahingestellt. Savonarola selbst sprach noch kurz vor seinem Tode mit Hochachtung von ihm.

Für diesen Lorenzo di Pierfrancesco malte Botticelli fast alle seine bedeutenden Bilder. Eine so enge Bindung an einen Mäzen war für die damalige Zeit eine ungewöhnliche Seltenheit. Sie begann schon recht frühzeitig (um 1478), als Lorenzo di Pierfrancesco erst knapp fünfzehn Jahre zählte. Wie weit sich diese langjährige Beziehung auch auf Botticellis spätere Abkehr von den Medici und seine Hinwendung zu Savonarola auswirkte, ist uns nicht bekannt. Immerhin macht sie deutlich, daß Botticelli keineswegs Hofmaler der herrschenden Medici war, wie eine zählebige Legende behauptet. Das soll jedoch nicht heißen, daß er nicht zu Beginn seiner Karriere derartige Hoffnungen hegte. Zwischen 1472 und 1475 malte er eine unverhüllte Huldigung Lorenzos und seiner Familie, die *Anbetung der Könige* (Abb. 94), ein schlagendes Beispiel für die Einvernahme frommer Bildthemen zum Zwecke ruhmsüchtiger Selbstdarstellung. In den Gozzoli-Fresken der Kapelle des Medici Palastes haben wir bereits ein vergleichbares Werk kennengelernt (vgl. Abb. 87). Botticelli übertrifft dieses Vorbild noch in der Eindeutigkeit der Bildaussage. Denn nunmehr sind alle drei Könige als Mitglieder der Medici-Familie zu identifizieren. Als ältester König kniet zu Füßen des Christkindes Cosimo, weiter vorn seine beiden Söhne Piero und Giovanni. Alle drei waren zwar zu der Zeit, da das Bild gemalt wurde, bereits tot; doch unverkennbar wird in der Darstellung der fürstliche Herrschaftsanspruch der lebenden Medici verkündet. Lorenzo, der rechts hinter Giovanni steht, wird von zwei Pagen eingerahmt, die zwar angesichts der Madonna sich ergriffen verbeugen, doch ist ihre Position geschickt arrangiert: Ihre Verbeugung wirkt wie die einem König entgegengebrachte Ehrerweisung. Sein Bruder Giuliano, der sich ganz links auf sein Schwert stützt, wird gleichsam aufgefordert, sich offen zu seiner königlichen Abstammung zu bekennen, die er in seiner stolzen Haltung schon vorwegnimmt.

Das Bild befindet sich heute in den Uffizien, war aber ursprünglich als Altartafel in Santa Maria Novella aufgestellt. Auch wenn die Medici

94. Botticelli, *Anbetung der Könige* (1472-1475), Uffizien.

nicht die Auftraggeber waren, so ist doch eine solche öffentliche Verkündigung ihres herrschaftlichen Selbstverständnisses ohne ihre Einwilligung nicht denkbar. Auftraggeber war ein gewisser *Gasparre dal Lama,*
der oberhalb Lorenzos aus dem Bild herausschaut. Er war leitender
Angestellter der Wechslerzunft, allerdings belastet durch zwei Unter-
schlagungen und somit auf das Wohlwollen Lorenzos angewiesen, der
die Wechslerzunft kontrollierte. Es ist schon frappierend, daß er sich
dieses Wohlwollen auf keine andere Weise zu erkaufen wußte, als durch
die offen signalisierte Bereitschaft, auch Königen ein getreuer Gefolgs-
mann zu sein. Das Bild wirft ein helles Licht auf Lorenzo. Er, der
inzwischen in die römische Hocharistokratie eingeheiratet hatte (1469),
empfand eine derartige devote Unterwerfung offenbar als die angemessene Form, in der sich ihm ein Bittsteller zu nähern hatte.
Botticelli hat diesen Auftrag nicht nur akzeptiert, sondern sich auch
selbst in dem Bild dargestellt. Wir erkennen ihn in dem jungen Mann,
der ganz rechts selbstbewußt den Betrachter anblickt. Es scheint, als
erfülle es ihn mit Stolz, im Gefolge eines Königs aufzutreten. Und man
hat nicht den Eindruck, daß ihn Gewissensbisse plagen angesichts des

225

Sakrilegs, das er mit der Profanisierung des frommen Bildthemas begeht. Sein betont hervorgehobenes Konterfei, das sicherlich nicht ohne Hintergedanken dem Porträt Giulianos gegenübergestellt ist, erfüllte seinen Zweck. Es sicherte ihm die Aufmerksamkeit der Medici, von denen er nunmehr Aufträge zugewiesen bekam.

Auf einen speziellen Auftrag wollen wir kurz hinweisen, weil er zusätzlich Botticellis Haltung zu den Medici in dieser Zeit beleuchtet. 1478 verschworen sich mit Billigung des Papstes die Pazzi gegen die Medici. Als Lorenzo und Giuliano einer Messe im Dom beiwohnten, fielen die Verschwörer über sie her und ermordeten Giuliano. Lorenzo konnte leicht verwundet entkommen. Er rächte sich grausam. Alle an der Verschwörung Beteiligten ließ er zunächst lynchen und dann an den Fensterkreuzen des Palazzo Vecchio aufhängen. Als die Leichen zu stinken begannen und abgenommen werden mußten, wurde Botticelli beauftragt, ihre Porträts zur Abschreckung und zur ewigen Schmach auf die Mauerwand des Palastes zu malen. Die Fresken sind heute verschwunden, aber eine Zeichnung von Leonardo, der sie noch gesehen hat, vermittelt uns einen Eindruck von der Art ihrer Ausführung (Abb. 95). Etwa zur gleichen Zeit begann Botticellis folgenreiche Bekanntschaft mit Lorenzo di Pierfrancesco. Um 1478 malte er für ihn das Bild *Der Frühling* (Uffizien), mit dem er zum erstenmal ein mythologisches Thema der Antike in einer, der religiösen Malerei vergleichbaren Monumentalität verarbeitet. Zwar wurden zuvor schon Hochzeitstruhen und anderes Hausgerät mit antiken Themen geschmückt, doch löste sie Botticelli aus ihrem alltäglichen und dekorativen Gebrauchszusammenhang heraus und erhob sie zu selbständigen Motiven der Kunst. Das ist für die damalige Zeit eine unerhörte Neuheit, und die Kühnheit dieses Unternehmens wird besonders deutlich, wenn man sich den geringen Anteil von weltlicher Kunst an der gesamten Kunstproduktion vor Augen führt. In den Katalogen der europäischen Museen, die Peter Burke zu diesem Zweck gesichtet hat, befinden sich heute 2229 datierte italienische Bilder, die zwischen 1420 und 1539 entstanden sind. Die Themen von 2033 davon sind beschrieben. Es handelt sich in 1769 Fällen (etwa 85%) um religiöse Sujets, darunter bei mehr als der Hälfte um Madonnendarstellungen. Von den Bildern weltlichen Inhalts entfallen 65% auf Porträts. Während die weltlichen Bilder (unter den datierten) von 1480 bis 1489 etwa 5% ausmachen, sind es von 1530 bis 1539 etwa 22%.

Worauf beruht dieses neue Interesse an der antiken Mythologie? Diese Frage ist schwer zu beantworten, doch enthält Botticellis Bild selbst eine mögliche Antwort. Wie *Die Geburt der Venus* ist auch das Bild *Der Frühling* eine Glorifizierung der Venus (Abb. 96). Sie steht in der Mitte ihres Reiches, mit leicht geneigtem Kopf den Betrachter anschauend und die Hand zu einer einladenden Geste erhoben. Rechts dringt der Wind-

95. Leonardo da Vinci, Zeichnung des nach der Pazzi-Verschwörung 1478 gehenkten Bernardo Baroncelli, Bayonne, Musée Bonnat.

gott Boreas, Verkörperung des winterlichen Nordwindes, in ihr Reich ein. Er verfolgt die Nymphe Flora, die durch seine Berührung die Gabe erhält, alles, was sie ihrerseits berührt, in Blumen zu verwandeln. Ihr voran schreitet die Hora (Jahreszeit) des Frühlings, die aus ihrem geschürzten Gewand Blumen streut. Über der Venus fliegt Amor, der mit seinem Pfeil auf die drei Grazien zielt. Ganz rechts steht Merkur, mit einem Stab bedeutungsvoll nach oben weisend.

Zu welchem Zweck sich die antiken Gottheiten im Reich der Venus einfinden, ist bis heute umstritten. Man hat auf einen Brief hingewiesen, den Marsilio Ficino dem damals fünfzehnjährigen Lorenzo di Pierfrancesco 1477/78 schrieb. Der Brief stellte ihm einerseits das Horoskop, gab ihm andererseits aber auch moralische Erläuterungen, wie er sich der Sternenkonstellation würdig erweisen könne. In diesem Brief fallen der Venus die wichtigsten Eigenschaften zu, denn sie verleihe Humanität, ihre Seele und Geist seien Liebe und Güte, ihre Augen Würde und Großmut usw. Bezieht man diesen Hinweis auf die Venus, dann wird deutlich, daß sie hier nicht als Göttin der Lustbarkeit wiedergegeben ist, sondern als moralisches Vorbild. Aber wie in der Geburt der Venus erotische Phantasie sublimiert wird, so wächst in diesem Bild die moralische Erbauung aus der Vergeistigung sinnlichen Verhaltens. Das Bild ist erfüllt von einer Musik, zu der die antiken Gottheiten einen Tanz aufführen. Dem Tanz liegt, liest man das Bild von rechts nach links, eine durchdachte Abfolge zugrunde. Das heftige Verlangen des Boreas, vor dem die Nymphe Flora flieht, läutert sich in der Frühlingsgöttin zu der Freude an der Schönheit der Natur. In dem selbstvergessenen Tanz der drei Grazien, den Göttinnen der *Anmut,* des *Glanzes* und der *Festfreude,* wird der Genuß der äußeren Natur zu einem Genuß beherrschter Körperlichkeit, zu einem in sich selbst ausgebildeten Vermögen, physische Bewegungen in geistige Bewegungen zu verwandeln. Die nunmehr erreichte Überwindung von innerer Begierde und bloß äußerlicher Schönheit vollendet sich in der antikisch-idealen Gestalt des Merkur, der über sich selbst hinauszuweisen vermag. Venus fordert also den Betrachter auf, sich in dem Nachvollzug des Tanzes seiner Naturbefangenheit zu entledigen und damit in ihr Reich einzutreten. Daß es die Liebe ist, die erst zu vollendeter Humanität führt, verdeutlicht Amor mit seinem flammenden Pfeil. Nur der, der in Liebe zur Venus entbrennt, vermag alles Gemeine und Schwerfällige abzustreifen. Somit wird das Bild zur Botschaft eines Lebensideals.

Beide Venus-Bilder wurden für die Villa des Lorenzo di Pierfrancesco gemalt. Auf die Villa zogen sich die reichen Florentiner im Sommer zurück, um auf dem Lande ihren geselligen Vergnügungen nachzugehen. Ein wesentlicher Bestandteil dieser Vergnügungen war der *Tanz* (Abb. 97). Die Tänze unterlagen einem bestimmten Formmuster, sie kamen dem nahe, was wir heute als Ballett bezeichnen und umschreiben

96. Botticelli, *Frühling* (um 1478), Uffizien.

ein bestimmtes Thema, wobei die einzelnen Bewegungen der Tanzenden vorher vollständig beschrieben werden. Botticellis Bilder zeigen, wie die reichen Florentiner ihre Vergnügungen verstanden: Als Ausdruck menschlicher Würde, die sich ihrer Göttlichkeit bewußt ist. Doch setzt diese Würde körperliche und geistige Bildung voraus, ist eine erworbene und keine unmittelbare Eigenschaft des Menschen. Die Bilder machen zugleich deutlich, daß an die Stelle allgemeiner Verständlichkeit der christlichen Kunst nunmehr ein esoterisches Wissen tritt, das nicht mehr jedermann zugänglich ist. Sie sind Ausdruck eines neuen exklusiven Kulturverständnisses, mit dem sich der höfisch gewordene Bürger sowohl von dem Geburtsadel wie auch von der Klasse, aus der er herausgewachsen ist, abgrenzt.

Es ist bemerkenswert, mit welcher Intensität sich Botticelli in seinen Bildern um die malerische Vergegenwärtigung und Idealisierung des höfischen Lebensstiles bemüht wie er im Umkreis der Medici gepflegt wurde. Nicht von ungefähr gelten seine Werke der siebziger und achtziger Jahre als Inkunabeln der kulturellen Blüte zur Zeit der Herrschaft Lorenzos. Bezeichnend ist, daß Vasari die Biographie des Künstlers mit dem Hinweis einleitet, daß diese Zeit »für Leute von Geist ein goldenes Zeitalter gewesen ist.«

Doch wo Vasari vom goldenen Zeitalter schwärmte, sah Savonarola nur moralischen Verfall und die dringende Notwendigkeit, zu frommer

97. Tanzszene in einem Palast, Holzschnitt 15. Jahrhundert.

Askese zurückzufinden. Botticelli war so beeindruckt von seinen Predigten und Prophezeiungen, daß er Thematik und Darstellungsweise seiner
Bilder von Grund auf zu ändern begann. Er entsagte der antiken
Mythologie und bemühte sich in seinen religiösen Bildern nunmehr um
eine Kunstsprache, die der aufrüttelnden Rhetorik seines neuen Idols zu
entsprechen vermochte.
Es gibt ein Bild von ihm, in dem er auch nach seiner Konversion erneut
eine antike Vorlage aufgreift: *Die Verleumdung des Apelles* (um 1492;
Abb. 98). Das Bild beschreibt einen realen Vorfall, den der berühmte
griechische Maler der Antike am eigenen Leibe erlebte. Von einem
Rivalen der Anstiftung zum Hochverrat bezichtigt, wurde er von dem
Herrscher Ptolemäus zum Tode verurteilt und erst gerettet, als der
wirkliche Anführer ein Geständnis ablegte. Apelles malte daraufhin das
Bild, das wir heute nur noch aus der Beschreibung des Lukian kennen.
Ihr ist Botticelli buchstabengetreu gefolgt.
»Auf der rechten Bildseite sitzt ein Mann mit sehr großen Ohren, fast
wie die des Midas, der seine Hand zur Verleumdung ausstreckt, die noch
etwas entfernt ist. Neben ihm stehen zwei Frauen, Unwissenheit, glaube
ich, und Argwohn. Auf der anderen Seite naht die Verleumdung heran,
eine maßlos schöne Frau, aber voller Leidenschaft und Erregung, sie
zeigt Wut und Zorn wie sie in ihrer linken Hand eine brennende Fackel
trägt und mit der anderen einen jungen Mann an den Haaren hinter sich

98. Botticelli, *Die Verleumdung des Apelles* (um 1492), Uffizien.

herzieht, der seine Hände zum Himmel emporstreckt, um seine Unschuld zu bezeugen. Sie wird von einem häßlichen Mann mit stechendem
Blick geführt, der aussieht, als habe eine lange Krankheit an ihm
gezehrt; es wird angenommen, daß es sich um den Neid handelt.
Außerdem sind zwei Frauen in der Begleitung der Verleumdung, die sie
aufreizen, ermuntern und herausputzen (. . .), die eine von ihnen Verrat
und die andere Täuschung. Ihnen folgt eine in tiefe Trauer gekleidete
Frau mit schwarzen, total zerfetzten Kleidern – ich glaube ihr Name ist
Reue. Bei dem ganzen Geschehen wendet sie sich mit Tränen in ihren
Augen um und wirft einen verstohlenen Blick voller Scham auf die
herannahende Wahrheit.«
Botticellis Bild ist ein Gleichnis menschlicher Ungerechtigkeit, dem in
seiner Entstehungszeit durchaus eine aktuelle Bedeutung zukam. Zu
Recht vermutet der Kunsthistoriker Bredekamp, daß dieses Bild ein
verschlüsselter Angriff auf die Herrschaft der Medici ist, unter der
Verleumdung, Neid, Verrat und Argwohn sich ausbreiteten. Das Bild
veranschaulicht, wie weit sich Botticelli inzwischen von seiner früheren
Einstellung entfernt hatte. Das belegen auch die wenigen biographischen
Angaben, die wir von ihm besitzen. Er schloß sich den *Klagebrüdern* an,
jener Laienbruderschaft, die sich mit besonderem Eifer der strengen
Morallehre Savonarolas unterwarf. Als dieser verhaftet wurde, sammelte Botticelli Beweise für dessen Unschuld, um ihn wenigstens vor der

99. Botticelli, *Mariä Verkündigung* (um 1490), Uffizien.

Hinrichtung zu retten, was ihm bekanntlich mißlang. Auch nach der Hinrichtung bewahrte er ihm unverbrüchliche Treue und seine Werkstatt wurde zu einem Treffpunkt der in Florenz verbliebenen Anhänger Savonarolas.

Vasari berichtet, daß Botticelli die Malerei ganz im Stich ließ und in größte Armut geriet; so stark habe ihn sein religiöser Eifer übermannt. Hier übertreibt Vasari. Nach der Vermögenserklärung von 1498 besaß Botticelli mit seinem Bruder ein Haus und einen Weinberg. Und auch die Malerei gab er, wie schon erwähnt, nicht auf.

In Florenz selbst kann man sich nur einen unzureichenden Eindruck von seiner neuen Kunstsprache machen. Doch kündigt sie sich in dem ekstatischen Figurenstil des Apelles-Bildes an, bei dem von einer beherrschten Körperlichkeit, sieht man von der *Wahrheit* ab, nicht mehr die Rede sein kann. Die Steigerung der affektiven Gebärden, die Wiedergabe leidenschaftlichen Überwältigtseins ist ein Kennzeichen des neuen Stils. Er zeigt sich ansatzweise in der Darstellung der *Verkündi-*

gung (um 1490; Abb. 99). Es gibt eine Mahnung von Leonardo da Vinci, die den von Botticelli jetzt eingeschlagenen Weg charakterisiert: ». . . vor einigen Tagen sah ich das Bild eines Engels, der, die Verkündigung aussprechend, Maria aus ihrem Zimmer zu vertreiben schien, mit Bewegungen, die aussahen wie ein Angriff, den man gegen einen verhaßten Feind führen könnte; und Maria schien sich wie verzweifelt aus dem Fenster stürzen zu wollen. Verfalle nicht in solche Irrtümer!«

Über den Umgang mit Kunst in Florenz

Kunst und Politik

Ein kolossaler Flegel

Gigant von der Piazza – so nannten die Florentiner Michelangelos vier
Meter hohe Davidstatue (Abb. 100), als sie noch vor dem Palazzo
Vecchio stand. Heute befindet sie sich in der Akademie der schönen
Künste in einem eigens für sie geschaffenen Saal. Dreißig Jahre sollen
sich die Verhandlungen hingezogen haben, bis es 1873 gelang, die von
der Witterung bedrohte Figur von ihrem ursprünglichen Platz zu entfernen. Um den Verlust erträglich zu machen, goß man die Statue in Erz
und transportierte die Kopie auf die neu angelegte Piazzale Michelangelo. Doch davon waren die Florentiner keineswegs erbaut: Sie
wünschten einen Ersatz vor dem Palazzo Vecchio. Also ließ man eine
weitere Kopie aus Marmor anfertigen und stellte sie an den ursprünglichen Platz. Ein wirklich bemerkenswerter Aufwand und ein unübersch-
barer Hinweis auf die Bedeutung, die diese Figur für das städtische
Leben besaß. Davon ist in dem Museum nichts mehr zu spüren. Hier
wird sie zu einem isolierten, von den Spuren der Zeit gereinigten
Kunstwerk, das zu kaum mehr als einer ästhetischen Beurteilung auffor-
dert. Für diejenigen, die an solchen Urteilen interessiert sind, zitieren
wir gerne respektlose Äußerungen von älteren deutschen Kunsthistori-
kern. Thode hat sie 1913 in seinen dreibändigen Michelangelo-Studien
dankenswerterweise zusammengefaßt: »Der Widerspruch zwischen den
kolossalen Verhältnissen und den knabenhaften (. . .) Formen eines
noch nicht ausgewachsenen Körpers hat sich den meisten Beurtheilern
aufgedrängt, besonders auch das nicht Zusammengehörige des unreifen
Unterkörpers und des breit ausgebildeten Oberkörpers. Klaczko ruft
aus: diese Kinderfigur 18 Fuss hoch – wie muss der Goliath gewesen
sein? Wölfflin spricht von dem Wirklichkeitssinn Michelangelos, der es
wagte, ›ein so ungeschlachtes Modell eines Kerls in den Flegeljahren‹, in
denen die Gliedmassen mit den ungeheuren Händen und Füssen nicht
zusammenzugehören scheinen, ins Kolossale zu vergrössern. ›Dazu die
unangenehme Bewegung, hart und eckig, und das abscheuliche Dreieck
zwischen den Beinen. An die schöne Linie ist nirgends eine Konzession
gemacht. Die Figur zeigt eine Wiedergabe der Natur, die bei diesem
Maßstab ans Wunderbare grenzt, sie ist erstaunlich in jedem Detail und
immer wieder überraschend durch die Schnellkraft des Leibes im ganzen, allein – offen gestanden – sie ist grundhäßlich‹. Ich theile diese
Ansicht als die extremste, die geäußert worden, mit.«
Der Gigant von der Piazza: Ein kolossaler Flegel? Die Florentiner sehen

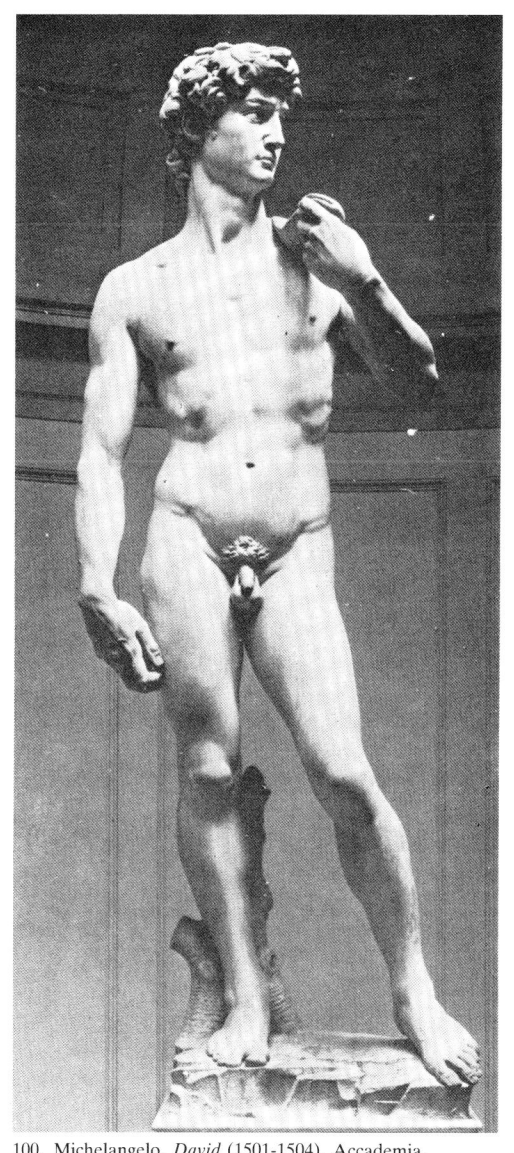

100. Michelangelo, *David* (1501-1504), Accademia.

ihn wohl mit anderen Augen. Bereits seine Aufstellung gewann für sie eine solche Bedeutung, daß sie dieses Ereignis als Kalenderdatum nutzten. In alten Aufzeichnungen, die ansonsten mit Kunst nichts im Sinn haben, finden wir Bemerkungen wie: Das war so und so viele Jahre nach der Aufstellung des Giganten. Ein derart selbstverständlicher Umgang mit dem *David* wird uns als Besucher nur mühsam gelingen. Selbst wenn wir von dem Original zur Kopie vor dem Palazzo Vecchio gehen, wird es schwerfallen, mehr als ein gut nachgemachtes Kunstwerk zu sehen. Diese Schwierigkeit haben die Florentiner nicht. Denn: »der häufige Anblick verursacht, daß wir daraus kein so großes Wunder machen«, bemerkte schon 1564 Benedetto Varchi. Also machen wir auch kein so großes Wunder daraus. Die Bedeutung der Figur verdankt sich keinem Wunder, sondern erklärt sich aus der Geschichte.

Die Judith und die Medici

Die Geschichte des *David* beginnt, noch bevor Michelangelo überhaupt den Auftrag erhielt. Um einen Anfang zu setzen, fangen wir bei der Vertreibung der Medici aus Florenz im Jahre 1494 an. Ein Jahr darauf beschloß die Signoria, zwei Bildwerke des *Donatello* aus dem verlassenen Medici-Palast an ihren Regierungssitz zu holen. Es waren der sogenannte *Bronzedavid* (Abb. 101), heute im Bargello, und die *Judith* (Abb. 102), die heute mit etwas Abstand neben dem David Michelangelos steht. Es ist natürlich kein Zufall, daß die Signoria gerade diese beiden Werke in ihren Besitz brachte. Neben ihrer religiösen Bedeutung kam den hier wiedergegebenen biblischen Gestalten auch eine politische zu: Sie sind Sinnbilder der Abwehr tyrannischer Herrschaftsansprüche. Wichtig für unsere Geschichte ist, daß die Judith damals dort postiert wurde, wo sich jetzt die Kopie des David befindet: Vor dem Gebäude gleich neben dem Eingang. Man fertigte für sie einen neuen Sockel mit der Inschrift: »Exemplum salutis publicae cives posuere 1495« (Dieses Beispiel der Rettung stellten die Bürger auf). So postiert und kommentiert rechtfertigte die Judith nicht nur die Vertreibung der Medici, sondern taugte sie auch zu ihrer höhnischen Verspottung. Wie der Holofernes werden sie als überhebliche Trunkenbolde charakterisiert, denen man besser den Kopf abschlägt.
Als die Medici in den fünfziger Jahren des 15. Jahrhunderts die *Judith* und den *Bronzedavid* bei Donatello bestellten, verfolgten sie keineswegs die Absicht, ihren Palast mit Symbolen städtischer Freiheit auszustatten – vom Trunkenbold ganz zu schweigen. Die Figuren verkörperten für sie vielmehr tugendhafte Eigenschaften, denen sie sich – zumindest dem Anschein nach – verpflichtet fühlten. Der Knabe und die Frau sind ja

101. Donatello, *Bronzedavid* (um 1455),
Bargello.

bekanntermaßen schwache Geschöpfe und erst, wie die biblische Geschichte lehrt, durch göttlichen Beistand unüberwindlich. Und weil von
alters her die Tugend schwach ist und das Laster stark, sind alsbald
Judith und David Sinnbilder der beiden Tugenden *Demut* und *Tapferkeit*
geworden.

An diese Interpretation knüpft Donatello an. Für Freunde und Freun-
dinnen der Ikonographie: Gleich den mittelalterlichen Darstellungen, in
denen die jeweilige Tugend siegreich auf dem von ihr bezwungenen
Laster steht, hat auch Donatello die Füße seiner Judith auf Bein und
Handgelenk des Holofernes gestellt – ein klassisches Zeichen des Trium-
phes.

102. Dònatello, *Judith und Holofernes*
um 1455), vor dem Palazzo Vecchio.

Der *Bronzedavid* trägt gleichfalls Merkmale der Demut. Nach damaliger
Ansicht zeichnet den Demütigen aus, daß er seinen Kopf bescheiden
beugt, seinen Blick nach unten richtet und still vergnügt ist. So also
wollten sich die Medici politisch sehen und so wollten sie auch gesehen
werden: als tugendhafte Bürger, die demütig für das Wohl der Stadt
arbeiten und jeglichen Hochmut unterdrücken. »Königreiche stürzen
durch Unzucht, durch Tugenden steigen die Städte: Siehe, der Hoffart
Haupt fällt von der Demut Hand.«
Dieses von ihnen eigens für die *Judith* formulierte Motto ließen sie
selbstbewußt an dem Sockel anbringen. Es ging mit ihm bei der Über-
führung der Figur verloren.

Aus einer Beschreibung der Hochzeit des Lorenzo Magnifico mit Clarice Orsini (1469) können wir erschließen, wie stilvoll die Bewirtung der Festgäste mit den beiden Tugendbildern verbunden wurde. »Man tafelte in den Höfen des Palastes, für die weibliche Jugend war in dem zweiten, gärtnerisch ausgezierten Hof gedeckt, für die männliche unter den Loggien des ersten Cortile. In seiner Mitte standen die Tische, von denen aus der Wein kredenzt wurde, rings um das Postament mit Donatellos Davidstatue.« Was der Kunsthistoriker Hans Kauffmann, dem wir hier folgen, übergeht: die weibliche Jugend trank ihren Wein mit Blick auf die Judithstatue, die damals als Brunnenfigur den zweiten Hof schmückte. Eine nicht ungeschickte Aufforderung zum mäßigen Genuß.

Neun Jahre beschützte die *Judith* den Eingang zur Signoria, von einem Sinnbild der Demut umfunktioniert in das Symbol städtischer Freiheit. Dann wurde sie in die Loggia dei Lanzi beiseite geschafft (erst im 20. Jahrhundert erhielt sie ihren heutigen Platz), und an ihre Stelle trat der David Michelangelos.

Schwierigkeiten mit großen Figuren

Als Michelangelo 1501 mit seiner Arbeit an dem David begann, war der Austausch mit der Judith keineswegs geplant. Zunächst war vorgesehen, die Statue hoch oben auf einem Strebefeiler am Chor des Domes aufzustellen. Aus diesem Grunde wurde auch nicht die städtische Regierung, sondern die *Arte della Lana* Auftraggeber, da sie ja schon seit langem für den Dom und seine Ausstattung zuständig war. Ihr Auftrag für den *David* erklärt sich aus einer aktuellen gefährlichen Situation für Florenz und aus einem jahrhundertealten Programm für die Domgestaltung.
1501 bedrohte Cesare Borgia Florenz. Eigentlich wollte er nur mit seinem Heer durch die Toscana ziehen, um Piombino zu erobern. Er hatte sich die Einwilligung der Signoria geholt. Kaum jedoch hatte er erreicht, was er wollte, zog er andere Seiten auf und fiel brandschatzend in die Toscana ein. Was dann passierte, beschreibt Hermann Grimm in seiner Michelangelo-Biographie; das vor bald einhundert Jahren erschienene Buch ist heute noch lesenswert. »Plötzlich waren nun auch die Medici bei ihm, die mit ihren Freunden in Florenz diesen Moment für den günstigsten erachteten. Die Verabredung mit den Pallesken (Parteigänger der Medici, so genannt nach den sieben Kugeln, den palle, im Medici-Wappen) in Florenz war getroffen und Überrumpelung der

Stadt, Berufung eines Parlamentes und Umsturz der Verfassung, das sind die drei Stufen, die man rasch zu ersteigen hoffte. Und wie die Medici auch darin stets den richtigen Moment zu treffen suchten, daß sie Zeiten wählten, in denen das gemeine Volk aufgeregt war, so kamen sie jetzt während einer furchtbaren Trockenheit, wo die Früchte auf dem Felde verdorrten und eine Mißernte und Teuerung zu erwarten stand.«

Der Stadt gelang es, wie in ähnlichen Situationen früher, sich diese Bedrohung mit einer Summe Geldes vom Halse zu schaffen – das Schwert der Judith ist in der Tat nur symbolisch zu verstehen. Cesare Borgia, der für Geld mehr Interesse aufbrachte als für die Pläne seiner Verbündeten, ließ von Florenz ab.

In solchen Augenblicken der Gefahr, da die Gemeinschaft der Stadt über äußere Bedrohung und inneren Parteienstreit zu zerbrechen schien, erinnerte man sich mit Vorliebe jenes Bauwerkes, das über die politischen und Klassengegensätze hinweg die Gemeinschaftsideale der Stadt lebendig halten sollte – des *Domes.* Kurz gesagt: zu diesem Zeitpunkt beschloß die Domopera, ein hundert Jahre zuvor begonnenes Programm endlich zu vollenden. Es handelte sich um die Aufstellung von zwölf Propheten auf den Strebepfeilern des Chores. Mit einer solchen Idee soll bereits Giotto gespielt haben, aber erst 1408 wurde sie offiziell in Angriff genommen. In diesem Jahr erhielten Donatello und Nanni di Banco den Auftrag, zwei marmorne Prophetenfiguren, *David* und *Jesaja* (Abb. 103), für dieses Programm anzufertigen; diesmal allerdings nicht, um im Augenblick der Gefahr Gemeinschaft zu demonstrieren, sondern im Gegenteil, um die Macht und Stärke der Stadt herauszustellen. Zwei Jahre zuvor hatte man Pisa erobert.

1409 wurde eine der beiden Statuen auf einen Strebepfeiler gestellt, noch im gleichen Jahr aber wieder entfernt. Nur in Lebensgröße gearbeitet wirkte sie so hoch am Dome wohl allzu winzig. Einige Jahre später (1416) wurde Donatellos *Marmordavid* zum Sitz der Signoria gebracht, eine nicht zufällige Parallele zu Michelangelos *David.* Heute steht er wie sein jüngerer Bruder, der *Bronzedavid,* im *Bargello.* Dort sind sie nunmehr aus musealen Gründen vereint, so wie sie einst aus ganz anderen Gründen gemeinsam im Palazzo Vecchio standen. Wanderwege der Kunst gestern und heute.

Der Fehlschlag mit dem ersten Auftrag entmutigte die Domopera keineswegs. Zwei Jahre später, 1410, wurde erneut bei Donatello eine Figur für das Prophetenprogramm bestellt, diesmal allerdings aus Terrakotta (gebrannter, unglasierter Ton), nicht aus Marmor. Es handelte sich um die überlebensgroße Figur des Josua, den weißen Koloß, wie er einmal in den Rechnungsbüchern genannt wird. Alles verlief nach Plan, und bald thronte die Terrakotta-Figur in luftiger Höhe, weiß angemalt, um – wenn schon nicht aus Marmor gemacht – doch wenigstens aus der Ferne so zu

103. Nanni di Banco, *Jesaja* (1408-1409), im Dom.

wirken. Bis ins siebzehnte Jahrhundert blieb sie an ihrem Platz, seitdem besitzen wir keine Nachricht mehr von ihr.

Der Wechsel von Marmor zu Terrakotta kann die bei dem Programm auftretenden technischen Schwierigkeiten veranschaulichen. Der Josua war die erste freistehende Kolossalstatue der Neuzeit. Ihre Höhe entsprach in etwa der dreifachen Lebensgröße, wie man nach den erhaltenen Dokumenten vermutet. Eine Marmorfigur von dieser Größe besitzt ein enormes Gewicht, so daß allein das Problem, sie hochzuziehen und auf dem Strebepfeiler zu verankern, mit den damaligen technischen Hilfsmitteln kaum zu lösen war. Terrakotta hingegen ist viel leichter als Marmor, zumal wenn die Figur innen hohl bleibt. Auch die

243

Sicherung der Figur gegen den Wind ist ohne größeren Aufwand möglich, bei dem Josua reichte eine Metallstrebe als Verspannung. Mit einem Farbanstrich kann das relativ bröckelige Material vor der Witterung geschützt werden. Unglücklicherweise war die Farbschicht des Josua nicht die beständigste, sie mußte mehrfach, wie die Dokumente belegen, erneuert werden.

Die Domaufseher und der Künstler scheinen mit dieser Lösung der technischen Probleme nicht sehr glücklich gewesen zu sein. 1415 wurde für eine zweite Stuatue, einen Herkules, ein neues Verfahren ausprobiert. Gemeinsam mit Brunelleschi schlug Donatello vor, den Herkules aus Bausteinen zu errichten und mit vergoldeten Metallplatten zu verkleiden. Doch das Unternehmen gelang über die Fertigung des Modells nicht hinaus.

Danach ruhte das Programm für lange Zeit, bis 1463 der Bildhauer Agostino di Duccio den Auftrag erhielt, erneut einen *Herkules* als Terrakotta-Statue für das Prophetenprogramm zu schaffen. Die Statue wurde 1464 an der Südseite des Chores versetzt, heute ist sie wie der Josua verschollen. Noch im gleichen Jahr bekam Agostino einen Anschlußauftrag für eine David-Figur. Diesmal sollte es wieder Marmor sein. Zunächst war vorgesehen, die Figur in vier Teilen zu erstellen, um sie nachträglich zusammenzusetzen. Doch dann, möglicherweise hingerissen von dem Mut und der Kühnheit des Unternehmens, beschloß man, sie aus einem Stück zu schaffen. Ein riesiger Marmorblock wurde von Carrara nach Florenz transportiert und Agostino machte sich frisch ans Werk. Wie schwungvoll auch das Unternehmen startete, es endete sang- und klanglos. Im Dezember 1468 wurde Agostino von seinem Auftrag entbunden, die Gründe sind unbekannt. Immerhin wurde er für die unvollendete Arbeit gut bezahlt. Der grob behauene Block, eine schon in Umrissen sichtbare Figur, blieb im Domgarten liegen. Zehn Jahre später spielte man mit dem Gedanken, die Statue vollenden zu lassen, doch daraus wurde nichts. Erst 1501, als man das Programm wieder aufnahm, erinnerte man sich an den Block und übergab ihn Michelangelo.

Politische Propheten

Obwohl Michelangelos David als Prophetenstatue für den Domchor gedacht war, verzichtete man darauf, ihn am vorgesehenen Ort aufzustellen. Daran wird deutlich, daß der Dom seine bis dahin unbestrittene Vorrangstellung als Zentrum der städtischen Gemeinschaft verloren hatte. Diese Rolle fiel jetzt dem Palazzo Vecchio zu; allerdings nur für den kurzen Zeitraum bis zur Rückkehr der Medici. Sein Vorrang vor dem Dom kündigte sich bereits mit der Aufstellung der Judith und mit dem Bau des *Saales der Fünfhundert* an. Mit Michelangelos David wurde sie besiegelt.

Daß der kommunalpolitische Versammlungsort nunmehr dem religiösen den Rang abgelaufen hatte, wirkte sich auf die künstlerische Gestaltung des David aus. Hatte Michelangelo von Anfang an gehofft, sein David werde nicht auf den Domchor geschafft? Die Disproportionalitäten der Figur, das Mißverhältnis von Über- und Unterkörper, die Übergröße von Kopf, Füßen und Händen sprechen dagegen. Sie richten sich nach dem ursprünglich vorgesehenen Aufstellungsort. Bei der dadurch aufgetretenen extremen Untersicht wären sie nicht mehr aufgefallen. Auch die gespreizte Stellung der Beine, das von Wölffin beklagte abscheuliche Dreieck, hätte auf dem Dom die Lebendigkeit der Figur betont und den Eindruck einer starren Pose verhindert.

Michelangelo wollte also eine Prophetenfigur für den Dom fertigen. Dennoch verwandelte er den biblischen David in einen profanen städtischen Heros. Und seine Auftraggeber, die seine Interpretation kannten und billigten – ihnen lag ein Wachsmodell vor –, empfanden dies nicht als Widerspruch. Und warum? Weil diese Deutung des Davids sich der Konzeption einfügt, die dem alten Prophetenprogramm zugrunde lag.

Im Mittelalter waren Prophetenzyklen nichts ungewöhnliches, wir finden sie an vielen gotischen Kathedralen. Ihr Zweck war eindeutig: Mit ihnen unterstrich die Kirche die Übereinstimmung von Altem und Neuem Testament, und deshalb stehen oft auf den Schultern der Propheten die Apostel. Eine solche Sinngebung lag dem Florentiner Programm nicht mehr zugrunde, nur die Festlegung auf zwölf Figuren läßt sich darauf zurückführen: Bekanntlich gibt es zwölf Apostel. Im übrigen entwarf man ein recht eigenwilliges Programm.

David zählt normalerweise nicht zu den Propheten. Josua gehört keineswegs in ihre Reihen, und Herakles als alttestamentarischen Propheten zu verstehen, wird auch damals niemandem eingefallen sein. In der Kirche wird er entweder als Sinnbild der Tapferkeit oder als heidnische Präfiguration Christi gesehen. Wir können uns diese gelehrte Anmerkung nicht versagen, weil er in dieser Funktion schon vor dem Prophetenprogramm am Dom erscheint: am Nordeingang, versteckt im Rankenwerk der *Porta della Mandorla*.

Die Aufnahme dieser Figuren in das Programm wird verständlich, wenn wir nach ihrer politischen Bedeutung fragen. Daß der David später im Palazzo Vecchio aufgestellt wurde, beweist zur Genüge, daß seine politische Bedeutung nunmehr die religiöse überlagerte. Sein Sieg über Goliath symbolisiert die Freiheit und Unabhängigkeit der Stadt, die sich gegen äußere und innere Feinde zu behaupten weiß. Bei solch stolzem Selbstbewußtsein nimmt es nicht Wunder, daß man Herakles, Sinnbild der Tapferkeit und Unbesiegbarkeit, dem Prophetenprogramm einverleibt. In dieser Perspektive ist auch die Darstellung des Josua nicht mehr befremdlich. Wir vermuten, daß er insbesondere die Eroberung von Pisa verherrlicht. Ist es doch diesem erfolgreichen Heerführer der Israeliten mit Gottes Hilfe und Posaunenschall gelungen, die Mauern der Stadt Jericho zu Fall zu bringen. Aber wir wollen nicht vergessen, daß in dem Programm auch Propheten vorgesehen waren, wie der zu klein geratene Jesaja des Nanni de Banco belegt. Darin liegt kein Widerspruch zu der hier vorgetragenen Deutung. Als Verkünder der Botschaften Gottes an das auserwählte Volk Israel können die Propheten den Bürgern – zumindest den Wohlhabenden – das Hochgefühl vermitteln, gleichfalls auserwählt zu sein. Jesaja beschwört mehrfach die künftige Herrlichkeit Jerusalems. Lag es da nicht nahe, seine Prophezeihungen auch auf Florenz zu beziehen?

Die bemerkenswerte politische Umdeutung des Prophetenprogramms hatte einschneidende Folgen für seine künstlerische Gestaltung. Erstmals wird mit ihm der Versuch unternommen, monumentale Freiplastiken zu schaffen. Zwar sind sie dem Dom zugeordnet, aber jeder Prophet ist als freistehende Einzelfigur konzipiert, nicht mehr eingebunden in die Architektur, sondern von ihr unabhängig. In ihnen drückt sich irdisches Selbstbewußtsein aus und nicht, wie bei mittelalterlicher Heiligendarstellung, jenseitige Heilserwartung.

Man sehe sich daraufhin den Jesaja (vgl. Abb. 103) an, der heute etwas unglücklich in einer Nische im Dominneren steht. Auch wenn der Schwung noch seine Herkunft von der gotischen Plastik verrät – seine standfeste Haltung, sein kräftiger Körperbau, seine antiker Plastik nachempfundenen Gesichtszüge machen ihn zu einer profanen Figur.

Bürgerkunst

An dem Prophetenprogramm wird ein zentraler Aspekt der Kunst der Florentiner Frührenaissance faßbar: ihre Hinwendung zur städtischen Öffentlichkeit, ihre Einbindung in den Lebensraum der Bürger. Die neue Funktion der Kunst können wir uns an einem Werk von Nanni di Banco beispielhaft vor Augen führen: der Figurengruppe der Vier Gekrönten Heiligen (Abb. 104), zwischen 1413 und 1415 für die Nische der Zunft der Steinmetze und Zimmerleute an Orsanmichele ausgeführt.

104. Nanni di Banco, *Vier Gekrönte Heilige* (1413-1415) Orsanmichele.

In den vier Figuren Märtyrer wiederzuerkennen, die für ihr christliches Glaubensbekenntnis starben, fällt schwer. Sie wirken wie antike Bürger, die sich zu einer öffentlichen Beratung versammelt haben. Ihre ideale Gemeinschaft, Gleiche unter Gleichen, enthält selbstverständlich ein gerütteltes Maß an Ideologie, in Florenz waren keineswegs alle Bürger gleichgestellt. Aber diese Ideologie macht die neue öffentliche Funktion der Kunst sinnfällig. Sie soll nicht soziale Wirklichkeit abbilden, sie soll sie verklären. Öffentliche Wirksamkeit wächst der Kunst in dem Maße

zu, wie es ihr gelingt, ideell städtische Eintracht und Stärke zu versinn-
bildlichen. Der Rückgriff auf die Antike erklärt sich somit auch aus dem
Problem, eine Kunstsprache zu finden, die potentiell eine Identifika-
tionsmöglichkeit für alle Bürger bietet und die die Klassengegensätze zu
harmonisieren vermag. Die Ciompi werden sich, obwohl sie sich nichts
sehnlicher wünschten, wie wir oben gehört haben, dennoch schwerlich
dieser idealen Gemeinschaft zugehörig gefühlt haben.

Städtische Gemeinschaftsideale zu verkörpern: Diese alte Idee des
Prophetenprogramms setzt Michelangelo mit seinem David fort. Aber er
bricht mit der herkömmlichen Ikonographie, den David als Sieger zu
zeigen, zu dessen Füßen der Kopf des Goliath liegt. So gestaltete ihn
Donatello in seinen beiden Davidstatuen, und so auch um 1470 Verro-
chio. Verrochios Figur, ursprünglich ein privater Auftrag, kam 1476
nach ihrem Erwerb durch die Signoria aus der Villa Careggi in die Stadt –
heute steht sie im Bargello.

Michelangelo zeigt David vor dem Kampf, die Schleuder in der linken
Hand, den Stein in der rechten verborgen. Angesichts der bedrohlichen
Situation, in der sich Florenz befand, ist diese Veränderung erklärlich.
Galt es doch jetzt, die Freiheit und Unabhängigkeit der Stadt zu
verteidigen, nicht, sie als siegreiche Gewißheit zu behaupten. Es ist aber
nicht nur der aktuelle Anlaß, der Michelangelo mit der ikonographi-
schen Tradition brechen läßt. Längst war in Florenz die Idee von der
Gemeinschaft gleicher Bürger brüchig geworden. Die lange Herrschaft
der Medici hatte dazu beigetragen; aber auch das Scheitern Savonarolas,
städtische Gemeinschaft in mittelalterlich-religiösem Sinne zu erneuern.
So wie einst bei Donatello und Nanni di Banco konnte diese Idee sich
nicht mehr in der Kunst verkörpern. Mit ihren Figuren für das Prophetenprogramm schufen sie eine Kunst, die die bestehende soziale
Wirklichkeit bejahend zu verklären vermochte. Michelangelo ist das
nicht mehr möglich. Zwar greift auch er auf die Antike zurück, aber mit
einer Radikalität und Intensität, die körperlichen Kunstnormen der
Frührenaissance sprengt. Mit einem Satz gesagt: An die Stelle des
idealen Ebenbildes tritt das ideale Vorbild. Dieser gigantische Jüngling
in seiner klassischen Nacktheit ist der städtischen Gemeinschaft im
wahrsten Sinne des Wortes entwachsen. Er symbolisiert sie nicht mehr
als fraglosen Besitz, sondern als zu erringendes Ziel. Wie der David noch
vor dem Kampf, so stehen die Bürger noch vor der Verwirklichung ihrer
Hoffnungen.

Hat Michelangelo diese Deutung der Figur bewußt zugrundegelegt? Wir
wissen es nicht. Immerhin notierte er auf einem Blatt mit einer Skizze für
die Davidfigur: »David mit der Schleuder und ich mit meinem Bohrer«.
Der Satz ist doppeldeutig. Er kann meinen: jeder von uns beiden erledigt
seinen Riesen mit seinem speziellen Werkzeug. Er kann aber auch
besagen: gleich David will ich ein Zeichen setzen.

Der Künstler und die Herrschenden

Obwohl Michelangelo seit seiner Jugend von den Medici besonders gefördert wurde, hielt er an den demokratischen Traditionen der Stadt fest.
Wie viele andere Künstler wurde er Anhänger Savonarolas, seine Schriften las er noch im hohen Alter. An dem von Savonarola betriebenen Bau
des Saales der Fünfhundert war er beratend beteiligt. Nach der endgültigen Rückkehr der Medici 1530 verließ er, sobald es ihm möglich war, für
immer Florenz.
Was Michelangelo noch vier Jahre in Florenz festhielt, war das Grabmal
der Medici in einer Kapelle der Kirche San Loreneo. Während diese ihre
neue Macht sicherten, schuf er ihr Grabmal und zeigte ihnen, wie ihre Zeit
abläuft: von morgens bis nachts. Angesichts der zahllosen Deutungen,
vorwiegend spekulativen, wollen wir diesen Hinweis nicht verschweigen.
Man darf jedenfalls nicht übergehen, daß er die Herrschaft der Medici
zutiefst ablehnte. In einem seiner Gedichte läßt er die verbannten Florentiner klagen:

>»Schläft die Gerechtigkeit im Himmel denn,
>daß einer für sich nehmen darf, was allen
>in gleichem Maße gehört?«

Und er läßt Florenz antworten:

>»O ihr, bleibt eurer heil'gen Sehnsucht treu,
>denn er, der euch beraubt: voll Furcht wagt er
>des großen Frevels Frucht nicht zu genießen.
>Euch bleibt die Hoffnung doch! Euch, arm und elend,
>bleibt Hoffnung, während er im Überfluß,
>die rasende Begierde unerfüllt,
>mit leeren Händen doppelt elend dasteht.«
>   (nach der Übersetzung v. Hermann Grimm)

Bei der Hoffnung ist es geblieben. Die Herrschaft der Medici endete erst,
als der letzte aus dieser Familie im 18. Jahrhundert starb. Michelangelo
selbst entkam den Medici nicht. Nach seinem Tod, 1564, wurde er
heimlich nach Florenz gebracht. Zunächst hielt man die Ankunft des
Leichnams geheim. Es hieß, der Medici-Herzog Cosimo I. befürchte von
den Feinden seiner Herrschaft angezettelte Unruhen. Aber solche Befürchtungen waren zu dieser Zeit nicht mehr realistisch. Und so wurde
denn, unter dem Patronat der Medici, nach mehrmonatiger Vorbereitung,
Michelangelo ein pompöses Staatsbegräbnis zuteil.

Das Wahrzeichen der Stadt

Auf dem Domchor hätte sich Michelangelos David wohl normalem, menschlichem Maßempfinden eingefügt, dem er sich als Gigant von der Piazza entzieht. Aber weil ihm, abgesehen von der kaum ins Auge springenden Schleuder, jegliches Attribut fehlt, hätte dieser nackte Jüngling schwerlich den Eindruck eines biblischen Propheten vermittelt. Daher leuchtet es ein, daß man sich im Frühjahr des Jahres 1504 entschloß, von dem ursprünglichen Aufstellungsplatz abzusehen. Die Signoria setzte eine Kommission ein, die einen neuen Standort vorschlagen sollte. Zu der Kommission gehörten vor allem bekannte Künstler der Stadt, u. a. Leonardo da Vinci, Botticelli, Filippino Lippi, Andrea della Robbia, Piero di Cosimo.

Die Meinungen waren geteilt. Die Mehrheit schlug vor, die Statue so in der Loggia aufzustellen, daß sie die dort abgehaltenen öffentlichen Festlichkeiten nicht störe. Dieser Ansicht waren auch die Freunde Michelangelos, der selbst an der Beratung nicht teilnahm, aus uns unbekannten Gründen. Einige waren der Meinung, die Figur solle auf den Domtreppen aufgestellt werden. Nur eine Minderheit favorisierte den schließlich gewählten Platz. Warum die Signoria dem Mehrheitsvotum nicht folgte, ergibt sich aus der Stellungnahme, mit der der Erste Herold der Signoria die Beratung eröffnete: »Ich habe die Sache in meinem Geist hin und her überlegt und reiflich erwogen. Es gibt zwei Plätze, wo solch eine Statue errichtet werden könnte. Der erste Platz ist der der Judith, der zweite der Innenhof des Palastes, wo der David steht. (Gemeint ist der Bronzedavid Donatellos.) Für den ersten Platz spricht, daß die Judith ein Emblem des Todes ist und deshalb nicht geeignet für unsere Republik ist – besonders dann nicht, wenn unsere Embleme das Kreuz und die Lilie sind. Und ich füge hinzu, daß es unpassend ist, daß eine Frau einen Mann töten sollte. Noch bedeutsamer ist, daß die Judith unter einem bösen Stern aufgestellt wurde. Denn seit der Zeit ist es immer schlechter gegangen: Wir verloren Pisa. Der David im Innenhof ist eine unvollkommene Figur, weil das zurückgestellte Bein fehlerhaft ist. Aus diesen Gründen schlage ich vor, Michelangelos Statue an einen der beiden genannten Plätze zu stellen, aber ich ziehe den vor, wo sich jetzt die Judith befindet.«

Die Argumente werden geschickt serviert. Sie treffen den Nerv gängiger Vorurteile der Zeit. Eine ausschließlich von Männern regierte Stadt, die sich mit Judith eine gewalttätige Frau zum Wahrzeichen wählt? Dieser Widerspruch mußte dem männlichen Kollegium, das über die Aufstellung beriet, einleuchten. Und ebenso, daß ein solcher Mißgriff der Stadt Unglück gebracht hatte. Zu einer Zeit, da der Glaube an glückliche oder unheilvolle Sternenkonstellationen allgemein verbreitet war und selbst ein fetischistischer Umgang mit dem eigenen Bild noch anzutreffen war

(s. S. 270 f.), kam diesem Argument zweifellos ein besonderes Gewicht zu. (Zur historischen Wahrheit: Pisa nutzte die Vertreibung der Medici, um sich 1494 mit Hilfe des französischen Königs von Florenz zu befreien, ein Jahr vor Aufstellung der Judith; 1509 wurde es wieder unterworfen).

Gegen diese massiven Bedenken vermochten sich die anderen Vorschläge nicht durchzusetzen. Erst recht nicht der nur aus ästhetischen Erwägungen eingebrachte Standort des Bronzedavids von Donatello im Innenhof des Palazzo Vecchio. Ästhetische Überlegungen spielten bei der Beurteilung öffentlicher Kunst noch eine untergeordnete Rolle. Der Bronzedavid blieb und die Judith mußte weichen.

Am 1. April 1504 erging die Aufforderung, die Statue von der Werkstatt, die sich beim Dom befand, auf die Piazza zu überführen. Fünf Monate dauerte es, bis sie endgültig aufgestellt war. Thode beschreibt detailliert den Ablauf:

»Am 30. April wird den Operai des Domes befohlen, Cronaca, Antonio da San Gallo, Baccio d'Agnolo und Bernardo della Cecca alle nöthige Hilfe beim Transport zu gewähren. Es wird (nach Vasari von Giuliano und Antonio) ein Holzgerüst gemacht, das mit der schwebend an Stricken in ihm aufgehängten Statue nach der Piazza gezogen wurde. Der Transport dauerte vom 14. bis zum 18. Mai. Am 28. Mai wird bestimmt, daß Donatellos Judith vor dem Palast entfernt und an ihrer Stelle der Gigant errichtet werde. Dies ist am 8. Juni geschehen. Am 11. übernehmen Cronaca und Antonio da San Gallo den Auftrag auf die Anfertigung der Basis. Am 8. September ist die ganze Arbeit vollendet.«

Auf dem Wege vom Dom zur Piazza wurde das Gerüst nachts von Jugendlichen mit Steinen beworfen. Die Signoria sah sich gezwungen, zu seinem Schutz eine Wache aufziehen zu lassen. Was auch der Anlaß gewesen sein mag, nach der Ankunft auf der Piazza sind solche Vorfälle nicht mehr überliefert.

Das Wahrzeichen des Herzogs

Nur kurze Zeit blieb die Statue das Wahrzeichen der Republik und möglicherweise ein ideales Vorbild der Bürger. Acht Jahre nach der Aufstellung erzwangen die Medici ihre Rückkehr nach Florenz. Zwar wurden sie 1527 erneut vertrieben, doch 1530 machten sie sich mit militärischer Gewalt endgültig zu Herren der Stadt. Kurz darauf wurde Alessandro de' Medici zum Herzog von Florenz ernannt. Vertreibung und Rückkehr der Medici gingen an der Statue nicht spurlos vorüber. Bei dem ersten Ereignis kam es zu handfesten Auseinandersetzungen.

Eine Bank flog aus dem Palazzo Vecchio und zerschlug den linken Arm des David. Der junge Vasari sammelte die Bruchstücke ein und bewahrte sie bei einem Freund auf. 1543, nachdem die Herrschaft der Medici dauerhaft gesichert war, wurden die Bruchstücke dem Herzog Cosimo I. übergeben, der daraufhin die Statue restaurieren ließ. Die alte demokratische-republikanische Tradition, aus der die Statue hervorgegangen war, ließ er selbstverständlich nicht restaurieren. Welche symbolische Bedeutung der Herzog der Figur unterlegte, können wir Vasaris Lebensbeschreibung des Michelangelo entnehmen, deren erste Version er 1550 publiziert und dem Herzog gewidmet hat. Dort heißt es: »Daraufhin formte Michelangelo ein Modell von Wachs, in dem er einen jungen David mit der Schleuder in der Hand als Wahrzeichen des Palastes darstellte. Dies sollte andeuten: daß wie jener sein Volk verteidigt und gerecht regiert habe, auch die, die über die Stadt gebieten, sie mutig verteidigen und gerecht regieren müßten.« Das ist eine durchaus gekonnte Umdeutung der ursprünglichen Intention. Nicht mehr den Hirtenknaben soll man wahrnehmen, der den Sieg über Goliath erringt, sondern den zum König gewordenen David, der ein angemessenes Vorbild eines gerechten Herzogs sein kann. Eine zweifellos schmeichelhafte Huldigung an Cosimo I., der 1550 mit einunddreißig Jahren zwar jung, aber keineswegs ein König war.

In die Überzeugungskraft einer derartigen Interpretation hat Cosimo I. sicherlich nicht allzuviel Vertrauen gesetzt. Bereits 1545 gab er Cellini den Auftrag für eine Statue, die unmißverständlich seinen Herrschaftswillen verkündet. Es ist die Figur des Perseus (Abb. 105), die erst 1554 vollendet wurde. Wie der David des Michelangelo die erste aus einem Block gehauene Kolossalstatue der Neuzeit ist, so verbindet sich auch mit Cellinis Werk eine technische Meisterleistung: Sie ist die erste lebensgroße Bronzefigur, die in einem Stück gegossen wurde. Eindrucksvoll beschreibt Cellini in seiner Autobiographie den dramatischen Verlauf des komplizierten Gußvorgangs. Die symbolische Bedeutung der Figur übergeht er. Perseus, Sohn des Zeus und der Danae, besiegt die Medusa, eine der drei Gorgonen. Dieses weibliche Ungeheuer der griechischen Mythologie läßt jeden, der ihr Haupt anblickt, versteinern. Cellini hat Perseus in dem Augenblick dargestellt, da er das abgeschlagene Haupt der Medusa triumphierend in die Höhe hebt.

Cosimo I. ließ die Statue nach ihrer Vollendung in der Loggia dei Lanzi aufstellen. Seine Absicht war klar: er selbst weiß sich in dieser Figur verkörpert und zeigt das Medusenhaupt, dem eine solch schreckliche Kraft zukommt, als unverhüllte Drohung seinen Untertanen. Die Drohung wurde noch verstärkt durch die Unterbringung der herzoglichen Wache in der Loggia, woran noch heute ihr Name erinnert: Landsknechte heißen auf italienisch ›lanzichenecchi‹.

Mit der endgültigen Herrschaft der Medici wurde die Piazza della

105. Cellini, *Perseus* (1545-1554) Loggia dei Lanzi.

Signoria wie auch der Palazzo Vecchio von einem städtischen Versammlungsraum in einen Hoheitsraum des Herzogs umgestaltet. Die Umfunktionierung der Loggia bezeugt diese Veränderung, ebenso die Monumentalplastiken, die im Verlauf des 16. Jahrhunderts den Platz bevölkerten. Der Neptunbrunnen von Ammannati wurde zwischen 1560 und 1575 errichtet; den kolossalen Neptun tauften die Florentiner ›uomo bianco‹ – eine witzige Verknüpfung der weißen Marmorfigur mit dem Brunnenwasser. Das Reiterbild von Cosimo I. fertigte Giambologna 1594.

Der berechnende und der überwachende Blick

Die Umgestaltung der Piazza della Signoria setzte bereits 1534 ein mit
der Aufstellung der Herkules von Bandinelli ein. Die Absicht, der
Davidfigur einen Herkules beizugesellen, war uns schon im Prophetenprogramm des Domes begegnet. Der Einfall stammte nicht von den
Medici. Wenige Jahre nach der Fertigstellung von Michelangelos David
tauchte diese Idee wieder auf, und mit ihrer Durchführung wurde
Michelangelo beauftragt. Doch aus dem Plan wurde nichts, und nach der
Rückkehr der Medici übernahm den Auftrag Bandinelli, der zu jener
Zeit zum Hofkünstler des ersten Mediciherzogs avancierte. Es wird
berichtet, Bandinelli sei neidisch auf Michelangelos Ruhm gewesen und
habe mit dem Herkules dessen David ausstechen wollen. Wie dem auch
sei: In der Figur – dargestellt ist die Erschlagung des Cacus durch
Herkules – kündigt sich eine neue Auffassung von öffentlicher Kunst an.
Ihre Riesenhaftigkeit, die im Gegensatz zu Michelangelos David jeglichen Verweis auf ein menschliches Maß verweigert, nimmt die Allmacht
des absolutistischen Herrschers vorweg. Gleich den ihr nachfolgenden
Statuen zeigt sie den Untertanen, wie winzig und unbedeutend sie
sind.
Es wäre jedoch verfehlt, die neue öffentliche Funktion der Kunst
ausschließlich in ihrer protzigen Größe zu sehen. Subtiler und künstlerisch überzeugender zeigt sie sich in ihrer veränderten formal-
ästhetischen Auffassung. Beispielhaft können wir sie an Giambolognas
1583 vollendeter Bronzegruppe »Raub der Sabinerin« studieren
(Abb. 106). Die Gruppe bietet, von welcher Seite sie auch betrachtet
wird, immer ein harmonisches Bild, fordert aber zugleich auf, ihrer
dynamischen Bewegung zu folgen. Der Betrachter ist gleichsam gehalten, die Figur zu umkreisen. Eine Hauptansicht, vor der er verweilen
könnte, wird ihm versagt. An die Stelle einer kompositionellen Einheit,
in der die einzelnen Figuren ihre Individualität und Besonderheit behaupten können, tritt eine ästhetische Ordnung, der die Gestalten als
unauflösbare Einheit unterworfen sind. Ein künstliches Arrangement, in
dem die Gesamtbewegung jede Einzelbewegung der Figuren diktiert.
Unschwer lassen sich von dieser Kunstauffassung Analogien zur Staats-
auffassung des Fürsten ziehen, zumindest derjenigen Cosimos I.. Ihm
schwebte eine Staatsordnung vor, in der alles einem einheitlichen Prinzip
untergeordnet sein sollte; eine kunstvolle Mechanik, in der alles um den
Fürsten kreist – er der Künstler und der Staat sein von ihm geschaffenes
und in Bewegung gesetztes Gesamtkunstwerk.
Die bürgerliche Kunst der Frührenaissance, – und das gilt auch für
Michelangelos David – hat an dem Prinzip einer Hauptansicht festgehalten, von der aus sich der Sinngehalt ihrer Statuen dem Betrachter
eindeutig erschließt. Darin drückt sich mehr aus als nur eine andere

106. Giambologna, *Raub der Sabinerin*
(1588), Loggia dei Lanzi.

formale Kunstauffassung. Es ist der ästhetische Blick des Kaufmanns,
auf den diese Statuen Rücksicht nehmen (vgl. S. 127 ff. und die Abb. 53
und 54).

Es bestand, schreibt Baxandall, eine Beziehung zwischen den mathematischen Fertigkeiten, der sich die Kaufleute bedienten, und jenen, die
der Künstler einsetzte, um seinem Werk Proportionalität und klare
Körperlichkeit zu geben. Der Kaufmann wurde ständig mit dem Propor-
tionsproblem konfrontiert, um seine Geschäfte abwickeln zu können.
Zum Beispiel war das Tauschproblem ausgesprochen kompliziert, da
jede größere Stadt über ihre eigenen Gewichte verfügte.

Der Kaufmann konnte sich also nicht allein auf Maßangaben verlassen.
Er mußte die Gütermenge richtig berechnen können, um nicht übers
Ohr gehauen zu werden. Er löste dieses Problem mit Hilfe der propor-
tionalen Berechnung. So wurde er durch tägliche Praxis darin geschult,
die verschiedensten Informationen auf eine Form geometrischer Propor-

tion zu reduzieren. Er konnte dies aber nur erreichen, wenn er die Güter eindeutig zu sehen und zu erfassen vermochte. Eben dies gewährleistete ihm bei dem Kunstwerk das ästhetische Prinzip einer klaren Hauptansicht.

Das ästhetische Ordnungsprinzip des Fürsten, dem Giambolognas »Raub der Sabinerin« verpflichtet ist, nimmt darauf keine Rücksicht mehr. Schon Cellinis Perseusstatue weicht nicht nur inhaltlich, sondern auch formal davon ab. Einem streng frontalen Anblick entzieht sie sich.

An dieser Stelle wollen wir die Geschichte der Davidstatue abschließen. Welche Umgangsformen mit der Kunst sich in Florenz im Laufe der Jahrhunderte auch ergaben – sie hat an ihnen teilgehabt. Vom Sinnbild städtischer Gemeinschaft über das Sinnbild des Fürsten bis zum Sinnbild zeitloser musealer Kunst führt ihr Weg. Als künstlerisches Meisterwerk hat sie allgemeine Berühmtheit erlangt. Ihre Bekanntheit wird heute von der Werbung genutzt. Sie wirbt nicht nur für Tourismus, sondern auch für Schlipse, Blue Jeans, Potenzmittel. Und hat es nicht seinen historischen Witz, daß der Blick des Kaufmanns letztlich von dem des Werbefachmanns abgelöst wurde?

Die Kunst der Mäzene

Vom Hintersinn frommer Stiftungen

Die erhaltenen malerischen und plastischen Kunstwerke des 14. und 15. Jahrhunderts, die die Florentiner Kirchen (und heute auch die Museen) schmücken, verdanken sich fast ausnahmslos öffentlichen und privaten Stiftungen. Nicht also die kirchlichen Institutionen, sondern die jeweiligen Stifter sorgten für die künstlerische Ausstattung der Kirchen. Neben den Korporationen (Zünften, Bruderschaften etc.) traten auch die reichen Kaufmannsgeschlechter als Stifter aufwendiger Projekte auf. Ihre Stiftungen erfolgten zumeist in der Form des Patronats, d. h. der Familie wurde auf Dauer das Recht zur Ausschmückung eines bestimmten Gebäudeteils der Kirche übertragen. Es konnte sich auf einen Altar oder einen Kirchenpfeiler beschränken, es konnte sich aber auch auf einen gesamten Kapellenraum, ja selbst auf die Fassade erstrecken.

Mit der Patronatsübernahme verpflichtete sich die Familie, den ihr überlassenen Gebäudeteil künstlerisch gestalten zu lassen. Besondere Auflagen wurden in der Regel nicht gemacht. Die Stifter entwarfen das Bildprogramm nach ihren Wünschen und Bedürfnissen, bestellten und bezahlten die Künstler und überwachten die Ausführung.

Dieses Patronatsrecht kam dem Repräsentationsbedürfnis des Florentiner Patriziats sehr entgegen. Vornehmlich seit dem 14. Jahrhundert wurde es gern geübter Brauch, ein solches Patronat zu erwerben und durch das zumeist an zentraler Stelle angebrachte Familienwappen auch öffentlich zu bekunden. Bis zum Ende des 15. Jahrhunderts blieb dies die vorherrschende Form großbürgerlichen Mäzenatentums, wenngleich seit der Jahrhundertmitte, bedingt durch die neuen aufwendigen Familienpaläste, auch nichtkirchliche Kunstaufträge zunahmen.

Auf welch aparte Weise sich in Florenz kaufmännische Frömmigkeit mit weltlichem Repräsentationsbedürfnis verband, lehren uns die allerdings nur spärlich überlieferten Äußerungen einzelner Stifter. Aufschlußreich sind zwei Bemerkungen von Giovanni Rucellai (1403-81). In seinen Altersaufzeichnungen beschließt er die Aufzählung seiner zahlreichen Stiftungen mit der allgemeinen Feststellung: »Alle diese Dinge gaben und geben mir höchste Zufriedenheit und Freude, denn sie dienen der Ehre Gottes, dem Ruhm der Stadt und dem Andenken an mich selbst.« Und er fügt hinzu: »Ich habe nun 50 Jahre lang nichts anderes getan als Geld zu verdienen und Geld auszugeben. Und es ist mir klar geworden, daß das Geldausgeben noch mehr Genuß bereitet als das Geldverdienen.«

Man kann die zweite Bemerkung recht zynisch verstehen. Da Rucellai sein Geld vor allem durch Zinserhebung, also durch Wucher verdiente, mußte ihm in der Tat das Geldausgeben ein besonderes Vergnügen bereiten, floß es doch dadurch um so üppiger zu ihm zurück. Aber er wird keineswegs offen seine Sympathie für Wuchergeschäfte gezeigt haben. Allzu heftig war im Volk der Haß auf Wucherer. Und die Kirche, die durchaus von ihnen profitierte, konnte ihre Geschäfte offiziell nicht gutheißen.

Die Lust des Geldausgebens war der von Rucellai verinnerlichte äußere Zwang, seine Einnahmen zu legitimieren. Der nicht unbeträchtliche Aufwand für kirchliche Stiftungen rechtfertigte nachträglich die Art des Gelderwerbs, den die Kirche indirekt akzeptierte, indem sie seine Stiftungen annahm. Diese nachträgliche Legitimation wird außerdem zur Beruhigung von Rucellais frommem Gewissen beigetragen haben. Darüber hinaus war die Verwendung eines Teils seiner Gelder im Dienste der Allgemeinheit zusätzlich von der Absicht bestimmt, die schlechte Volksmeinung zu beschwichtigen. Jacob Burkhardt berichtet von einem bezeichnenden Vorfall, der sich zwar nicht in Florenz zugetragen hat, aber dennoch deutlich macht, wie sorgsam ein Wucherer auf seinen guten Ruf achten mußte. »Als Piacenza 1478 von langem und heftigem Regen heimgesucht wurde, hieß es, derselbe werde nicht aufhören, bis ein gewisser Wucherer, der unlängst in S. Francesco begraben worden war, nicht mehr in geweihter Erde ruhe. Da sich der Bischof weigerte, die Leiche gutwillig ausgraben zu lassen, holten die jungen Burschen sie mit Gewalt, zerrten sie in den Straßen unter greulichem Tumult herum und warfen sie zuletzt in den Po.«

Rucellais Stiftungen an Kirchen waren also kein frommer Selbstzweck. Vielmehr erfüllten sie eine gesellschaftliche Erwartung und Forderung. Im Rahmen pietätvollen Mäzenatentums bot sich ihm die gern ergriffene Gelegenheit, seine tugendhafte Gesinnung öffentlich zur Schau zu stellen, seine gesellschaftliche Machtposition herauszustreichen und seine fragwürdigen Geldgeschäfte zu rechtfertigen. So ist es nicht verwunderlich, daß er in seinen Bemerkungen gleichermaßen weltliche und religiöse Motive als Ursache seiner Stiftungen anführt. Sie waren ihm ein Gott gefälliges Werk und Ausdruck seines städtischen Gemeinsinns, sie dienten ihm zur Beruhigung des Gewissens und zur Förderung seines Ansehens. Wahrlich, eine beeindruckende Spannbreite von Motiven.

Es waren aber keineswegs die einzigen. Rucellai will mit seinen Stiftungen auch seine Kultiviertheit und seinen erlesenen Geschmack beweisen. Nicht von ungefähr beschäftigte er die bedeutendsten Künstler seiner Zeit. Mit Befriedigung schreibt er in seinen Aufzeichnungen, er besitze in seinem Hause Werke »der größten Meister, die man für lange Zeit nicht nur in Florenz, sondern in ganz Italien finden konnte.« Erst der stilvolle Gebrauch des erworbenen Reichtums sicherte die überlegene gesellschaftliche Position des Patriziers und grenzte ihn von neureichen Emporkömmlingen und den übrigen bürgerlichen Schichten ab.

Der kulturelle Nachweis, zur Haute-Volée zu gehören, enthüllt ein weiteres Motiv: Die Konkurrenz der einzelnen Familien des Patriziats untereinander. Sie wurde nicht bloß ökonomisch und politisch ausgetragen, sondern schlug sich auch in dem verschwenderischen, gleichwohl kultivierten und nicht protzenden Aufwand für die einzelnen Stiftungen nieder. Allerdings verschwammen hier oft die Grenzen. Das lehrt uns Rucellais aufwendigstes kirchliches Projekt, die Fassadengestaltung der Kirche Santa Maria Novella.

In seinem informativen Buch »Der Lebensraum des Künstlers in der Florentinischen Renaissance« beschreibt Martin Wackernagel detailliert den Ablauf und das Ergebnis dieses Unternehmens. Rucellai, heißt es da, »begann zunächst den dafür erforderlichen Geldaufwand sicherzustellen. Das geschah durch Anlage eines Baufonds, dem von 1448 an die gesamten Erträge seines Landgutes . . . unter notarieller Kontrolle durch die Wechslerzunft zuflossen. So war bereits nach acht Jahren so viel Geld beisammen, daß 1456 die Bauarbeiten beginnen konnten und im Laufe von weiteren 14 Jahren (1470) ihren Abschluß erreichten.

Den Entwurf der Fassade, die, unter Beibehaltung der älteren Verkleidung des Erdgeschosses, diese Partie mit der neu errichteten Giebelfront in Einklang brachte, lieferte L. Batt. Alberti, von dem Rucellai sich schon seinen Familienpalast hatte erbauen lassen. Sehr bezeichnend aber . . . muß es erscheinen, daß diese Kirchenfront nicht nur mit den Wappenschilden der Rucellai versehen wurde; sondern der volle Name des Stifters füllt in riesengroßen Lettern das breite Friesband unter dem Giebel, wie wenn dieses Bauwerk nicht so sehr zu Ehren der Gottesmutter, als zum eigenen Ruhm und Gedächtnis des Erbauers aufgerichtet sein sollte.«

Eben dieser Effekt ist von Rucellai bewußt kalkuliert. Er ist seine geschickte und einfallsreiche Antwort auf ein Großprojekt von Cosimo de' Medici. Dieser hatte 1441 beschlossen, den ins Stocken geratenen Neubau der Pfarrkirche San Lorenzo unter eigener Regie fortzuführen. Freilich unter der Bedingung, daß außer den Kanonikern allein seine Familie in der Kirche ihr Wappenzeichen anbringen und ihr Grabgelege einrichten durfte. Dies war der erste Fall, daß ein Stifter eine gesamte Kirche ausschließlich für seine Familie beanspruchte und er erregte denn auch gehöriges Aufsehen und rief die Eifersucht der übrigen Familien hervor. Mit der Fassade für Santa Maria Novella gelang es Rucellai, gleichfalls ein Kirchengebäude symbolisch unter das Patronat seiner Familie zu stellen, ohne aber dafür solche Unsummen aufwenden zu müssen wie Cosimo de' Medici.

Die Dominikanermönche, denen Santa Maria Novella gehörte, schienen gegen diese ostentative Selbstdarstellung des Stifters keine Bedenken zu haben. Nicht immer freilich waren sie willens, den Mazenäten sein Patronatsrecht nach eigenem Gutdünken ausüben zu lassen. Auf einen besonders markanten Konflikt, den Aby Warburg aufgespürt hat, wollen wir ausführlich eingehen. Seine Folgen werfen ein helles Licht auf den Kunstgebrauch der Zeit. Vor allem macht er deutlich, wie einschneidend sich auch in der Wandmalerei die komplexen Motive der Stifter niederschlagen. Und weil noch im 15. Jahrhundert nicht der Künstler, sondern der Auftraggeber als Urheber des Kunstwerks galt, ist es durchaus angebracht, ihm unsere Aufmerksamkeit zu schenken.

Der unerwünschte Stifter

Seit der Mitte des 14. Jahrhunderts besaß die Familie Sassetti das Patronatsrecht über den Hochaltar von Santa Maria Novella. Erworben hatte es Baro Sassetti, ein Dominikanerbruder. Er stiftete zu der Zeit ein heute verschollenes Hochaltarbild, das mit den zweifach an der Predella angebrachten Wappen der Sassetti von der feierlichsten Stelle der Kirche herab das Ansehen der Familie verkündete. Knapp hundert Jahre später, 1430, hinterließ Frondina Sassetti Adimari in ihrem Testament eine Summe Geldes mit der Auflage, dieses alte Hochaltarbild durch ein neues und schöneres zu ersetzen. Ihr Wunsch blieb, die Gründe sind nicht bekannt, unerfüllt. 1468 nun versprach Francesco Sassetti, das damalige Oberhaupt der Familie, dieser alten testamentarischen Verfügung nachzukommen. Daraufhin wurde ein Jahr später in einer feierlichen Kapitelsitzung das Patronatsrecht seiner Familie erneut bestätigt und zugleich auf das Recht erweitert, die zugehörige Chorkapelle mit Wandbildern auszuschmücken. Zwar besaß seit langem die Familie Ricci das Patronat über diese Kapelle. Aber da sie inzwischen zu sehr verarmt war, um die unansehnlich gewordenen Fresken aus eigenen Mitteln zu erneuern, konnte sie ihre Ansprüche nicht behaupten.
Die Erweiterung seines Patronats betrieb Sassetti nicht von ungefähr. Er plante, in diesem zentralen Kirchenraum die Grabmonumente für seinen verstorbenen Vater und für sich selbst aufzustellen. Ein nur allzu verständlicher Plan, wenn man bedenkt, daß Santa Maria Novella neben Dom und Santa Croce zu den repräsentativsten Kirchen der Stadt zählte. Beispielsweise war ihr seit 1418 ein von der Stadt erbauter vornehmer Gästeflügel angegliedert, der hochgestellten Persönlichkeiten als Quartier überlassen wurde und der seit der Einkehr des Papstes Martin V. den stolzen Namen ›Sala del Papa‹ trägt. In einem derart herausragenden Gebäude an zentraler Stelle die Familiengrabkapelle einzurichten, muß Sassetti als ein außerordentlich verlockender Plan erschienen sein. Al-

lein, das mit diesem Plan verbundene Bildprogramm wurde seinem Unternehmen zum Verhängnis.

Seit dem Trecento schmückten die Wände der Chorkapelle Szenen aus dem Leben Johannes des Täufers und aus dem Leben Mariä, Namenspatronin der Kirche. Dieses Bildprogramm erschien Sassetti für seine Grabstätte völlig ungeeignet. Er beschloß, das alte Bildprogramm durch Darstellungen über das Leben und Wirken seines Schutzheiligen zu ersetzen. Unter dessen besonderer Fürsprache wollte er im Leben wie im Tode stehen. Als sein Beschluß den Klosterbrüdern bekannt wurde, löste er bei ihnen helles Entsetzen aus. Und das aus guten Gründen. Namenspatron Francesco Sassettis war der Hl. Franziskus, die Kirche aber gehörte den Dominikanern. Diese waren schockiert, daß an dem feierlichsten Platz ihrer Kirche ausgerechnet der Gründer des mit ihnen rivalisierenden Franziskanerordens verherrlicht werden sollte. Mit allen Mitteln wehrten sie sich gegen Sassettis Plan und zwischen den beiden Parteien entbrannte ein langjähriger Rechtsstreit. Vergebens pochte Sassetti auf sein Patronatsrecht, die Dominikaner setzten sich durch.

Erbost zog sich der aufgebrachte Sassetti nach dieser Niederlage völlig aus Santa Maria Novella zurück, ließ selbst das schon fertige Grabmonument seines Vaters nicht mehr dort aufstellen und am Schluß verblieb der Kirche von allen seinen Aktivitäten lediglich eine für Festmessen am Hochaltar gestiftete Paramentenkapelle, immerhin aus kostbarem Goldbrokat. Die gleichfalls empörten Dominikaner entfernten daraufhin das einst von Baro Sassetti gestiftete Hochaltarbild.

Dieser Affront kränkte Sassetti zutiefst. Noch Jahre später sann er auf Rache. In seinem Testament von 1488, zehn Jahre nach diesem Vorfall verfaßt, forderte er seine Söhne auf, für die Wiederaufrichtung des Altarbildes zu sorgen. Denn, so schreibt er, »wie Ihr wißt, haben die Mönche uns den Schimpf angetan, unser Wappen vom Hochaltar wegzunehmen und die Altartafel; ich ermahne Euch, das nicht auf die leichte Schulter zu nehmen, weil sie der Ruhm unseres Hauses ist und das Wahrzeichen unseres Altertums und solltet Ihr wieder zu Ansehen und Stellung kommen, so bringt alles wieder zurecht und an seine Stelle zurück.«

Diese Passage aus dem Testament macht deutlich, daß es nicht allein Sassettis ausgeprägte fromme Verpflichtung gegenüber seinem Schutzheiligen war, die ihn trotz aller Kränkungen so starrsinnig an seinem Bildprogramm festhalten ließ. Das Ansinnen der Dominikaner empfand er als Angriff auf die Ehre seines altehrwürdigen Geschlechts. Sein patriarchalischer Familienstolz vertrug es nicht, auf die uneingeschränkte Ausübung seines Patronatsrechtes zu verzichten. Er war lieber bereit, sein Vorhaben in einer anderen Kirche zu verwirklichen als den Dominikanern nachzugeben.

Für die Dominikaner, die die Rache der Sassetti nicht fürchteten,

107. Ghirlandaio, *Heimsuchung der Maria* (1485-1490), Santa Maria Novella, Tornabuoni-Kapelle.

entstand daraus kein gravierender Schaden. Ein neuer Patronatsherr war rasch gefunden, denn es bestand eine rege Nachfrage. Das Patronat übernahm Giovanni Tornabuoni, der zunächst der Familie Ricci auf listige Weise ihr Patronatsrecht abschmeichelte, um dann gleichfalls Sassettis Doppelvorhaben, Erneuerung des Hochaltares und der Fresken, in Angriff zu nehmen. Da er keine Sonderwünsche vortrug und an dem alten Bildprogramm festhielt, erstrahlte im Jahre 1490, dem Todesjahr Sassettis, die Chorkapelle von Santa Maria Novella in neuem Glanz (Abb. 107).

Stifterlist

Wie Tornabuoni sich mit der Familie Ricci verständigt hat, erzählt Vasari in seiner Lebensbeschreibung des Domenico Ghirlandaio: »Zufällig war in Santa Novella, dem Kloster der Prädikantenmönche, die Hauptkapelle, die einst von Andrea Orcagna ausgemalt worden war, durch Nässe zum größten Teil schadhaft geworden, da das Dach der Wölbung schlecht gedeckt war. Deshalb hatten sich viele Bürger erboten, sie wieder ausbessern oder neu malen zu lassen. Die Patrone jedoch, die zur Familie Ricci gehörten, gaben nicht ihre Zustimmung. Obwohl sie selbst die Kosten

dafür nicht aufbringen konnten, vermochten sie sich doch nicht zu entschließen, das Werk einem andern zu überlassen, weil sie nicht das
Patronatsrecht und ihr Wappen, das sie dort schon von ihren Vorfahren
her hatten, aufgeben wollten. Giovanni also, der den sehnlichsten Wunsch
hegte, daß Domenico ihm ein Denkmal errichte, suchte auf verschiedenen
Wegen sich jene Aufgabe zu sichern. Schließlich versprach er den Ricci, er
wolle alle Kosten tragen, sie auf irgendeine Weise entschädigen und ihr
Wappen an dem hervorragendsten und ehrenvollsten Platze in der ganzen
Kapelle anbringen lassen. So wurden sie einig, machten einen Kontrakt
und fertigten eine sehr genaue Urkunde darüber des oben angegebenen
Inhalts aus. Giovanni übertrug dem Domenico das Werk und bestimmte,
daß er dieselben Vorgänge wieder malen sollte, die früher dort waren. Sie
machten aus, daß der Preis dafür 1200 Dukaten betragen sollte, und für
den Fall, daß die Bilder zu seiner Zufriedenheit ausfielen, noch 200
hinzugefügt werden sollten. Domenico legte nun Hand ans Werk und
ruhte nicht eher, bis er es in vier Jahren vollendet hatte.
Alsbald ließ Giovanni zwei Wappen von Stein machen, eins für die
Tornaquinci und eins für die Tornabuoni, und sie außen an den Pfeilern
der Kapelle anbringen. Am Bogen befinden sich andere Wappen der
Familie, die sich in viele Namen und Glieder verzweigt, die der Giachi-
notti, Popoleschi, Marabottini und Cardinali. Als Domenico die Altartafel
schuf, ließ Giovanni in dem Goldrahmen in einem Bogen an der Spitze der
Tafel ein sehr schönes Sakraments-Tabernakel und auf dessen Stirnseite
ein ¾ Ellen hohes Schild mit dem Wappen der Patronatsherren Ricci
anbringen. Kaum war die Kapelle eröffnet, da begann auch schon der
Zank. Unter großem Lärm suchten jene ihr Wappen, und als sie es
schließlich nicht sahen, liefen sie zum Rat der Acht und wiesen ihre
Urkunde. Darauf zeigten die Tornabuoni, daß sie das Wappen an dem
hervorragendsten und ehrenvollsten Platze aufgestellt hätten. Und obwohl
jene schrieen, daß man es dort nicht sähe, wurde ihnen geantwortet, daß
sie Unrecht hätten und sich damit zufrieden geben müßten, da Giovanni es
an einem ehrenvollen Platze, in der Nähe des allerheiligsten Sakramentes,
angebracht hätte. Und der Rat entschied, daß es dort stehen bleiben solle,
wo man es noch heute sieht. – Wenn etwa jemand meinen sollte, diese
Episode gehöre nicht in die Lebensbeschreibungen, wie ich sie geben will,
so lasse er sich dies nicht verdrießen, sie ist meiner Feder entschlüpft und
dient, wenn zu nichts anderem so doch dazu, zu beweisen, wie sehr die
Armut eine Beute des Reichtums ist, und wie Reichtum gepaart mit
Klugheit, ohne Makel zum gewünschten Ziele kommt.«

Auf- und Abstieg eines Patriziers

Wer war nun dieser Francesco Sassetti (Abb. 108), der von 1421 bis 1490
lebte? Seinen Reichtum erwarb er im Dienst der Medici. In den vierziger
und fünfziger Jahren leitete er ihre französischen Bankfilialen in Lyon
und Avignon und verdiente dabei so enorm, daß er zum selbständigen

108. Ghirlandaio, Lorenzo de' Medici und Francesco Sassetti, Detail aus Abb. 110.

Teilhaber der Lyoner Medici-Bank aufstieg. 1458 kehrte er nach Florenz zurück und begann seine Laufbahn als Mäzen. Wie alle anderen Oberhäupter der reichen Kaufmannsgeschlechter dieser Zeit, der Medici, der Rucellai, der Strozzi etc., sorgte er zunächst für die kulturvolle Ausstattung seiner Privatsphäre.

Sein erstes großes Projekt war der Neubau eines heute nicht mehr erhaltenen prächtigen Familienpalastes. Vor den anderen Familienpalästen zeichnete er sich durch den Umstand aus, daß er zwei kostbar ausgestattete Hauskapellen enthielt. Was immerhin den Neuplatoniker Marsilio Ficino zu der wohl etwas materialistischen Bemerkung hinriß, Sassetti habe nunmehr auf die himmlische Glückseligkeit einen doppelt begründeten Anspruch als Besitzer zweier Kapelle in seinem glänzenden Hause. Danach ließ er auf seinem Landgut eine luxuriöse Villa errichten, die sogleich von einem zeitgenössischen Dichter als »königliches Bauwerk« gepriesen wurde. Sassetti selbst bezeichnete sie nicht weniger unbescheiden als einen Bau, der »seinem Namen und seinem Geschlecht große Ehre und Reputation . . . durch ganz Italien hin« eingetragen habe. Gleichzeitig mit dem Baubeginn der Villa bemühte er sich um die Erneuerung seines Patronatsrechts in Santa Maria Novella mit dem bekannten fatalen Ausgang. Neben diesen aufwendigen Architektur-

264

und Kunstprojekten legte er sich eine erlesene, von Zeitgenossen hoch gerühmte Handschriftensammlung antiker Texte zu.

Sassettis mäzenatische Unternehmungen wurden nicht von kaufmännischer Sparsamkeit und Vernunft getragen. Man gewinnt eher den Eindruck, er habe mit ihnen demonstrativ seine Abkehr von jeglicher Unternehmermentalität dokumentieren wollen. Jedenfalls ist es eine auffallende Parallele, daß in dieser Zeit, da er sich den Ruf einer kultivierten und belesenen Persönlichkeit erwarb, sein Ruf als Bankier verblaßte. Spöttisch hieß es von ihm, er lese lieber in den Schriften des Cicero als in den Kontobüchern. Seinem gesellschaftlichen Aufstieg kam diese Neigung zugute, nicht aber seinen Geschäften und denen der Medici.

1469 übernahm Sassetti die ehrenvolle Aufgabe, den jungen Lorenzo, der mit 21 Jahren nach dem Tode seines Vaters zum Chef des Hauses Medici avancierte, in ökonomischen Fragen zu beraten. Nach heutigem Sprachgebrauch übernahm er die Funktion eines Generalmanagers der Medici-Banken. Seine engen Beziehungen zu Lorenzo blieben bis zu seinem Tode bestehen und wurden auch durch sein offensichtliches Mißmanagment nicht getrübt. Wahrscheinlich behielt er eben wegen seiner Vorlieben für Cicero Lorenzos Vertrauen, der erst recht kein Interesse für Bankgeschäfte besaß.

1488 reiste Sassetti im Auftrag Lorenzos nach Lyon, um die zerrütteten Finanzen ihrer gemeinsamen Bank zu ordnen. Aus dem bereits zitierten Testament, das er vor seiner Abreise verfaßte, geht hervor, wie brüchig bereits die ökonomische Basis seiner glänzenden gesellschaftlichen Position geworden war. Seine Bemühungen krönte kein Erfolg und seine verarmten Nachkommen konnten denn auch nicht die Position behaupten, die er von 1458 bis zu seinem Tode im Florentiner Patriziat einnahm.

Angesichts seines hohen Ranges in der Florentiner Gesellschaft verwundert es nicht, daß Sassetti das Verhalten der Dominikaner als einen scharfen persönlichen Affront empfand. Wenn es ihm und seinen Nachkommen auch nicht gelang, den ihnen zugefügten Schimpf zu rächen, so erreichte er doch wenigstens, daß sein Projekt in einer anderen Kirche verwirklicht wurde. Wir vermuten, daß er in keiner Florentiner Franziskanerkirche eine geeignete Kapelle fand. Zu seinem Glück plagten jedoch nicht alle Orden die Skrupel der Dominikaner. Zumindest gilt das für den Orden der Vallombrosaner, eine von dem Hl. Giovanni Gualberto im 11. Jahrhundert gegründete eigenständige Benediktiner-Kongregation. In ihrer Kirche Santa Trinità konnte Sassetti zwölf Jahre später sein Projekt endlich zum Abschluß bringen. Zwar mußte er sich mit einer Seitenkapelle bescheiden, aber sein Bildprogramm traf auf keine Einwände. Vielmehr schienen die Vallombrosaner recht erfreut, ihn als Stifter zu gewinnen. Sie nahmen dankbar die Zusatzschenkung eines Hauses an, obwohl Sassetti dies mit der Auflage verband, als Gegenleistung an jedem höheren Festtag eine feierliche Messe zu Ehren des Hl. Franziskus zu lesen.

Um 1480 beauftragte Sassetti Domenico Ghirlandaio (1449-94), seine Kapelle auszumalen. Im Dezember 1485 war die Arbeit beendet. Interessant ist, daß Ghirlandaio nach Abschluß der Arbeit – gleichsam im fliegenden Wechsel – für Giovanni Tornabuoni die Sassetti verweigerte Chorkapelle in Santa Maria Novella ausmalte; einen entsprechenden Vertrag unterschrieb er am 1. September 1485. Er profitierte also nicht unbeträchtlich von dem Konflikt, der ihm und seiner Werkstatt zwei insgesamt sieben Jahre dauernde Großaufträge einbrachte. Seine sofortige Weiterverpflichtung zeigt außerdem, daß seine Wandfresken die Florentiner Oberschicht nachhaltig beeindruckten. Das mag für Sassetti ein nicht geringer Trost gewesen sein, denn einen solchen Effekt hatte er bewußt angestrebt.

Der fromme Humanist

Der Kapellenraum vermittelt einen lebendigen Eindruck von Sassettis Persönlichkeit. Seine Ausstattung enthüllt die eigentümliche Mischung von frommer Gesinnung, die seine unnachgiebige Loyalität zu seinem Namensheiligen erklärt, und von humanistischer Neigung, die sich so nachteilig auf seine Geschäfte auswirkte.

Nach Martin Wackernagel ist das ursprüngliche Erscheinungsbild der Kapelle im wesentlichen unverändert erhalten, »einschließlich der in die Seitenwände eingebauten schwarzmarmornen Gräber des Stifters und seiner Gattin, sowie der gleichfalls von Ghirlandaio gelieferten Altartafel mit der Anbetung der Hirten«. Seitlich der Altartafel sind in großer Freskodarstellung die Stifterbildnisse angebracht, »darüber in zonenweisem Übereinander auf allen drei Wänden die Szenen der Franzlegende«; auf der linken Wand »Die Lossagung vom Vater« und »Die Stigmatisation«, auf der rechten Wand »Die Feuerprobe vor dem Sultan« und »Der Tod des hl. Franziskus«, auf der Stirnwand »Die Bestätigung der Ordensregel durch den Papst« und »Die Erweckung des aus dem Fenster gefallenen Knaben«. In den Wölbungskappen sind die vier Sibyllen wiedergegeben, das Sibyllenthema bestimmt auch das Wandbild über dem Eingangsbogen. Daneben befindet sich »in der Achse des Zwischenpfeilers, dessen Stirnseite die Verkündigungsmadonna zeigt, eine Davidfigur mit dem Sassetti-Wappen, das überdies in buntfarbiger Majolikaausführung den Bogenscheitel des Kapelleneingangs ziert.« Ein dekoratives Inschriftmedaillon im Fußboden vervollständigt die Ausstattung.

109. Ghirlandaio, *Anbetung der Hirten* (1485), Santa Trinita, Altartafel in der Sassetti-Kapelle.

In Ergänzung zu Wackernagels Beschreibung wollen wir noch auf ein amüsantes Detail hinweisen. Auf der Altartafel (Abb. 109) hat sich Ghirlandaio selbst dargestellt. Wir sehen ihn vorn neben den beiden Hirten, mit der linken Hand auf das Christkind, mit der rechten auf sich, den Schöpfer des Bildes, weisend. Mit dieser Gestik präsentiert er sich als der wissende Künstler, der die Geburt Christi in ihrer ganzen Bedeutungstiefe auszuloten und zu malen weiß. Ein bezeichnendes Indiz dafür, daß sich nunmehr der Künstler selbstbewußt und gleichberechtigt dem rechts betenden Stifter zugesellt. Mit seiner Gestik verfolgte Ghirlandaio aber noch ein weiteres Ziel. Wenige Jahre zuvor war die große, heute in den Uffizien aufgestellte Altartafel des Flamen Hugo van der Goes nach Florenz gekommen. Das nach seinem Stifter *Portinari*-Tafel benannte Werk erregte beträchtliches Aufsehen und sein naturalistischer, auf Idealisierung verzichtender Stil beeinflußte auch Ghirlandaio. Diesem Werk hat Ghirlandaio die beiden Hirten in seinem Altarbild nachempfunden, denen er jedoch, nicht gerade bescheiden, die überlegene Manier der Florentiner Kunst vor Augen führt.

Die aufschlußreiche Verbindung von Antike und Christentum in der Gestaltung der Kapelle hat Aby Warburg aufgedeckt. Er geht aus von Ghirlandaios Altartafel:

»Ein antiker Marmorsarkophag selbst muß die Überwindung des Heidentums durch die christliche Kirche demonstrativ verkünden: dem Christkind zur Wiege dienend und Ochs und Esel zur Krippe, verkündigt er durch seine lateinische Inschrift die Weissagung eines römischen Augurs: mein Sarkophag wird dereinst der Welt eine Gottheit schenken.

So wird vom Hauptkultort der Kapelle, vom Andachtsbild aus, noch dazu mit dem ganzen Nachdruck der neuen historisch-archäologischen Bildung, der antichità ihre typologisch festgefügte Stellung in der Vorhalle des christlichen Weltgebäudes zugewiesen.

Zu diesem weihnachtsfeierlichen Programm des Bilderkreises – die Kapelle wurde wahrscheinlich Weihnacht 1485 eingeweiht – stimmen auch die vier Sibyllen in den Gewölbekappen und vor allem das mächtige Präludium draußen über dem Eingangsportal, das Fresko mit der Weissagung von Christi Geburt an den Kaiser Octavian durch die Tiburtinische Sibylle. Ein zweites Wunder, das sich an diese Prophezeiung knüpfte, führt uns zum Tafelbild zurück: denn die beiden antiken Pfeiler, die so unmotiviert das verfallene Hüttendach tragen, scheinen mir die Reste jenes Templum Pacis (der Constantinsbasilika) vorzustellen, das in der Christnacht das Ende der stolzen Heidenwelt durch seinen Einsturz verkündend, im damaligen florentinischen Festwesen als ein volkstümlich bekanntes Requisit der damaligen Weihnachtsspiele figurierte.«

Neben diesem frommen Humanismus besteht noch eine zweite persönliche Verbindung von Antike und Christentum. Sie zeigt sich in der ideellen Beziehung zwischen der Davidfigur über dem Eingang und den die Schleuder schwingenden Zentauren auf den Grabmälern. Die Schleuder war seit dem 14. Jahrhundert Bestandteil des Familienwappens der Sassetti, deren Name dem italienischen Wort für Steinwurf (sassetta) ähnelt. Den steineschleudernden Zentauren hatte Sassetti zu seinem persönlichen Bildzeichen erkoren. Wie Warburg meint, ist ihm dieses heidnische Geschöpf ein Sinnbild kaufmännischer Energieentfaltung. Zugleich bleibt ihm die Schleuder »noch als Organ der göttlich begnadeten Tatkraft des biblischen Hirten« so lebendig, daß er den David zum »offiziellen Portalwächter und Wappenhalter« beruft. Der Zentaur als Symbol vergänglicher irdischer Geschäftigkeit und der David als Symbol zukünftiger Heilserwartung – in dieser Deutung stehen sie

110. Ghirlandaio, *Die Bestätigung der Ordensregel durch den Papst,* (1483-1485), Santa Trinita, Sassetti-Kapelle.

in verblüffender Parallele zur Vergänglichkeit der Antike und der fortdauernden Herrschaft Christi.

Der irdische und der himmlische Schutzpatron

Auf zwei Fresken aus der Franziskuslegende wollen wir gesondert eingehen: »Die Bestätigung der Ordensregel durch den Papst« (Abb. 110) und »Die Wiedererweckung des aus dem Fenster gefallenen Knaben« (Abb. 111). Daß ihnen Sassetti eine zentrale Bedeutung zumaß, verrät bereits der für sie gewählte Platz. Sie befinden sich oberhalb des Altares und der Stifterbildnisse und liegen unmittelbar gegenüber dem Eingang, fallen also jedem Eintretenden als erstes ins Auge. Leider ist uns der Vertrag, den Sassetti mit Ghirlandaio abschloß, nicht bekannt, so daß offen bleiben muß, ob Sassetti speziell diese beiden Fresken dem Künstler besonders ans Herz gelegt hatte. Wir vermuten, daß sich der Vertrag im allgemeinen nicht wesentlich von dem unterschied, den Giovanni Tornabuoni mit dem Maler aushandelte und dessen Text überliefert ist.

Zu Beginn dieses Vertrages betont Tornabuoni sein Verlangen, die Kapelle in S. Maria Novella »mit edlen, würdigen, auserlesenen und dekorativen Wandbildern zu schmücken, als ein Akt der Ehrfurcht und der Liebe zu Gott, sowie zur Erhöhung seines Hauses und seiner Familie und zur Steigerung des Ansehens der Kirche und der Kapelle.« Es folgt die Aufzählung der zu malenden Szenen und der zu verwendenden Farben und daran schließt sich die Forderung: »Und in all den oben erwähnten Historien und Bildern, an allen Wänden der Kapelle, an der Decke, dem Gewölbe, den Säulen soll er malen und darstellen Figuren, Gebäude, Burgen, Städte, Berge, Hügel, Ebenen, Felsen, Gewänder, Tiere, Vögel und Vieh aller Art, wie es (dem Auftraggeber) Giovanni genehm erscheint.« An dem Vertrag fällt auf, daß die Konterfeis der zahlreichen zeitgenössischen Patrizier, die sich sowohl in der Tornabuoni-Kapelle als auch in der Sassetti-Kapelle in die religiösen Historien hineindrängen, nicht erwähnt sind. Ihr Erscheinen war offenbar so selbstverständlich, daß es nicht extra vertraglich festgelegt werden mußte. Daraus läßt sich folgern, daß ihre Bildnisse – im Gegensatz zu den oben aufgezählten Gegenständen – keine profanen Zutaten, sondern fragloser Bestandteil der gemalten religiösen Legenden sind.

Was ist das für eine christliche Vorstellungswelt, die es zuläßt, daß die frommen Ereignisse mit auffallender Unbedenklichkeit in eine Selbstdarstellung der Florentiner Haute-Volée verwandelt werden? Dieser Frage ist gleichfalls Aby Warburg nachgegangen. Wie er herausgefunden hat, lebt in diesen Porträts der alte heidnische Fetischismus fort, sich dem Göttlichen im gemalten Scheinbilde zu nähern, um auf diese Weise mit ihm eine magisch-segenskräftige Verbindung einzugehen. Dieser Brauch war in allen Florentiner Schichten verbreitet und wurde von der Kirche keineswegs eingedämmt.

Florentiner Panoptikum

»In dem Weihgeschenke an heilige Bilder hatte die katholische Kirche, in weltdurchschauender Erkenntnis, den bekehrten Heiden eine legitime Entladungsform für den unausrottbaren religiösen Urtrieb belassen, dem Göttlichen in der faßbaren Form des menschlichen Abbildes sich in eigener Person oder im Abbilde annähern zu können. Die Florentiner, Nachkommen der heidnisch abergläubischen Etrusker, haben nun diesen Bildzauber in krassester Form gepflegt und bis ins 17. Jahrhundert kultiviert, wofür hier das bezeichnendste Beispiel (im kunstgeschichtlichen Zusammenhange noch nicht gewürdigt) in einiger Ausführlichkeit geschildert sei.

Die Kirche Santissima Annunziata verlieh an die Mächtigen der Stadt und an vornehme Fremde das eifrig nachgesuchte Privilegium, zu Lebzeiten die eigene Figur in getreuer lebensgroßer Nachbildung in Wachs und angethan mit den eigenen Kleidern in der Kirche selbst aufstellen zu dürfen. Zur Zeit des Lorenzo de' Medici war die Fabrikation solcher

Wachsfiguren (Voti) ein ausgebildeter hochstehender Kunstzweig und in den Händen der Benintendi, Schüler des Andrea Verrocchio, die Generationen lang eine ausgedehnte Votifabrik zum Nutzen der Kirche leiteten und deshalb den Namen ›Fallimagini‹ führten. Lorenzo selbst ließ, nachdem er 1478 glücklich den Dolchen der Pazzi entronnen, seine lebensgroße Wachsfigur, von Orsino Benintendi angefertigt, dreimal in florentinischen Kirchen in verschiedenem Kostüm aufhängen. In denselben Kleidern, die er am Tage der Ermordung seines Bruders Giuliano trug, als er sich gerettet, aber selbst verwundet, dem Volke am Fenster zeigte, hing seine Figur in einer Kirche der Via San Gallo; im florentinischen Bürgerstaatsgewand, im Lucco, erblickte man ihn dann noch über einer Thür in der Annunziata, und eine dritte derartige Porträtwachsfigur schickte Lorenzo als Dankesvoto nach der Kirche Maria degli Angeli in Assisi. Die Menge dieser Voti schwoll schon gegen Anfang des 16. Jahrhunderts derartig an, daß in der Kirche selbst Platzmangel eintrat und die Figuren der Stifter an Stricken oben am Gebälk aufgehängt und deswegen die Mauern durch Ketten verstärkt werden mußten, und erst als durch das öftere Herabfallen eines Voto Andächtige erheblich gestört wurden, verbannte man das Wachsfiguren-Kabinet in einen seitlichen Hof, wo Reste des Panoptikums noch bis Ende des 18. Jahrhunderts zu sehen waren.«

Aus: Aby Warburg, Gesammelte Schriften Bd. I, Nachdruck 1969

Angesichts solcher kirchlichen Verkehrsformen bestand demnach kein Widerspruch zwischen Sassettis tief empfundener Ehrfurcht gegenüber seinem Namensheiligen und der profanen Form, in der sie ihren künstlerischen Ausdruck findet. Uns reicht diese Erklärung für das Fresko mit der Bestätigung der Ordensregel nicht aus. Wir sind der Ansicht, daß Sassetti mit diesem Bild recht unfromme profane Ziele verfolgte, die er auf geschickte Weise mit dem Ereignis aus der Franziskuslegende verband. In allen übrigen Wandbildern fungieren die porträtierten Zeitgenossen als Zuschauer, nur in diesem nicht. Warum steigen plötzlich drei Knaben und drei Männer eine Treppe herauf und stören die feierliche Zeremonie? Und warum werden durch diesen Kunstgriff die rechts stehenden Patrizier nachdrücklich hervorgehoben? Ohne Zweifel wünschte Sassetti, daß ihnen der Betrachter seine besondere Aufmerksamkeit schenkt. Dafür spricht auch, daß das Bild in einer ersten Fassung nicht dieses auffallende Figurenarrangement besaß. Erst nach der Fertigstellung faßt Sassetti den Entschluß, es einschneidend zu verändern. Er ließ einen nicht unbeträchtlichen Teil der Farbschicht des Vordergrundes wieder abkratzen – bekanntlich gestattet die Freskotechnik keine Übermalung –, damit Ghirlandaio die Porträts in der neuen Anordnung hineinkomponieren konnte.

Porträtiert sind, laut Warburg, auf der rechten Seite Sassettis Verwandter Antonio Pucci, Lorenzo de' Medici, Sassetti selbst und sein junger Sohn Federigo (geb. 1472), der, für die geistliche Laufbahn bestimmt, bereits Prior ist. Ihnen stehen links Sassettis drei erwachsene Söhne gegenüber: Teodore I. (1479 gestorben), Cosimo (geb. 1463) und Galeazzo (geb. 1469). Der neben ihnen auftauchende Mönch, der auf wunderbare Weise ohne Unterleib an dem Ereignis partizipiert, ist nach der Programmänderung lediglich übermalt worden, wie man sieht ohne bleibenden Erfolg. Die Heraufsteigenden sind Angelo Poliziano, Erzieher der Söhne Lorenzos und die Söhne selbst: Giuliano (geb. 1478), dann Piero (geb. 1471) und Giovanni (geb. 1475). Die Reihe beschließen wahrscheinlich Matteo Franco, der Elementarlehrer der Söhne, und Luigi Pulci, Lorenzos politischer Berater.

Aus den Namen ist unschwer zu schließen, daß Sassetti sich und den männlichen Teil seiner Familie in absichtsvolle Nähe zu Lorenzo und seiner Familie stellte. Die Anwesenheit des mächtigsten Mannes von Florenz, kompositionell unterstrichen durch die verspätet hinzueilenden Söhne und Erzieher, verändert das Bildthema. Nicht mehr Sassettis Beziehung zu seinem Namensheiligen, sondern seine Beziehung zu Lorenzo sollte hervorgehoben werden. Das Bild wird zu einem über seinen Tod hinaus wirkenden Beweis von seiner hohen Stellung im Florentiner Patriziat.

Die Änderung der ersten Fassung ist demnach allein der Absicht zu verdanken, die repräsentative Ausstrahlungskraft des Bildes zu steigern. Daß Sassetti von Anfang an auf die repräsentative Wirkung Wert legte, ergibt sich aus der Darstellung des unveränderten Hintergrundes. Dort sind unschwer der Palazzo Vecchio und die Loggia dei Lanzi zu erkennen. Obwohl die Bestätigung der Ordensregel, wie damals allgemein geläufig, in Rom stattfand, läßt Sassetti das Ereignis nach Florenz verlegen. Und er wählt nicht einen dem Sujet angemessenen kirchlichen Ort, sondern das politische Zentrum, den Ort also, in dem sich die städtische Macht konzentriert. Mit dieser Ortswahl gibt er unmißverständlich zu erkennen, daß er in diesem Bild ausschließlich als Mitglied der herrschenden Oligarchie gesehen werden will, und nicht etwa als frommer Stifter. In dieser Rolle sehen wir ihn gesondert unten rechts.

Es ist bemerkenswert, mit welchem Eifer Sassetti die Möglichkeiten der Kunst auszuschöpfen trachtete, um mit ihrer Hilfe der Kapelle die Würde eines öffentlichen Hoheitsraumes zu verleihen. Dazu gab es für ihn allerdings auch einen hinreichenden Grund. Im Vergleich zu der ursprünglich vorgesehenen Kapelle in Santa Maria Novella war diese Seitenkapelle in Santa Trinita recht bescheiden. Glanzvolle gesellschaftliche Ereignisse fanden hier nicht statt. Mit den Mitteln der Kunst wollte er diesen Nachteil kompensieren. Der Kunst maß und traute er die Aufgabe zu, diesem Kirchraum jene Würde zu geben, die der Chorkapelle in Santa Maria Novella im vorhinein durch den gesellschaftlichen Rang der Kirche verbürgt war. Die Kunst bekommt die magische Kraft, die Florentiner Haute-Volée herbeizuzaubern, die nunmehr, wenn auch

111. Ghirlandaio, *Die Wiedererweckung des aus dem Fenster gefallenen Knaben* (1483-1485), Santa Trinità, Sassetti-Kapelle.

nur im Bilde, in die Kapelle eintritt, an ihrer Spitze Lorenzos Söhne und ihre Erzieher.

Obwohl die päpstliche Zeremonie zur Dekoration des Bühnenauftritts der Patrizier wird, wissen der Künstler und sein Auftraggeber die guten Formen zu wahren und der Anwesenheit Lorenzos und Sassettis sittlichen Ernst zu geben. Die Bestätigung der Ordensregel enthüllt sich als ein für ihre Lebensführung bedeutungsvolles und unvermindert aktuelles Ereignis. Im Geiste der Lehren und Regeln, die der Hl. Franziskus aufstellt und die der Papst absegnet, wollen sie ihre Lebensführung und die Erziehung ihrer Söhne verstanden wissen. Und wie sich die Mönche der Autorität des Oberhauptes der Kirche unterwerfen, so unterwerfen sich die Söhne der Autorität der Familienpatriarchen. Ghirlandaio hat die ideelle Parallele zwischen diesen beiden Handlungen nicht nur kompositionell veranschaulicht, sondern auch motivisch. Außer dem Papst heben allein Lorenzo und Sassetti ihre Hände zu einem sprechenden Gestus.

Es wäre allerdings verfehlt anzunehmen, Sassetti habe die Legende des Hl. Franziskus lediglich benutzt, um sich selbst gebührend herauszustreichen. In dem Fresko »Die Widererweckung des aus dem Fenster gefallenen Knaben« (Abb. 111) nimmt der Heilige die bildbeherrschende Position ein, die ihm in dem darüberliegenden Wandbild verweigert wird. Das auf dem Bild dargestellte Wunder ist rasch erzählt. Ein Knabe stürzt sich aus dem Fenster, um gegen den Willen seiner Mutter ihr auf dem Gang zur Kirche nachzufolgen. Die Mutter hört den Sturz, eilt zurück und findet ihr Kind tot auf der Straße. Das Wehklagen der Familie ruft zwei Franziskanermönche herbei. Sie fragen den Vater, ob er glaube, daß der Hl. Franziskus den Knaben wieder zum Leben erwecken könne. Als der Vater dies bejaht, fordern sie alle Anwesenden zum Gebet auf. Und, so die Legende wörtlich, »als dies geschehen, begann der Knabe ein wenig den Mund zu öffnen, erhob sich selbst mit offenen Augen und erhobenen Armen, und sogleich wandelte er vor allen unversehrt, Dank der wunderbaren Kraft des Heiligen dem Leben und der Gesundheit zugleich wiedergeschenkt.«

Auch dieses Ereignis, das ebenfalls in Rom stattgefunden haben soll, läßt Sassetti nach Florenz verlegen. Wiedergegeben ist die Straße vor der Kirche Santa Trinita, die zum Arno hinunterführt. Und auch diesmal geht es um die Aktualität des Ereignisses. Die Wunderkraft des Heiligen glaubten er und seine Frau Nera Corsi selbst erlebt zu haben. Man nimmt an, daß das Bild der Wiedererweckung mit der durch die Geburt Teodoro II. erfüllten Wiedererstehung des gestorbenen Teodoro I. zusammenhängt, dessen Tod die Familie schmerzlich betrauerte. Von daher ist einleuchtend, daß die beiden großen Stifterfresken nicht nur der Altartafel, sondern auch diesem Wandbild zugeordnet sind.

Trotz dieser betont frommen Hinwendung zu seinem himmlischen Schutzpatron hat Sassetti es sich nicht nehmen lassen, in diesem Bild gleichfalls absichtsvoll die Konterfeis bedeutender Patrizier anzubringen. Wie Vasari berichtet, »sind abgebildet Maso degli Albizzi, Herr Agnolo Acciaiuoli und Herr Palla Strozzi, edle und in der Geschichte der Stadt oft genannte Bürger.« Die Namen der Frauen überliefert Vasari nicht. Es sind Sassettis Töchter. Und so zeigt denn dieses Bild auch, wie sehr zu dieser Zeit die Funktion der Frau auf den privaten Familienbereich beschränkt blieb. Ihre Aufgabe war es, Kinder zu gebären und fromm zu beschützen, von der politischen Herrschaft blieb sie ausgeschlossen.

Die Brancacci-Kapelle oder der Beginn der Renaissancemalerei

112. Masaccio und Filippino Lippi, *Auferweckung des Gouverneurssohnes und Kathedra,* (um 1427 und 1484-1485), Santa maria del Carmine.

Die Künstler in der Brancacci-Kapelle

Vasari berichtet, daß die Fresken von Masaccio (1401-1428) in der Brancacci-Kapelle der Kirche Santa Maria del Carmine ein bevorzugtes Studienobjekt aller bedeutenden Künstler der Früh- und Hochrenaissance waren. Sie gingen dorthin, schreibt er, »um von Masaccio die Vorschriften und Regeln zu erlernen, nach denen man Gestalten richtig darstellt.« Und das offenbar mit großem Erfolg. Denn alle Maler und Bildhauer, »die sich in dieser Kapelle übten und dort studierten«, sind »ausgezeichnet und berühmt« geworden. Vasari versäumt es nicht, die Künstler aufzuzählen, die Masaccio solchermaßen zu Dank verpflichtet sind, darunter auch Domenico Ghirlandaio.

Nun ist es in der kunsthistorischen Literatur keineswegs üblich, Verbindungslinien zwischen Masaccio und Ghirlandaio zu ziehen. Masaccios strenge Momumentalität, seine klare und einfache Kompositionskraft erscheint unvergleichbar mit Ghirlandaios Vorliebe, »seine Kompositionen durch stofflichen Reichtum in der naturalistischen Wiedergabe aller Dinge« zu beleben. Dabei wird übersehen, daß er bei seiner Darstellung der Patrizier in der Sassetti-Kapelle auf ein Gestaltungsprinzip Masaccios zurückgreift. Die nüchterne Anordnung der Figuren, die durchgängige Isokephalie (die Anordnung der Figurenköpfe auf gleicher Höhe), die stolze und standfeste Haltung enthält noch Anklänge an jene machtvolle Figurenauffassung, die Masaccio auszeichnet.

Dennoch ist die unterschiedliche Auffassung beider Künstler unverkennbar. Masaccio gelingt es, in der plastischen Gestaltung der Figuren, in ihrer räumlichen Anordnung und ihrer differenzierten Gestik und Haltung den dramatischen Gehalt des religiösen Ereignisses herauszuarbeiten. Ghirlandaio reiht die Personen spannungslos auf. Gleichmütig wohnen sie dem frommen Vorgang bei, der nur ein beliebiger Anlaß für ihren Auftritt zu sein scheint. Sind Masaccios Figuren noch charaktervolle Akteure, so wirken die Ghirlandaios dagegen wie gleichgültige Patrizier, die sich zur Schau stellen. Der Vergleich ist aufschlußreich. *Er verdeutlicht Anfang und Ende Florentiner Kaufmannskunst.*

Wie weit sich die bürgerliche Kunstgesinnung am Ausgang des Quattrocento von ihrem Beginn entfernt hat, kann man in der Brancacci-Kapelle selbst sehr gut nachvollziehen. Das von Masaccio als Torso hinterlassene Wandbild »Die Auferweckung des Gouverneurssohnes« (Abb. 112) hat zwischen 1484 und 1485 Filippino Lippi (1457-1504) vollendet. Von seiner Hand stammen die fünf links hinzutretenden Personen, der auferweckte, kniende Gouverneurssohn sowie die acht rechts von dem Knaben stehenden Zuschauer. Filippino Lippi hat sich zweifellos bemüht, dem vorgegebenen Kompositionsschema zu folgen. Aber während Masaccio die noch von ihm gestaltete und in die Raumtiefe gestaffelte Figurengruppe in einen spannungsvollen Kontrast zur dominierenden Gestalt des Petrus setzt, entschärft Filippino Lippi diese Gegenüberstellung. Er stellt die von ihm gemalten Zuschauer mehr flächenhaft-dekorativ nebeneinander. Ordnet Masaccio die einzelne Figur der Gesamtwirkung der Gruppe unter, so verfährt Filippino Lippi umgekehrt: Er löst den Gruppenzusammenhang zugunsten einer additiven Reihung auf. Für ihn ist das individuelle Bildnis wichtiger als die dargestellte Handlung.

Entsprechend verzichtet er auch darauf, zu der von Masaccio bereits gemalten Szene der »Kathedra Petri«, die sich rechts anschließt, einen Übergang zu schaffen. Daß beide Szenen in einem inneren Zusammenhang stehen, interessiert ihn nicht. Die Legende erzählt, daß Petrus den seit vierzehn Jahren toten Sohn des Gouverneurs von Antiochien wieder zum Leben erweckte und als Dank dafür eine Kirche mit einem erhöhten Sitz gebaut bekam, damit er bei seinen Predigten von allen gehört und gesehen werden konnte. Der Maler hingegen erzählt, wer anwesend ist.

Diese neue Form repräsentativer Zurschaustellung übernimmt Filippino Lippi von Ghirlandaio.

Es ist sicherlich bemerkenswert, daß ihm dessen Kunstauffassung besonders geeignet erscheint, um in ihrem Geist Masaccios Fresko zu ergänzen. Und so können wir feststellen, daß für ihn nicht Masaccio, sondern Ghirlandaio zum Vorbild wird. Allerdings nur in diesem speziellen Fall. Die späteren Fresken, z. B. die der Strozzi-Kapelle in Santa Maria Novella, lassen jegliche Verwandtschaft mit Ghirlandaio vermissen. Sie sind allerdings auch nicht mehr von einer bürgerlichen Kunstauffassung geprägt, die über alle Unterschiede hinweg noch Masaccio mit Ghirlandaio verbindet.

Die Geschichte der Ausmalung der Brancacci-Kapelle ist ein Lehrstück für die Schwierigkeiten, die sich bei der Fertigstellung eines solchen Großauftrages ergeben konnten. Allerdings ist diese Geschichte nicht leicht zu rekonstruieren, da sie weder aus Urkunden, noch aus Quellen klar ersichtlich ist. Gesichert scheint nur, daß Felice Brancacci um 1423 dem Maler Masolino (1383-1440?) den Auftrag erteilte, die Kapelle mit Fresken aus der Petruslegende auszustatten. Brancacci, ein reicher Seidenhändler, spielte eine bedeutende Rolle im wirtschaftlichen und politischen Leben der Stadt. 1422 reiste er als Botschafter Florenz' zum Sultan von Ägypten, um nach der Eroberung Livornos (1421) neue Handelsbeziehungen mit dem Orient anzuknüpfen. In dem Testament, das er vor der Reise niederschrieb, erwähnt er zwar das Patronat seiner Familie über die Kapelle, nicht aber ihre Ausschmückung. So konnte dieser Plan erst nach seiner erfolgreichen Rückkehr am 15. Februar 1423 gefaßt worden sein.

Wann Masolino die Arbeit aufnahm, ist nicht überliefert. Auch wissen wir nicht, wann Masaccio als zweiter Meister beteiligt wurde. Das Deckengewölbe und die Lünettenzone scheint Masolino noch allein mit seiner Werkstatt fertiggestellt zu haben, wie aus Vasaris Lebensbeschreibung des Künstlers zu erschließen ist; die Fresken sind jedoch nicht mehr erhalten. Zu dieser Zeit hat Masaccio, wie gleichfalls Vasari überliefert, wohl noch an einem Wandfresko im Kreuzgang der Kirche gemalt. Das 1612 zerstörte Bild zeigte die Einweihung der Kirche im Jahre 1422 »ganz so, wie sie vor sich gegangen war« (Vasari). Um das Jahr 1424 arbeiteten dann beide Künstler erstmals zusammen. Für die Kirche San Ambrogio malten sie die große Altartafel »Hl. Anna selbdritt«, die sich heute in den Uffizien befindet. Ob daraufhin Masolino, der im Gegensatz zu Masaccio bereits ein namhafter, ja berühmter Künstler war, selbst vorgeschlug, Masaccio an der Weiterarbeit zu beteiligen, um mehr Zeit für andere Aufträge zu gewinnen, wissen wir nicht. Immerhin war es damals üblich, daß Künstler mehrere Aufträge gleichzeitig übernahmen und auch Masaccio malte, wie wir aus Rechnungen entnehmen können, neben den Fresken noch ein figurenreiches Polyptichon für einen Pisaner Notar. Wie dem auch sei, etwa seit 1425 arbeiteten beide Künstler gleichberechtigt nebeneinander in der Brancacci-Kapelle. Wie sie die einzelnen Bildfelder untereinander verteilten, zeigt das Schema (Abb. 113).

Etwa zwei Jahre dauerte die gemeinsame Arbeit. Ende 1426, spätestens Anfang 1427, reiste Masolino nach Ungarn und überließ Masaccio die restliche Ausstattung der Kapelle. Dank dieses Datums können wir erschließen, welche Fresken zu diesem Zeitpunkt fertig gestellt waren. Es war damals Brauch, zuerst das Gewölbe und dann entsprechend den Wandzonen etappenweise die Arbeit nach unten hin fortzusetzen. Dem lag die praktische Erwägung zugrunde, daß auf diese Weise die bereits

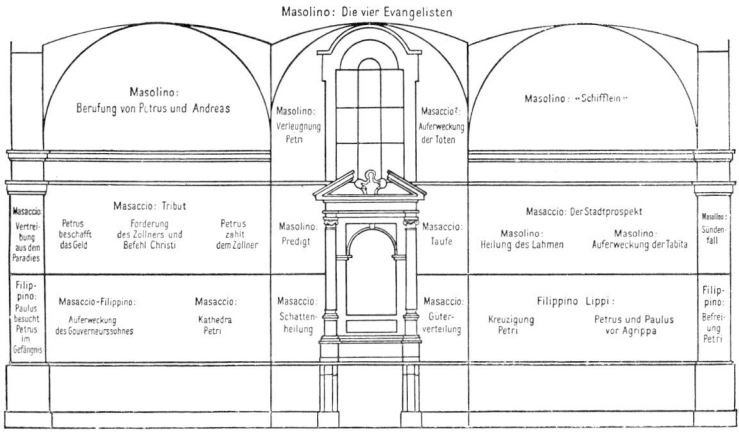

113. Schema der Brancacci-Kapelle. (Aus: Kurt Steinbart, Masaccio, Wien 1948) Das Fresko ›Der Zinsgroschen‹ wird in diesem Schema mit dem gleichfalls geläufigen Titel ›Tribut‹ bezeichnet.

fertigen Freskenfelder nicht nachträglich beschmutzt oder gar beschädigt werden konnten. Als Masolino abreiste, ließ er das Fresko mit der Auferweckung der Tabita (Abb. 114) unvollendet zurück: Es fehlte noch der Stadtprospekt. Er wurde von Masaccio hinzugefügt. Im Gegensatz zu Masolino, der in der von ihm noch gemalten Architektur des Vordergrundes die Zentralperspektive keineswegs beherrscht, ist der Stadtprospekt im Hintergrund zentralperspektivisch konstruiert. Man kann heute noch die Hilfslinien erkennen, die Masaccio benutzt hat, um die richtigen Verkürzungen zu erreichen. Da Masaccio in der Architektur des Zinsgroschen-Freskos die Perspektive noch nicht mit der gleichen Perfektion handhabt, muß man annehmen, daß der Stadtprospekt in dieser Wandzone das zuletzt gestaltete Wandstück ist.

Gleich nach der Vollendung des von Masolino begonnenen Freskos wird Masaccio zur untersten Wandzone übergegangen sein. Doch ließ er sie unvollendet. Man vermutet, der Papst habe ihn nach Rom berufen, wo er 1428 an der Pest gestorben sein soll. Vor seiner Abreise malte er noch in Santa Maria Novella das berühmte »Trinitätsfresko« (s. S. 102 ff.).

Allerdings bleiben alle diese Datierungen bis zu einem gewissen Grade Spekulation. Man muß sich vor Augen halten, daß Masaccio das Zinsgroschen-Fresko in siebenundzwanzig Tagewerken fertigstellte. Da er die Technik des *buon fresco* benutzte, bei der die Farbe auf den frischen feuchten Kalk aufgetragen wird, lassen sich die einzelnen Arbeitsabschnitte, die Tagewerke, rekonstruieren. Ob aber Masaccio das Fresko

114. Masolino und Masaccio, *Heilung des Lahmen und Auferweckung der Tabita* (um 1427) Santa Maria del Carmine.

innerhalb von vier Wochen vollendete oder noch während des Malens die Bildkomposition überdachte und deshalb zwischen den einzelnen Tagewerken größere Pausen einlegte, entzieht sich unserer Kenntnis. Aus welchen Gründen Brancacci nach dem Tode Masaccios darauf verzichtete, einen neuen Künstler mit der Fertigstellung der Fresken zu beauftragen, wissen wir auch nicht. Vielleicht war er zu stark von dem politischen Machtkampf in Anspruch genommen, der damals in der intrigenreichen Auseinandersetzung zwischen den herrschenden Albizzi und den aufstrebenden Medici gipfelte. 1434 erledigte sich für ihn das Problem, einen Nachfolger zu finden, auf abrupte Weise. Als Gegner Cosimos wurde er nach dessen Machtübernahme auf Lebenszeit aus Florenz verbannt. Erst in den siebziger Jahren des 15. Jahrhunderts durfte die Familie Brancacci nach Florenz zurückkehren. Bald darauf beauftragte sie Filippino Lippi, endlich die Fresken zu vollenden. Auf zwei folgenreiche Ereignisse, die unübersehbare Spuren an der Kapelle hinterlassen haben, wollen wir abschließend noch hinweisen. Gegen Ende des 16. Jahrhunderts wurden die von Masolino und Masaccio nackt dargestellten Adam und Eva mit züchtigem Blattwerk versehen, eine Folge der Prüderie, die mit der Gegenreformation sich allenthalben auswirkte. Folgenreicher noch war der Brand von 1771, der die Kirche fast völlig zerstörte. Die Brancacci-Kapelle blieb zwar weitgehend verschont, aber Feuer und Rauch beeinträchtigten die farbliche Erscheinung der Fresken. Ihre ursprüngliche Helligkeit und Leuchtkraft ist heute nur noch zu erahnen. Schon vor dem Brand befand sich die Kirche in einem ruinösen Zustand. Zu Beginn des 18. Jahrhunderts waren Masolinos Fresken im Deckengewölbe und in der Lünettenzone weitgehend zerstört. 1747 malte an ihrer Stelle Vincenzo Meucci die Erscheinung der Madonna vor Simon

115. Masaccio, *Der Zinsgroschen* (um 1426) Santa Maria del Carmine, Brancacci-Kapelle.

Stock, einem heilig gesprochenen Ordensgeneral der Karmeliter, und Carlo Sacconi fügte die Scheinarchitekturen in der Lünettenzone hinzu. Sieht man von den unbekannten Restauratoren ab, waren sie die letzten Maler in der Kapelle.

Das Fresko »Der Zinsgroschen«

Von allen Fresken, die Masaccio in der Brancacci-Kapelle gemalt hat, erregt bis heute das Fresko *Der Zinsgroschen* (Abb. 115) die größte Aufmerksamkeit. Schon Vasari hebt es vor den anderen als besonders erwähnenswert heraus, und seine Wertschätzung teilen fast alle nachfolgenden Interpreten. Worauf beruht die Wirkung dieses Bildes? Warum spricht man gerade ihm zu, ein »Gründungswerk« der italienischen Renaissancemalerei zu sein? Wodurch unterscheidet es sich von anderen religiösen Bildern seiner Zeit?

Man kann die Antwort auf diese Fragen aus Vasaris Beschreibung des Freskos erschließen. Man sieht, heißt es bei ihm, »den Zorn des hl. Petrus über die Forderung (des Zöllners) und die Aufmerksamkeit der Apostel, die sich in mannigfachen Stellungen um Christus gruppieren und mit so sprechenden Gesten seinen Bescheid erwarten, daß sie ganz lebendig wirken.« Was Vasari fasziniert, ist die beredte Sprache des Bildes, die durch Mimik und Gestik erreichte Ausdruckskraft der Figuren. Seine Faszination erklärt sich aus Masaccios Vermögen, die Verhaltensweisen der Figuren durch das innerbildliche Geschehen zu motivieren. Sie wirken nicht mehr wie in der mittelalterlichen Malerei als zeichenhafte Setzungen, die einen typisierten Gemütszustand signalisieren. Vielmehr sind sie derart eindrucksvoll in ein Geflecht von Aktionen und Reaktionen integriert, daß ihr individuelles Verhalten allein aus dem Gesamtzusammenhang erklärbar wird. Isoliert für sich gesehen bleiben ihre jeweilige Mimik und Gestik unverständlich. Sie sind bestimmt durch die konkrete Situation, mit der sie konfrontiert werden. Damit tritt an die Stelle der bis dahin vorherrschenden illustrativen Nacherzählung des biblischen Berichtes dessen *innere Rekonstruktion durch die Handlungen der dargestellten Figuren.* Masaccio inszeniert den biblischen Bericht als ein dramatisches Ereignis, in dem die Heiligen und ihr Widerpart, der Zöllner, als charaktervolle Akteure auftreten. Mit einem Satz gesagt: *Masaccio verwandelt das religiöse Andachtsbild in ein lebensnahes Historienbild.* Das hat weitreichende Folgen für die Interpretation des biblischen Textes, der ja nicht nur Darstellung des göttlichen Gebotes, sondern darüber hinaus auch Darstellung seiner sozialen Auswirkung ist. Masaccio macht den biblischen Text in zweierlei Weise verstehbar: Einerseits im engeren Sinne seiner kirchlichen Auslegung als *moralische Vorschrift,* andererseits als ein auf die soziale Wirklichkeit seiner Zeit bezogenen *historischen Vorfall.* Das wird deutlich, wenn man das Bild mit dem ihm zugrundeliegenden Text vergleicht. Er findet sich im Matthaeus-Evangelium (17,24 ff.) und lautet:

»Da sie nun gen Kapernaum kamen, gingen zu Petrus, die den Zinsgroschen einnahmen, und sprachen: Pflegt euer Meister nicht den Zinsgroschen zu geben? Er sprach: Ja. Und als er heimkam, kam ihm Jesus zuvor und sprach: Was dünkt dich, Simon? Von wem nehmen die Könige auf Erden den Zoll oder Zins? Von ihren Kindern oder von den Fremden? Da sprach zu ihm Petrus: Von den Fremden. Jesus sprach zu ihm: So sind die Kinder frei. Auf daß aber wir sie nicht ärgern, so gehe hin an das Meer und wirf die Angel, und den ersten Fisch, der herauffährt, den nimm; und wenn du seinen Mund auftust, wirst du einen Stater finden; den nimm und gib ihnen für mich und dich.«

Masaccio springt mit seiner literarischen Vorlage recht frei um. Er läßt die Szene an einem Stadttor spielen. Ein Zöllner ist an Jesus und die Jünger herangetreten. Er wendet sich jedoch nicht mit einer Frage an Petrus, sondern fordert von Jesus selbst den Zoll. Dieser gebietet Petrus, der Forderung nachzukommen. In Erweiterung des Textes wird außerdem dargestellt, wie Petrus das Gebot Christi erfüllt. Links im Hintergrund entnimmt er dem Fisch das Geldstück, um rechts im Vordergrund den Zöllner zu bezahlen.

Was in der Bibel im zeitlichen Nacheinander berichtet wird, vergegenwärtigt das Bild als ein gleichzeitiges Geschehen. Besonders sichtbar wird das in den Gebärden der drei Hauptakteure. Während der Zöllner sich noch fordernd Jesus zuwendet, gebietet dieser bereits Petrus, die Forderung zu erfüllen. Während Petrus noch zornig auf den Zöllner reagiert, zeigt er doch zugleich, daß er das Geld holen werde. Während der Zöllner noch zu Jesus spricht, weist er schon zum Stadttor hinüber, wo er das Geld in Empfang nehmen wird. Selbst die Jünger stehen noch abwartend, obwohl Jesus bereits entschieden hat. Aus dieser Beschreibung geht hervor, daß allein Christus eindeutig handelt. Weder beachtet er den Zöllner, als wisse er im vorhinein über dessen Verlangen bescheid, noch spricht er Petrus unmittelbar an, um ihm seine Entscheidung zu erläutern. In der allgemeinen Unruhe bleibt er allein gelassen. Er erteilt einen Befehl, der jede Diskussion über die Berechtigung des Zinses unterbindet. Und dennoch vollzieht er nicht nur einen hoheitsvollen Akt: Sein Befehl und dessen appellativer Charakter erklären sich aus der konkreten Situation, in die er hineingestellt ist.

Obwohl Christus in den Halbkreis, den die Jünger bilden, eingebunden ist, wird er bedeutungsvoll hervorgehoben. Er bildet den kompositionellen Mittelpunkt des Bildes, was durch seine frontale Stellung zusätzlich betont wird. Aber er dominiert nicht nur die Figurengruppe; sein gebieterischer Befehl bestimmt den gesamten Handlungsablauf.

Um dies unmißverständlich zu verdeutlichen, übernimmt und variiert Masaccio eine traditionelle Erzählform. Er teilt die Handlung in eine Hauptszene und zwei Nebenszenen auf: Befehl, Fischwunder und Zahlung des Zinsgroschens. In der mittelalterlichen Malerei diente eine solche Erzählform dazu, im Sinne einer Bildchronik den kontinuierlichen Fortgang der Handlung wiederzugeben. Masaccio jedoch zerstört den kontinuierlichen Ablauf der Erzählung. Schon daß die drei Szenen in einem perspektivisch einheitlich konstruierten Landschaftsraum spielen, verhindert ihre getrennte Wahrnehmung. Auf den ersten Blick wirken sie keineswegs wie gesonderte Erzählmomente. Erst die vorausweisenden Gebärden von Petrus und dem Zöllner vermitteln sie mit dem von Christus erteilten Befehl. Unabhängig von dem erteilten Befehl können die beiden Nebenszenen nicht aufeinander bezogen werden, obwohl sie zeitlich aufeinander folgen, werden sie durch die Hauptszene getrennt. Dadurch erreicht Masaccio, daß der Befehl Christi und dessen Vollzug eine unauflösliche Einheit bilden; daß der Befehl zum eigentlichen Thema des Bildes wird.

Aus diesem Grunde sind die Nebenszenen unterschiedlich gewichtet. Das Fischwunder wird in den Landschaftshintergrund versetzt, während die Zahlung des Zinsgroschens betont in den Vordergrund rückt. Die Erfüllung des Befehls ist nicht an die wundersame Auffindung des Zinsgroschens gebunden, wie auch Christus nicht als Wundertäter erscheint. Masaccio profanisiert die biblische Erzählung. Noch die verächtliche Gebärde, mit der Petrus den Zöllner bezahlt, zeigt, daß er sich einem Befehl unterwirft und nicht auf ein Wunder reagiert.

Die Umwandlung der biblischen Erzählung in ein Historienbild gelingt Masaccio durch die Erzählform. Er faßt die Einheit von Befehl und Vollzug in *einer* Handlungsperspektive zusammen. In ihrem Mittelpunkt steht Christus. Die Zentrierung der Handlung auf Christus führt jedoch zu einer recht einseitigen Auslegung des biblischen Dialogs. Dort erteilt Christus ja dem Petrus nicht nur einen Befehl, sondern er erläutert ihn zugleich. Er verweist nachdrücklich auf die Freiheit der Gläubigen, die allein Gott und nicht der Obrigkeit untertan sind. Deshalb sind sowohl die Gläubigen als auch die Königssöhne der weltlichen Ordnung – der Zahlung des Zinsgroschens – nicht unterworfen. Sie fügen sich nur, um kein Ärgernis zu erregen. Von einer freiwilligen Rücksichtnahme aber findet sich in Masaccios Fresko keine Spur mehr. Sein Thema »ist nicht die Freiheit der Gotteskinder, sondern der Gehorsam der Christen bzw. der Kirche gegenüber der Obrigkeit« (H. v. Einem).

Es steht außer Frage, daß Masaccio die Aktualisierung des Themas bewußt vornahm, gleichviel, ob sie seine eigene Erfindung war oder auf Wunsch seines Auftraggebers Felice Brancacci erfolgte. Allerdings ist umstritten, worin der Bezug auf die Gegenwart um 1430 zu sehen ist.

Deutungen

Die Mehrzahl der modernen Deutungen konzentriert sich auf das Motiv des Zinsgroschens, klammert aber die besondere Interpretation, die dieses Motiv bei Masaccio erfährt, aus. Das gilt insbesondere für die Deutung, die das Fresko mit der damals durchgeführten Steuerreform, dem *Catasto,* in Beziehung setzt. Der Catasto wurde im Juli 1427 in Florenz eingeführt, war aber schon einige Jahre zuvor im Gespräch. Er regelte die Steuerzahlung entsprechend dem Einkommen und belastete deshalb besonders die reichen Großkaufleute. Kein Wunder, daß er von ihnen nicht sonderlich geschätzt wurde. Zu seinen Gegnern zählte auch Felice Brancacci. Aber kann man ernsthaft annehmen, daß Brancacci mit einem Wandgemälde in seiner Familienkapelle gegen eine Steuerordnung opponiert? Etwa in Anspielung auf die Bemerkung Christi, daß der Zins von Fremden zu nehmen sei? Das wirkt wenig überzeugend und widerspricht auch der bildlichen Darstellung. Und daß er wie Petrus sich nur widerwillig fügt, ist eine allzu platte Auslegung des Bildes. Darüber hinaus ist es wenig wahrscheinlich, daß Brancacci mit dem Bild zu einer Zeit auf die Steuergesetzgebung reagierte, als sie noch gar nicht eingeführt war. Im Juli 1427 dürfte das Fresko längst vollendet gewesen sein.

Ebenso unwahrscheinlich ist die Annahme, mit dem Fischwunder werde auf die überseeischen Interessen von Florenz angespielt, auf die Eroberung der Hafenstadt Livorno und auf Brancaccis Reise zum Sultan von Ägypten. »Florenz und Felice Brancacci waren über Livorno dem Meer verbunden wie Petrus der Fischer«, schreibt ein Interpret. Doch das heißt, den Gegenwartsbezug an den Haaren herbeizuziehen. Das Fischwunder spielt in dem Bild nur eine untergeordnete Rolle. Auch ist der Fang eines einzelnen Fisches doch eine sehr dürftige Metapher für den Tuchexport.

Eine dritte Interpretation lehnt sich enger an die Bildausage an. Ausgehend von dem darin angesprochenen Problem von christlichem Gebot und weltlichem Gehorsam stellt sie eine Verbindung zu den Bemühungen des damaligen Papstes Martin V. her, die Kirche wieder zu einem politischen Machtfaktor in Italien zu machen. Aber warum sollte ein Florentiner Politiker wie Felice Brancacci ausgerechnet die politischen Absichten des Papstes verherrlichen? Und warum dies ausgerechnet mit einem Bild, in dem Christus befiehlt, der weltlichen Obrigkeit zu gehorchen? In dem Petrus, Stammvater der Kirche, dem Befehl Christi nur verärgert nachkommt? Sicherlich hätten sich bessere biblische Vorlagen finden lassen, um die politische Bedeutung der Kirche herauszustellen.

Diese Einwände gelten auch für die Deutung, die das Bild allgemein als Ausdruck der päpstlichen Sorge vor der häretischen Bewegung der Hussiten interpretiert. 1420 erließ der Papst in Florenz eine Bulle, mit der er »zur Vertilgung der Wicliffen, der Hussiten und anderer Ketzer« aufrief. 1424 forderte ein päpstlicher Gesandter mit folgender Rede den polnischen König zum Kampf gegen die Hussiten auf: »Der Grund meiner Sendung ist die Ehre Gottes, das Wohl des Glaubens und der Kirche, die Rettung der menschlichen Gesellschaft . . . Ein großer Teil der Ketzer behauptet, es müsse alles gemeinsam sein, und man solle den Obrigkeiten keinerlei Zins, Tribut oder Gehorsam leisten, Grundsätze, durch welche die menschliche Kultur vernichtet und jede sachgemäße kundige Führung der Menschheit unmöglich gemacht wird . . . Sie erstreben die Beseitigung aller göttlichen und menschlichen Rechte durch die rohe Gewalt, und es wird so weit kommen, daß weder die Könige und die Fürsten in ihren Reichen und Herrschaften noch die Bürger in ihren Städten noch überhaupt jemand in seinem eigenen Hause vor ihrer Frechheit sicher ist. Diese abscheuliche Ketzerei verfolgt ja nicht allein den Glauben oder die Kirche, sondern führt, vom Teufel getrieben, Krieg gegen die ganze Menschheit, deren Rechte sie antastet und niederdrückt.«

Bezieht man diese Rede unmittelbar auf das Bild, dann rückt das Verhalten von Petrus in eine fatale Nähe zu den Ketzern, gegen die sich der Redner wendet. Außerdem muß bezweifelt werden, daß die Florentiner die Hussitenbewegung als eine sie unmittelbar betreffende Gefahr wahrgenommen haben. Noch dazu als ein solch brennendes Problem, daß das Ketzertum Thema eines Bildes wird. Die Rede lehrt, daß schon damals die kirchlichen und weltlichen Autoritäten widerspruchslosen Gehorsam als staatsbürgerliche Tugend schätzten und als notwendige

Voraussetzung menschlicher Kultur ideologisch verbrämten. Doch zum Verständnis des Bildes taugt sie nur mittelbar. Sie beschreibt allgemein eine zeitgenössische Herrschaftsgesinnung, der der im Bild thematisierte Gehorsam zugeordnet werden kann. Aber in dem Bild ist dieser Gehorsam nicht allgemein, sondern konkret dargestellt. Das Bild rechtfertigt die Unterwerfung der Christen unter eine bestimmte weltliche Forderung: *Die Zahlung des Zinsgroschens.* Darauf konzentriert sich unsere Deutung seiner Aktualität, die wir den bisher beschriebenen anfügen möchten.

Zinsgroschen und Zinsverbot

Was kann einen bedeutenden Seidenhändler wie Felice Brancacci dazu bewogen haben, das Gleichnis vom Zinsgroschen in dieser eindeutigen Auslegung in seiner Familienkapelle darstellen zu lassen? Im damaligen Geschäftsleben spielt das Problem des Wuchers oder Zinses eine wesentliche Rolle. Wir haben schon an anderer Stelle darauf hingewiesen, daß die Kirche die Zinsnahme ablehnte (siehe S. 258). Das von ihr ausgesprochene Zinsverbot widersprach jedoch den praktischen Anforderungen des modernen Handelskapitals. Gleichwohl blieb es eine zentrale moralische Kategorie, nach der das Geschäftsgebaren beurteilt wurde. Ein 1394 in Florenz erlassenes Gesetz, das den Wucher streng verbot, wurde in fast alle Zunftsatzungen übernommen. Von einem Sieg der kirchlichen Doktrin kann allerdings nur in sehr eingeschränktem Maße gesprochen werden. Das Gesetz beweist lediglich, wie dringlich eine rechtliche Regelung des Problems empfunden wurde. An den herrschenden Geschäftspraktiken änderte es wenig, das Zinsverbot wurde auf vielfältige Weise umgangen.

Somit sah sich auch die Kirche zunehmend gezwungen, ihre Doktrin den neuen Formen des Wirtschaftslebens anzupassen. Doch tat sie sich damit recht schwer. Zu einer klaren Stellungnahme konnte sie sich nicht durchringen. Sie beharrte auf dem Zinsverbot in seiner herkömmlichen Fassung, akzeptierte aber zugleich das Bankwesen und das Recht des Bankiers auf eine gesetzlich festgelegte Summe zur Deckung seiner Ausgaben und Mühen. Sie sah die Notwendigkeit des Handels ein, hielt aber zugleich an der Unterscheidung von ehrlichem und unehrlichem Händler fest. Der Hl. Bernardino predigte 1425 auf dem Platz vor Santa Croce den Florentinern: »Ich werde euch zeigen, daß die Heilige Kirche an keiner Stelle der Schrift einen Kaufmann verurteilt, der sich ehrlich mit dem Handel befaßt . . ., mit einer Sache, die für die menschliche Natur und für das Universalwohl der Geschöpfe nützlich ist. Und wenn Christus die Krämer aus dem Tempel gejagt hat, dann kann man von dieser Stelle der Heiligen Schrift nicht die Schlußfolgerung ableiten, daß Christus damals gegen alle Verkäufer und Käufer zu Felde gezogen ist.«

Solche Spitzfindigkeiten dürften die Florentiner Großhändler kaum zufriedengestellt haben. Standen doch die beiden größten Florentiner Exportindustrien, die Seiden- und die Wolltuchfabrikation, »auf dem Standpunkt des absoluten laisser faire, laisser aller«, wie Alfred Doren in seiner Florentiner Wirtschaftsgeschichte festhält. Für sie galt »das freie Spiel von Angebot und Nachfrage, das kluge Ausnutzen wirtschaftlicher Konjunktur, unbehindert durch Zunft- oder Staatsgesetz, die spekulative Kraft und Tüchtigkeit des die Welt überblickenden Kaufmannes.« Einer dieser Kaufleute ist Felice Brancacci. Liegt da nicht die Annahme nahe, daß er vor dem Hintergrund dieser Auseinandersetzung in dem Bild seine Auffassung von den Anforderungen des praktischen Lebens rechtfertigte?

Das Bild läßt eine solche Deutung zu. In dem Verhalten von Petrus spiegelt es die ambivalente Einstellung der Kirche, die sich gleich ihm dem Befehl Christi zu beugen hat. Christus, der den Zins bejaht und dessen Zahlung erzwingt, ist die übergeordnete autoritative Instanz, die das weltliche Geschäftsgebaren legitimiert und jeglicher Diskussion entzieht.

Allerdings ist kaum anzunehmen, daß sich Brancacci mit dem Zöllner identifizierte. Man nimmt an, daß er in dem ganz rechts stehenden Apostel porträtiert ist. Dafür spricht, daß ihm, wie auch den drei danebenstehenden Aposteln, der Heiligenschein fehlt. Handelt es sich bei ihnen überhaupt um Apostel? Einerseits vervollständigen sie erst die volle Anzahl der Jünger; andererseits bilden sie eine relativ eigenständige Gruppe, die betont dem Zöllner zugeordnet ist und durch ihn auch von den übrigen Jüngern getrennt wird. Wir könnten sie durchaus als Kaufleute verstehen, die dem Ereignis beiwohnen, es als historischen Vorfall bezeugen und die darüber hinaus durch ihre Zuordnung zu den Jüngern ihre christliche Gesinnung beweisen.

Aber das Bild rechtfertigt nicht nur die kaufmännische Lebenspraxis, es drückt auch das neue Selbstbewußtsein eines staatsmännisch handelnden Kaufmanns aus, wie Brancacci ihn verkörpert. Christus wird in dem Bild gleichsam zur Idealfigur des die Welt überblickenden Kaufmanns: Er steht im Zentrum der Handlungsperspektive und bestimmt und beherrscht das Geschehen.

Masaccio hat die selbstbewußte Rechtfertigung kaufmännischer Praxis eindrucksvoll veranschaulicht. Aber er bewahrt für unser Gefühl eine gewisse Reserve gegenüber den Interessen seines Auftraggebers. In dem Zorn, mit dem Petrus auf die Forderung des Zöllners reagiert, in der abwehrenden Geste, mit der er ihn bezahlt, bleibt für uns ein Zweifel an dem Gehorsam lebendig, dem Petrus verpflichtet wird.

Es gibt in der Kapelle ein weiteres Fresko, daß in seiner ambivalenten Aussage einen solchen Zweifel stützen kann: *Die Güterverteilung* (Abb. 116). Das Bild greift einen Bericht aus der Apostelgeschichte auf. Dort wird die Gütergemeinschaft der frühchristlichen Gemeinde geschildert. »Die Menge aber der Gläubigen war ein Herz und eine Seele; auch keiner sagte von seinen Gütern, daß sie sein waren, sondern es war ihnen alles gemein. (. . .) Es war auch keiner unter ihnen, der Mangel hatte; denn wie viel ihrer waren, die da Äcker oder Häuser hatten, die verkauften sie und brachten das Geld des verkauften Guts und legten es zu der Apostel Füßen; und man gab einem jeglichen, was ihm not war« (Apg. 4,32 ff.). In der Apostelgeschichte heißt es weiter, daß auch Ananias sein Gut verkaufte, aber einen Teil des Geldes für sich behielt. Als er dies vor den Aposteln Petrus und Johannes leugnet, stürzt er tot zu ihren Füßen nieder. In dem Bild sieht man den toten Ananias am Boden liegen, während Petrus die Güter an die Armen verteilt. Masaccio kehrt also den Ablauf der Erzählung um und gibt dadurch der Güterverteilung im Kontrast zu dem Tod des geizigen Ananias ein besonderes Gewicht.

Auf uns wirkt dieses Bild recht disparat in der Familienkapelle eines reichen Florentiners. Brancacci wird dies nicht so empfunden haben. Auch wird er das Bild nicht allein aus dem Grunde in den Zyklus aufgenommen haben, um die karitative Tätigkeit der Kirche zu preisen. Er will wohl vielmehr unterstreichen, daß die Mittel, die er zur Schmückung der Kirche und für andere wohltätige Zwecke aufwendet, im Sinne der Bibel als Gabe an die Gemeinschaft aufzufassen sind; daß er, im Unterschied zu Ananias, seinen Reichtum nicht für sich behält. Doch für uns steht dieses Bild, daß die Hinwendung der Apostel zu den Armen betont, durchaus in einem Gegensatz zu dem Zinsgroschen-Fresko. Es zeigt Masaccio als einen Künstler, der nicht widerspruchslos die Interessen seines Auftraggebers erfüllt.

Der neue Stil

Wie ist das Bild zu seiner Zeit gesehen und verstanden worden? Wie haben Masaccios Zeitgenossen auf seine Interpretation des Gleichnisses vom Zinsgroschen reagiert? Die Dokumente schweigen sich darüber aus. Überliefert sind lediglich allgemeine Feststellungen, die vor allem die Naturnähe und die Lebendigkeit seiner Bilder betonen. Nun sind das Qualitätsmerkmale, die keineswegs besonders originell sind. In gleicher Weise wird schon einhundert Jahre zuvor die Kunst Giottos gepriesen. Doch obwohl es sich bei ihnen um gängige Klischees handelt, gewinnen sie in bezug auf Masaccios Kunst eine neue Bedeutung. In ihnen drückt

116. Masaccio, *Die Güterverteilung* (um 1427) Santa Maria del Carmine.

sich die Bewunderung der künstlerischen Technik aus, über die Masaccio verfügt. Sie sind also nicht mehr bloße Huldigungen eines bedeutenden Malers, sondern verweisen auf rationale, einsehbare Darstellungsmittel, mit denen er operiert. Was die Zeitgenossen beeindruckt, ist die Meisterschaft, mit der Masaccio die Perspektive, die Proportion, die Licht- und Schattengebung benutzt, um seinen Bildern einen lebendigen und naturnahen Ausdruck zu verleihen. Noch das Dreigestirn der Renaissancemalerei, Leonardo da Vinci, Michelangelo und Raffael, teilt diese Bewunderung. Leonardo lobt ausdrücklich die vollkommene Technik, die Masaccio in seiner Kunst demonstriere.

Muß man deshalb annehmen, daß Masaccio nicht so sehr als zeitgemäßer Maler, denn als Konstrukteur geschätzt wird? Daß die Themen seiner Bilder nebensächlich werden und hinter die künstlerische Technik zurücktreten? Für die damalige Kunstauffassung bilden diese beiden Komponenten des Bildes eine Einheit. Das Lob der künstlerischen Technik schließt das Lob der Ausdruckskraft des Bildthemas ein. »Wenn man sein Werk«, schreibt Vasari in seiner Biographie des Masaccio, »mit denen der anderen vergleicht, so kann man die Bilder seiner Vorgänger als Malereien, die seinen aber als Abbilder des Lebens, der Wirklichkeit und der Natur bezeichnen.«

Was Vasari bei den Vorgängern vermißt, ist die rationale Bildkonstruktion. Wenn aber diese erste den Lebens- und Wirklichkeitsbezug des Bildes garantiert, dann ist es sinnvoll, die für Masaccios Kunst bedeutsamen Darstellungsmittel zu beschreiben. Selbstverständlich werden wir dabei keinen Aufschluß darüber bekommen, ob Masaccios Zeitgenossen zwischen dem Zinsgroschen-Fresko und dem kirchlichen Zinsverbot eine Verbindung hergestellt haben. Doch werden wir wohl besser verstehen, auf Grund welcher künstlerischen Technik es überhaupt möglich wird, eine solche Verbindung herzustellen.

Wie wir eingangs erwähnt haben (s. S. 276), war es, laut Vasari, die Wiedergabe der menschlichen Gestalt, die die Künstler der Renaissance in die Brancacci-Kapelle zog, damit sie dort Masaccios Kunst studieren konnten. Da wir an dem »Trinitätsfresko« (s. S. 102 f.) bereits die Besonderheit seiner perspektivischen Raumkonstruktion behandelt haben, werden wir uns auf seine Figurendarstellung konzentrieren. Sie ist für sein Verständnis des Historienbildes besonders wichtig, was sich sehr schön am Beispiel der *Verkürzungen* demonstrieren läßt, einem von Masaccio meisterhaft beherrschten Kunstmittel.

Verkürzungen sind lokalisierte Anwendungen der Perspektive, also bei der figürlichen Wiedergabe die dem perspektivischen Blickwinkel entsprechende korrekte Darstellung einzelner Körperteile. Vasari schreibt dazu: »In demselben Bilde (einem heute zerstörten Fresko, d. Verf.) zeigte er auch wieder seine Geschicklichkeit bei der durch die Unteraufsicht bedingten Verkürzung, die in der Tat bewundernswert ist, wie noch heute die Füße des Apostels beweisen, bei denen die Schwierigkeiten mit Leichtigkeit gelöst sind. Die häßliche alte Manier, bei der, wie schon oben erwähnt, alle Gestalten auf den Fußspitzen standen, hatte sich bis auf ihn erhalten. Er allein und zuerst von allen machte sie so gut, wie sie heut geübt wird.«

Noch bei Masolino, etwa in dem Fresko mit der Darstellung des Sündenfalles, erkennt man die Schwierigkeit des Malers, bei der perspektivischen Verkürzung der Füße den Eindruck zu vermeiden, Adam und Eva würden vornehmlich auf Zehenspitzen stehen. Die von Masaccio verwirklichte Standfestigkeit seiner Figuren ist aber mehr als die perfekte Anwendung der Perspektive. Es ist eine wesentliche Voraussetzung, um den Figuren einen festen Platz im innerbildlichen Geschehen zuzuweisen, sie als eigenständige Akteure zu betonen. Welche Bedeutung Masaccio diesem Aspekt zumißt, erkennt man auch daran, daß er den Figuren einen festen Halt in Form einer Mittelvertikalen gibt. Er benutzt deshalb bei der Figurendarstellung eine Hilfslinie, die senkrecht vom Kopf bis zum Fuß des Standbeins läuft. Sie dient ihm dazu, die Bewegung und Stellung der Figuren gleichsam in der Mittelachse des Körpers zu verankern.

Neben der korrekten perspektivischen Verkürzung spielt für Masaccios Figurendarstellung die *Licht-* und *Schattengebung* eine herausragende Rolle. Mit ihrer Hilfe verleiht er seinen Gestalten eine Plastizität, die den Eindruck einer fast blockhaften Wuchtigkeit hervorruft. Im Vergleich zu Masolinos Gestalten wird seine Kraft bei der Körper- und Gewandmodellierung unmittelbar augenfällig. Sind dort die Figuren eher klein und auf Umriß angelegt, so gewinnen sie bei ihm Monumentalität. Sie stehen nicht nur an ihrem festen Platz, sie behaupten ihn auch mit ihrer Körperlichkeit.

Der innere Zusammenhang von Plastizität und Licht- und Schattengebung ist von dem Maler Cennini in seinem »Buch vom Künstler« beschrieben worden. Er spricht jedoch nicht von der Plastizität, sondern von dem *rilievo,* also der Reliefwirkung. »Wie du deinen Figuren das System der Beleuchtung, Licht oder Schatten, geben solltest, indem du sie mit einem System des *rilievo* ausstattest: Wenn du in Kapellen oder an anderen schwierigen Orten Figuren zeichnest oder malst, dann gib deinen Figuren oder dem Entwurf das *rilievo* in Übereinstimmung mit der Anordnung der Fenster, denn sie sorgen für die Beleuchtung in dem Raum. Und indem du so der Beleuchtung folgst, von welcher Seite sie auch immer kommen mag, setze den *rilievo* und den Schatten nach diesem System ein . . . Und wenn das Licht durch ein Fenster in dem Raum stärker einfällt als durch die anderen, dann richte dich immer nach diesem helleren Licht; und du solltest es systematisch studieren und verfolgen, denn wenn dein Werk darin fehlt, wird es kein *rilievo* haben und sich als schlichtes Ding von geringer Meisterschaft erweisen.«

Masaccio hat diesen im frühen Quattrocento ausgesprochenen Ratschlag nicht nur befolgt, sondern ihn auch mit einer bis dahin nicht gekannten Konsequenz durchgeführt. Daß er den Lichteinfall durch das Fenster berücksichtigt hat, läßt sich heute noch an dem Verlauf des Schattens beobachten, den die Figuren werfen. An den Figuren selbst ist durch die starke Nachdunkelung und wohl auch durch ungeschickte Restauratoren diese Wirkung nur noch bedingt wahrnehmbar. Es heißt, daß die richtige Beleuchtungszeit um 11 Uhr morgens gegeben ist, andere meinen 16 Uhr nachmittags.

Masaccio ist der erste Maler gewesen, der seinen Figuren, wie Vasari formuliert, eine »eigentümliche und natürliche Rundung« gibt. Er hat aber auch auf zeitgenössische Vorbilder zurückgegriffen. Es sind die frühen Plastiken von Donatello, Brunelleschi und Nanni di Banco, denen seine Figuren ihre Monumentalität verdanken. Für die Darstellung der Apostel in dem Zinsgroschen-Fresko hat er sich, wie man allgemein annimmt, von Nanni di Bancos *Vier Gekrönten Heiligen* (vgl. Abb. 104) anregen lassen. Übereinstimmungen in der Figurenauffassung und der halbkreisförmigen Gruppierung sind unverkennbar. Doch während Nanni di Banco die Heiligen als Idealbild einer städtischen Gemeinschaft entwirft, enthüllt Masaccio auch den erzwungenen Gehorsam, der das Stadtleben mit prägt.

»Die Stadt hatte ich eiligst durchlaufen«

Von all den Schätzen unbeeindruckt läßt *J. W. Goethe* in seiner *Italienischen Reise,* zu der er sich im Spätsommer 1786 aufmachte, Florenz so gut wie unerwähnt.

Goethe hatte sich zwei Wochen in Venedig aufgehalten, als er, über Ferrara und Bologna nach Florenz kommend, am 25. Oktober 1786 notierte: »Die Stadt hatte ich eiligst durchlaufen, den Dom, das Baptisterium. Hier tut sich wieder eine ganz neue, mir unbekannte Welt auf, in der ich nicht verweilen will«. Er blieb ganze drei Stunden in Florenz.

Was nur mag es gewesen sein, das den für alles Neue gewiß nicht unaufgeschlossenen Goethe so schnell aus der Stadt flüchten ließ? Sicherlich, hier gab es keine Villen, Paläste oder Kirchen des von ihm so bewunderten Andrea Palladio zu entdecken. Florenz ist nicht die Stadt der ausladenden Tempelfronten, nicht »säulenhaltig«, wie es die Fronten der Villa Rotonda bei Vicenza und der Kirche San Giorgio Maggiore in Venedig sind. Aber es wäre falsch, Goethe zu unterstellen, er habe sein Interesse allein von künstlerisch-ästhetischen Eindrücken leiten lassen. In seinen Beschreibungen von Venedig und Neapel gibt er uns äußerst wichtige Erklärungen für das ökologische und ökonomische Funktionieren der oberitalienischen Lagunenstadt und der süditalienischen Hafenmetropole.

Und Florenz? Drei Jahre vor Ausbruch der Französischen Revolution! Waren denn nicht Anhaltspunkt genug vorhanden für die Beschäftigung mit einer Stadt, in der – was auch damals kein Geheimnis gewesen sein konnte – das Bürgertum und das frühkapitalistische Handels- und Bankwesen ihre erste und große Blütezeit erlebten? Und wo – was vielleicht nicht so bekannt war – im Jahre 1378 die bedeutendste städtische Volksbewegung Italiens im Übergang vom Mittelalter zur Neuzeit im Aufstand der Florentiner Wolltucharbeiter, der *Ciompi,* ihren Höhepunkt fand. Florenz als republikanisch regierter Stadtstaat, als steingewordene Verkörperung einer städtischen Gemeinschaft, an deren Geschick möglichst viele beteiligt sein sollten; als die Stadt, die lange Zeit ihre Tore verschlossen hielt vor Herrschern, Päpsten und Fürsten, weil diese den ›bürgerlichen Frieden‹ hätten stören können (tatsächlich waren zwischen 1273 und 1419 kein Papst und kein König in Florenz zu Besuch): Wäre das nicht bester Anknüpfungspunkt für die damaligen Freiheitsbestrebungen der fortschrittlichen Bourgeoisie gewesen?

Der Kunsthistoriker Theodor Hetzer bemerkt dazu lapidar: »Während Venedig in der Kultur Europas bis in die Zeiten Goethes hinein eine Rolle gespielt hat, war die bedeutende Entwicklung von Florenz mit dem 16. Jahrhundert abgeschlossen. Für die Schönheiten des 14. und 15. Jahrhunderts aber war man damals noch gar nicht empfänglich . . .« Diese Erklärung Hetzers stimmt überein mit einem anderen Reiseeindruck. Stendhal, der sich 1817 in Florenz aufhielt, berichtete, ihm sei die Stadt wie ein Museum vorgekommen.

Stendhals Eindruck und Hetzers Erklärung sind zutreffend. Die künstlerisch-kulturellen und wissenschaftlichen Leistungen, zu denen Florenz fähig war, haben die Entwicklung in Europa auf diesen Gebieten nachhaltig beeinflußt. Florenz selbst hat diese Anstöße für die eigene Entwicklung aber nicht mehr verwerten können, wenn wir einmal vom Tourismus absehen. Was Ende des 13. Jahrhunderts politisch und wirtschaftlich wie der revolutionäre Aufbruch zu einer ganz neuen Welt erschien – und als solcher über zwei Jahrhunderte auch fortwirkte –, erweist sich rückblickend wohlmöglich als Schranke für eine anhaltende kulturelle und wirtschaftliche Entwicklung dieser Stadt. Der italienische Historiker *Ruggiero Romano* meint dazu, daß die Stadt, die im Zeitalter der Kommunen entstanden war, niemals Ausgangspunkt einer wirklich neuen und modernen Wirtschaft sein konnte: »Aus diesem Grund fand die industrielle Entwicklung – von äußerst seltenen Ausnahmen abgesehen, deren bemerkenswerteste Mailand ist – im wesentlichen an solchen Orten statt, in denen dieser ›stadtstaatliche Aufbau‹ in der Vergangenheit nur eine geringe Rolle gespielt hatte«.

Für Florenz wäre diese Beobachtung sicherlich zutreffend. Sie im Einzelnen nachzuprüfen, hieße ein anderes und neues Buch schreiben. Doch läßt sich abschließend soviel für die Bestätigung der begrenzten Entwicklungsfähigkeit der Stadt sagen, daß die Entwicklung ihrer räumlichen Struktur bis ins 16., ja, auch noch bis in die Mitte des 19. Jahrhunderts, heute noch gut nachvollzogen werden kann. Die Spuren der Geschichte haben sich in Florenz anschaulicher erhalten als in den vom industriellen Wachstum gebeutelten Großstädten.

Als Besucher der Stadt, die an dieser Geschichte interessiert sind, profitieren wir davon. Die Wohnungsnot im Zentrum der Stadt, wo u. a. über 20 000 Studenten arbeiten, und die Schwierigkeiten, die großen alten Paläste in mietbaren Wohnraum zu verwandeln, zeigen aber eine andere Seite der touristischen und kulturgeschichtlichen Attraktivität. Aber vielleicht sollten wir froh sein; im späten 19. Jahrhundert hatte man es ja noch einmal versucht: Florenz als Hauptstadt Italiens wäre – mangels Industrie – schwerpunktmäßig eine Zentrale der Verwaltung geworden. Die vor über hundert Jahren projektierten und teilweise durchgeführten städtebaulichen Veränderungen lassen ahnen, was von Florenz heute noch stünde, wenn es Hauptstadt geblieben wäre.

Florentiner Fahrplan – Zeittafel

Politik		**Künstler, Kunstwerke etc.**
Herrschaft des *Primo popolo* und Auflösung der Rittersozietät. Niederlage der Ghibellinen	1250	
Der erste Florin (Goldflorin) wird geprägt	1252	1255 Bau des Bargello, der danach Sitz des Stadtrats, des *Podestà,* wird.
Schlacht von Montaperti und Herrschaft der Ghibellinen in Florenz für sechs Jahre	1260	1265 * Dante 1266 * Giotto
Die *Arti maggiori* entreißen dem Adel die Macht. Florenz erhält eine neue Verfassung	1282	1284 Beginn der Bauarbeiten für eine neue Stadtmauer
Entmachtung des Landadels und Aufhebung der Leibeigenschaft	1289	
Die *Ordinamenti della Giustizia* und das neue Amt eines *Gonfaloniere della Giustizia* (›Bannerträger der Gerechtigkeit‹) bilden die Grundlage einer neuen kaufmännisch-bürgerlichen Regierung	1293	
	1295	Baubeginn Santa Croce
	1296	Baubeginn des Doms Santa Maria del Fiore
	1298	Baubeginn des Palazzo Vecchio
	1302	† Cimabue und Arnolfo di Cambio
	1304	* Petrarca
	1308	* Andrea Orcagna
Kaiser Heinrich VII. belagert erfolglos Florenz	1312	
	1313	* Giovanni Boccaccio
	1314	Fertigstellung des Pal. Vecchio
	1317	Giotto malt Fresken in Santa Croce
	1320	† Giovanni Pisani

Politik		Künstler, Kunstwerke etc.
	1321	† Dante
Pistoia wird Florenz ange-schlossen	1329	Der Rat der Stadt beschließt am 14. Mai d. J. die Gründung einer eigenen Universität
	1330	Andrea Pisano beginnt mit den Arbeiten an der südlichen Bronzetür des Baptisteriums. * Franco Sacchetti, Verfasser der Novellensammlung *Trecento Novelle*
	1331	Geburt zweier Löwen im Zwinger der Stadt
	1333	Beendigung der Arbeiten an der neuen Stadtmauer; Ausbau des Bargello
	1334	Giotto wird Dombaumeister; Beginn seiner Arbeiten am Campanile
	1337	† Giotto Ausbau der Kirche und des Getreidespeichers Orsanmichele. Der Beschluß wird bereits am 25. 9. 1336 gefaßt Lorenzetti beginnt in Siena mit seinen Arbeiten an den Fresken des ›Schlechten‹ und des ›Guten Regiments‹ im Palazzo Pubblico
Walter von Brienne, ›Herzog von Athen‹, wird im September zum Signore auf Lebenszeit ernannt	1342	In dieser Zeit entsteht ein Fresko in der *Loggia di Bigallo* mit der ältesten gemalten Ansicht der Stadt Florenz
Sturz Walters von Brienne. Die Peruzzi-Bank geht bankrott	1343	
Die Banken der Bardi und Accaiuoli, die große Anleihen nach England gegeben hatten, gehen bankrott	1345	Wiederaufbau des Ponte Vecchio nach der Arnoüberschwemmung 1333
G. Villani berichtet, daß Handelsgesellschaften in Florenz 1 700 000 Florin verlieren	1346	
Die Familie Strozzi wird aus Florenz verbannt	1347	
Ausbreitung der Pest, die in Florenz nicht ganz und in Siena mehr als die Hälfte der Einwohner tötet	1348	† Giovanni Villani

Politik		Künstler, Kunstwerke etc.
	1349	† Andrea Pisano
Eroberung Pratos	1351	
	1353	Boccaccio beendet den *Decamerone*
Eroberung San Gimignanos	1354	
Krieg gegen Pisa	1362/4	
	1366/68	Ausmalung der ›Spanier-Kapelle‹ in Santa Maria Novella durch Andrea da Firenze. Erste Darstellung der erst 1434 vollendeten Domkuppel
Streik der Färber in Florenz	1370	
Streik der Wollwebergesellen in Siena	1371	
	1374	† Francesco Petrarca
John Hawkwood plündert das Florentiner *contado*	1375	† Giovanni Boccaccio Coluccio Salutati wird Kanzler von Florenz. Ein erster Humanist in diesem höchsten Staatsamt
Der Papst verhängt über Florenz das Interdikt	1376	
	1377	* Filippo Brunelleschi † Andrea Orcagna
Aufstand der *Ciompi* und Niederwerfung im September des gleichen Jahres	1378	* Lorenzo Ghiberti Loggia dei Lanzi im Bau
Eroberung Arezzos	1380	
	1386	*? Donatello
	1387	* Fra Angelico Fertigstellung des Campanile
† Salvestro de' Medici	1388	Gründung des Hospitals Santa Maria Nuova
* Cosimo de' Medici	1389	
	1396	* Michelozzo di Bartolommeo Der Grieche Manuel Chrysoloras beginnt in Florenz öffentlich Griechisch zu lehren.
	1397	* Pisanello / * Paolo Uccello * Luca della Robbia
Florenz verliert seine führende Stellung in der Textilherstellung und im Bankwesen. † Franco Sacchetti	1399	
	1401	* Masaccio
	1403	Ghiberti beginnt seine Arbei-

Politik		Künstler, Kunstwerke etc.
		ten an der ersten Bronzetür des Baptisteriums in Florenz
	1404	
Pisa wird von Florenz erobert	1406	* Leon Battista Alberti
		* Fra Filippo Lippi / † Coluccio Salutati
	1410	* Andrea del Castagno
Cortona wird von Florenz erobert	1411	
* Piero de' Medici genannt »der Gichtige«	1416	
	1417	
Pest	1418	Brunelleschi vollendet das Modell des Doms in Florenz
Eroberung Livornos. Florenz hat jetzt freien Zugang zum Meer.	1420	* Piero della Francesca
		* Benozzo Gozzoli
		Baubeginn an der Domkuppel
	1421	Brunelleschi übernimmt die Leitung des Baus von San Lorenzo (bereits 1419 ein Entwurf)
Krieg mit Mailand. Florenz am Rand des Ruins	1423	
Erstellung eines *Katasters:* Direkte Besteuerung der Vermögen aufgrund persönlicher Steuererklärungen. Erstmals eine gerechte Besteuerung. Allerdings ist das Wohnhaus *(palazzo)* mit seiner gesamten künstlerischen Ausstattung von der Steuer befreit.	1427	Masaccio malt die Fresken in der Brancacci-Kapelle der Kirche Santa Maria del Carmine
	1428	Brunelleschi vollendet die Pazzi-Kapelle in Santa Croce. Masaccio beendet das »Trinitätsfresko« in der Kirche Santa Maria Novella.
		† Masaccio
† Giovanni (di Bicci) de' Medici, Vater des Cosimo. Giovanni hinterläßt ein Vermögen von 180 000 Goldflorin.	1429	* Antonio del Pollaiuolo
	1431	* Andrea Mantegna
Cosimo de' Medici wird auf Veranlassung von Rinaldo degli Albizzi aus Florenz ver-	1433	* Marsilio Ficino

Politik		Künstler, Kunstwerke etc.
bannt. Exil in Venedig und Padua		
Cosimo kehrt im Triumph aus dem Exil nach Florenz zurück. Wahlsieg der Medici und Verbannung des Albizzi und seiner Anhänger	1434	Vollendung der Domkuppel
	1435	L. B. Alberti schreibt sein Buch *Über die Malerei*
	1436	Weihe des Doms. Fra Angelico malt die Fresken im Kloster San Marco
		* Andrea del Verrocchio
	1437	Della Robbia vollendet die Kanzel im Dom
Cosimo de' Medici gründet die *Biblioteca Medicea Laurenziana*	1444	* Sandro Botticelli Michelozzo beginnt mit dem Bau des Palazzo Medici
	1446	Baubeginn des Palazzo Rucellai
		† F. Brunelleschi
* Lorenzo de' Medici genannt »der Prächtige«	1449	* Domenico Ghirlandaio
	1450	† Pisanello
	1452	* Girolamo Savonarola
		* Leonardo da Vinci
		Ghiberti beendet die Arbeiten an der Paradiestür des Baptisteriums in Florenz
* Giuliano de' Medici, jüngster Sohn Pieros	1453	Donatello vollendet das erste lebensgroße bronzene Reiterdenkmal des päpstlichen Feldherrn Gattamelata in Padua
	1454	Donatello kehrt nach Florenz zurück
		* Angelo Poliziano
	1455	† Fra Angelico
		† Lorenzo Ghiberti
		Castagno führt die Fresken in SS. Annunziata in Florenz aus
	1456	Alberti beginnt mit der Verkleidung der Fassade von Santa Maria Novella in Florenz. Castagno vollendet das Reiterbildnis des Niccolò da Tolentino im Dom
	1457	† Andrea del Castagno

Politik		Künstler, Kunstwerke etc.
		*? Filippino Lippi, Sohn des Filippo Lippi
	1459	Cosimo »der Alte« gründet in Florenz die *Accademia Platonica*. Ihre Leitung übernimmt Marsilio Ficino. Baubeginn des Palazzo Pitti. Benozzo Gozzoli beginnt mit den Fresken in der Kapelle im Palazzo Medici
	1460	Donatello arbeitet an der Bronzekanzel in San Lorenzo in Florenz
	1461	† Domenico Veneziano
† Giovanni de' Medici	1463	* Pico della Mirandola
† Cosimo »der Alte«	1464	
Piero de' Medici »der Gichtige« wird Herrscher von Florenz		
Luca Pittis Verschwörung in Florenz mißlingt, er wird aber begnadigt	1466	† Donatello
* Giovanni de' Medici, Sohn von Pierfrancesco de' Medici	1467	
	1468	Della Robbia fertigt die Bronzetür der neuen Sakristei des Domes
Lorenzo der Prächtige wird Stadtherr von Florenz	1469	† Fra Filippo Lippi
† Piero de' Medici »der Gichtige« ˜		* Niccoló Macchiavelli
	1470	* Pietro Bembo entscheidet Durchsetzung des Toskanischen als ital. Schriftsprache
Savonarola schreibt »Vom Verderben der Welt«	1472	Verrocchio vollendet das Medicigrabmal in der Alten Sakristei in Florenz
		† Leon Battista Alberti
		* Fra Bartolommeo
		† Michelozzo di Bartolommeo
* Giovanni de' Medici, der spätere Papst Leo X.	1475	* Michelangelo Buonarroti
		† Paolo Uccello
* Giovanni de' Medici	1476	
Pazzi-Verschwörung gegen die Medici; Giuliano wird im Dom von Florenz ermordet, Lorenzo leicht verletzt		

Politik		Künstler, Kunstwerke etc.
1478-1480 Krieg zwischen Florenz und dem Papst	1479	
Lorenzo de' Medici verkündet eine neue Verfassung für Florenz. Festigung der Medici-Oligarchie	1480	
Ferrara-Krieg	1481-1484	
	1481	† Agostino di Duccio
Savonarola tritt in das Kloster San Marco ein	1482	† Luca della Robbia
	1483	* Raffaelo Santi
	1486	Pico della Mirandola veröffentlich *De hominis dignatate (Über die Menschenwürde)* * Jacopo Sansovino * Andrea del Sarto
	1488	Verrocchio vollendet das Reiterdenkmal Colleonis † Andrea del Verrocchio
	1490	
Savonarola wird Prior von San Marco in Florenz	1491	
† Lorenzo de' Medici	1492	* Pietro Aretino † Piero della Francesca
Karl VIII. zieht in Italien ein und erobert Neapel. Die Medici werden vertrieben. Savonarola regiert in Florenz. Pisa befreit sich von Florenz	1494	† Domenico Ghirlandaio † Angelo Poliziano † Pico della Mirandola * Pontormo
Savonarola erhält Predigtverbot von Papst Alexander VI.	1495	
Savonarola wird exkommuniziert	1497	
† Savonarola wird hingerichtet	1498	Erstes gesetzliches Arzneibuch in Florenz
	1499	† Marsilio Ficino
	1500	* Benvenuto Cellini Filippino Lippi vollendet die Fresken in der Strozzikapelle in Santa Maria Novella
† Piero de' Medici, genannt der »Unglückliche«	1503	
	1504	Auf der *Aringhiera,* dem bühnenartigen Sockel vor dem Palazzo Vecchio (es gibt ihn heute nicht mehr) wird der *David* Mi-

Politik		Künstler, Kunstwerke etc.
		chelangelos aufgestellt
		† Filippino Lippi
	1506	† Andrea Mantegna
	1507	Palazzo Strozzi vollendet
	1510	† Sandro Botticelli
* Alessandro de' Medici, illegitimer Sohn von Papst Klemens VII.	1511	* Giorgio Vasari
Spanien verhilft den Medici wieder zur Herrschaft in Florenz. Florenz wird Herzogtum	1512	Macchiavelli wird verbannt und auch Soderini
* Lorenzino de' Medici	1514	Macchiavelli veröffentlich *Il Principe*
Leo X. ernennt Lorenzo de' Medici zum Herzog von Urbino	1515	
	1516	
	1517	† Fra Bartolommeo
* Katharina de' Medici	1519	† Leonardo da Vinci
* Cosimo I.		
	1520	† Raffael
	1521	Die Platonische Akademie wird aufgelöst
Giulio de' Medici wird Papst (Klemens VII.)	1523	† Pietro Perugino
Heiliger Bund zwischen Klemens VII., Venedig, Florenz und Mailand	1526	
Florenz errichtet eine Republik; die Medici werden gestürzt. Alessandro und Ippolito de' Medici werden aus der Stadt vertrieben	1527	† Macchiavelli
Letzte florentinische Republik	1527-1530	
Florenz kapituliert vor kaiserlich-päpstlichem Heer. Ende der Republik Florenz. Rückkehr der Medici nach Florenz	1530	Florenz veranstaltet eine öffentliche Geldlotterie
Alessandro de' Medici wird Herzog von Florenz	1531	† Andrea del Sarto
	1533	Alessandro de' Medici läßt das Kastell *di Basso* errichten, als sichere Wohnburg für sich und seine Frau Marghareta, eine Tochter Karls V.
		† Ludovico Ariosto
† Papst Klemens VII.	1534	Michelangelo siedelt endgültig

303

Politik		Künstler, Kunstwerke etc.
		nach Rom über
		Francesco Guicciardini vollendet seine *Storia d'Italia,* die erste Geschichte Gesamtitaliens
† Alessandro de' Medici läßt Ippolito ermorden.	1535	
† Alessandro de' Medici wird von Lorenzino ermordet. Cosimo I. wird Nachfolger. Karl V. ernennt Cosimo I. als erblichen Herzog. Cosimo I. besiegt ein Heer von Florentiner Verbannten unter Führung von Filippo Strozzi	1537	
	1540	Cosimo I. gibt den Palazzo Medici auf und residiert im Palazzo Vecchio
	1547	† Vittoria Colonna
† Lorenzino de' Medici	1548	* Giordano Bruno
Cosimo I. führt Krieg gegen Siena	1550-1555	
	1550	Vasari vollendet seine *Lebensbeschreibungen der berühmtesten Maler, Architekten und Bildhauer der Renaissance*
Cosimo I. besiegt Pietro Strozzis Heer	1554	
Die von Florenz beherrschten Städte bekommen das allgemeine Florentiner Bürgerrecht. Florenz besiegt Siena	1555	
	1556	† Pietro Aretino
	1557	† Pontormo
Katharina de' Medici übernimmt die Regentschaft Frankreichs	1560	Baubeginn an den Uffizien, geplant für 13 Büros *(Uffici)* der Verwaltung
Francesco de' Medici, später Großherzog der Toskana, heiratet Johanna von Österreich	1564	† Michelangelo Buonarroti
	1565	Vasari baut den Korridor vom Palazzo Pitti zum Palazzo Vecchio
Cosimo I. wird Großherzog der Toskana	1570	
	1571	† Benvenuto Cellini
* Maria de' Medici	1573	
† Cosimo I. de' Medici	1574	† Giorgio Vasari

Politik		Künstler, Kunstwerke etc.
Francesco de' Medici wird sein Nachfolger		
	1575	~ Herstellung des sog. »Medici-Porzellans« (Erste Nachahmung des chinesischen Porzellans)
	1582	Gründung der *Accademia della Crusca* in Florenz (zur Pflege der ital. Sprache)
	1585	~ Die ital. Küche wird maßgebend in Europa
† Francesco I. de' Medici Ferdinand I. wird Großherzog der Toskana	1587	
† Katharina de' Medici	1580	
Heinrich IV. heiratet Maria de' Medici	1600	† Giordano Bruno als Ketzer verbrannt
	1608	† Giovanni da Bologna (Giambologna)
† Ferdinand I. de' Medici Cosimo II. de' Medici wird sein Nachfolger	1609	
Maria de' Medici übernimmt die Regentschaft in Frankreich	1610	Galileo Galilei nach Florenz berufen
† Cosimo II. de' Medici Ferdinand II. de' Medici wird Großherzog der Toskana	1620	
† Maria de' Medici	1624	
Florenz fällt an Österreich/Lothringen	1737	
Napoleonische Truppen besetzen Florenz	1799	
Florenz wird Frankreich einverleibt	1807	
Die Toskana gehört wieder zum Großherzogtum Lothringen	1814	
Durch Volksabstimmung schließt sich Florenz dem Königreich Italien an	1860	
Florenz ist ital. Hauptstadt	1865-1871	

Anschriften, Informationen, Restaurants/Trattorien

Wo kann man schlafen?

Es gibt in Florenz sehr viele **Locanden** und **Pensionen,** die fast alle in den oberen Geschossen der Paläste ihre Räume haben. Das weitaus größte Angebot ist im Zentrum zu finden, doch ist dort auch die Lärmbelästigung am größten.

Pensione California – Via Ricasoli 30, Tel. 28 27 53
Pensione Crocini – Corso Italia 28, Tel. 21 29 05
Locanda Cristina – Via della Fortezza 6, Tel. 49 67 30
Locanda Elisa – Via delle Oche 11, Tel. 29 64 51
Locanda La Rosa Tea – Piazza Indipendenza 24, Tel. 47 43 16
Soggiorno Aurora – Via Alamanni 5, Tel. 27 02 83
Soggiorno Mariella – Via Fiume 11, Tel. 21 23 02
Soggiorno San Lorenzo – Via Rosina 4, Tel. 28 49 25
Pensione Indipendenza – Piazza Indipendenza 8, Tel. 49 66 30
Pensione Le Due Fontane – Piazza SS. Annunziata 14, Tel. 21 01 85
Pensione Annalena – Via Romana 34, Tel. 22 24 02; auf der Seite vom Pitti-Palast, gegenüber eines Eingangstores zum Boboli-Garten
Albergo Firenze – Piazza Donati 4, (Via del Corso) Tel. 21 42 03/21 60 27

Noch einige preisgünstige Übernachtungsmöglichkeiten
Pensione Bandini – Piazza Santo Spirito 9, Tel. 21 53 08
Pensione Ferretti – Via delle Belle Donne 17, Tel. 26 13 28
Locanda Aldini – Via Calzaiuoli 13, Tel. 21 47 52
Locanda Cestelli – Borgo SS. Apostoli 25, Tel. 21 42 13
Locanda Gori – Via Montebello 49, Tel. 21 20 86
Locanda Villa Meridiana – Via Cosimo il Vecchio 30, Tel. 41 00 98
Soggiorno Gigliola – Via della Scala 40, Tel. 21 15 97
Soggiorno Ideale – Via Alfani 27, Tel. 28 48 67
Soggiorno Laura – Via Lamarmora 26, Tel. 57 78 75
Soggiorno La Romagnola – Via della Scala 40, Tel. 21 15 97

Hat man bei den aufgeführten Adressen nichts erreicht, gibt es die weitere Möglichkeit, sich an die Touristenbüros zu wenden.

Ente Provinciale del Turismo – Via A. Manzoni 16, geöffnet von 8.30-13.30 Uhr und von 16.00-18.00 Uhr, außer Samstag und Sonntag.

Azienda Autonoma di Turismo – Via Tornabuoni 15, Tel. 21 65 44
Servizio Turistico Studentesco – Piazza Madonna degli Aldobrandini 8, Tel. 29 20 67 (bei San Lorenzo)
Centro Turistico Studentesco e Giovanile – Via delle Terme 53r, Tel. 29 21 50
Centro Turistico Universitario – Via San Gallo 12r, Tel. 29 65 86

Direkt am Bahnhof sind ebenfalls Hotelbuchungen möglich, doch trifft man gewöhnlich eine lange Schlange wartender Touristen an.

Jugendherberge

L'Ostello della Gioventù – Villa Camerata, Viale Augusto Righi 2/4, Tel. 60 14 51. Die Jugendherberge befindet sich nicht im Zentrum, man nimmt den Bus Nr. 17 B/C vom Bahnhof Richtung Fiesole. Nach ca. 4 km steigt man an der Haltestelle Via del Salviatino aus und geht noch ein Stück zu Fuß.

Campingplätze

Parco Comunale – Viale Michelangelo 80, Tel. 66 39 38; mit dem Bus Nr. 13 erreicht man den Campingplatz, der unterhalb der Piazzale Michelangelo mit schönem Blick auf die Stadt liegt.
Fiesole – im Park der Jugendherberge (Villa di Camerata) in besonders schöner Umgebung; preislich liegt er ein wenig höher als im Parco Comunale. Zu erreichen ist der Campingplatz mit der Buslinie 17 B/C bis zur Endhaltestelle. Tel. 61 03 00.
Campeggio Panoramico – Via Peramonda in Fiesole, Tel. 59 90 69
Camping Internazionale Firenze – Via San Cristofano 2, Tel. 20 20 445, località Bottai.

Für Gruppen geben wir einige Übernachtungsmöglichkeiten an, die aber schon längere Zeit im voraus gebucht werden sollten

Casa del SS. Rosario – Nonnen des Dominikanerordens, Via Guido Monaco 24, Tel. 48 92 39, 9 Zimmer, 19 Betten, 5 WC.
Casa Regina del Rosario – Via G. Giusti 35, Tel. 29 89 18, 20 Zimmer, 20 Betten, 13 WC.
Casa Santo Nome di Gesù – Missionarsnonnen des Franziskanerordens, Piazza del Carmine 21, Tel. 23 856, 23 Zimmer, 55 Betten, 16 WC.

Comunità Universitaria SS. Annunziata – Mönche der Diener von Maria, Via C. Battisti 6, Tel. 29 86 16, 22 Zimmer, 35 Betten, 8 WC. Studenten und Jugendliche beiderlei Geschlechts.
Foresteria Esercito della Salvezza – Via Aretina 91, Tel. 67 24 45, 6 Zimmer, 13 Betten, 2 WC.
Istituto G. Comandi – Via Trieste 45, Tel. 42 485, 29 Zimmer, 98 Betten, 12 WC. Studentische Gruppen.

Istituto Gould – Via dei Serragli 49, Tel. 21 25 76, 11 Zimmer, 15 Betten, 7 WC.

Istituto La Querce – Via della Piazzola 44, Tel. 57 36 21, 120 Zimmer, 158 Betten, 38 WC. Gruppen von Ende Juni bis Ende November.

Madonna del Rosario – Via Capodimonte 44, Tel. 67 96 21, 30 Zimmer, 46 Betten, 16 WC. Gruppen im Sommer.

Oasi del Sacro Cuore – Via della Piazzola 4, Tel. 50 186, 27 Zimmer, 48 Betten, 10 WC.

Oblate dell'Assunzione – Borgo Pinti 15, Tel. 21 45 82, 43 Zimmer, 77 Betten, 19 WC. Das Jahr über nur Mädchengruppen und im Sommer auch gemischte Gruppen.

San Filippo Neri – Via Anguillara 25, Tel. 21 23 31, 20 Zimmer, 52 Betten, 5 WC. Sowohl Gruppen als auch Einzelpersonen das ganze Jahr über.

San Francesco di Sales – Via Ariosto 13, Tel. 22 41 90, 36 Zimmer, 65 Betten, 11 WC. Nur Jungen, Gruppen über Weihnachten und im Sommer.

Villa Agape – (Nonnen/Suore Stabilite della Carità), Via Torre del Gallo 8, Tel. 22 00 44, 18 Zimmer, 27 Betten, 9 WC.

Sant' Anna – (Pio Istituto S. Anna), Via L. Lanzi 41, Tel. 48 64 02, 13 Zimmer, 16 Betten, 6 WC. Nur Frauen von Mai bis November.

Suore Sacra Famiglia – Via L. il Magnifico 25, Tel. 48 93 51, 27 Zimmer, 56 Betten, 14 WC. Von Juli bis Oktober.

Wie kommt man wohin mit öffentlichen Verkehrsmitteln

Will man einen Ausflug in die Umgebung von Florenz machen, benutzt man folgende Busse:

Linie 46 – vom Zentrum nach Pian di S. Bartolo, Pratolino (unterhalb des Monte Merello).

Linie 37 – von der Piazza Santa Maria Novella nach Galluzzo, Certosa, Tavarnuzze.

Linie 36 – von der Piazza Santa Maria Novella nach Galluzzo, S. Felice a Ema, Mulino Nuovo.

Linie 32 – vom Bahnhof nach Antella.

Linie 31 – vom Zentrum nach Badia a Ripoli, Ponte a Ema, Grassina.

Linie 28 – vom Zentrum nach Sesto Fiorentino.

Linie 28 C – gleiche Strecke bis Calenzano.

Linie 27 – vom Zentrum nach Scandicci.

Linie 26 – vom Zentrum nach Ponte a Greve, Casellina.

Zu den Hügeln um Florenz

Linie 38 – von der Porta Romana nach Pian de' Giullari, über die Via del Giramontino (in der Nähe des Observatoriums di Arcetri) und zurück.

Linie 13 – vom Bahnhofsvorplatz zur Piazzale Michelangelo, alle Straßen der Hügel, zum Forte Belvedere, bis zur Porta Romana und zurück zum Bahnhof.

Linie 10 – vom Bahnhofsvorplatz nach Settignano.

Linie 7 – vom Bahnhofsvorplatz nach Fiesole und zurück.

Zum Fortezza da Basso (der Sitz der ›Mostra Mercato‹)
Linie 1 – fährt ab in der Zone delle Cure. Haltestellen am Dom und am Bahnhof.
Linie B – fährt ab an der Porta Romana; nach einer großen ›Rundfahrt‹ über die Piazza del Duomo und die Piazza San Marco kehrt er zum Ausgangspunkt zurück.

Zum Stadio Comunale (Campo di Marte)
Linie 17 und 11 – vom Dom zur Viale dei Mille (in der Nähe des Stadions).

Ostello – Cascine – Teatro Comunale
Linie 17 B/C – Via del Salviatino (Jugendherberge) zu den Cascine durch das historische Zentrum.
Linie A – fährt ab an der Piazza Vittorio Veneto und kommt an im Zentrum (zwischen der Piazza della Repubblica und der Via Tornabuoni).

Industriezonen
Linie 23 – vom Zentrum nach Pignone.
Linie 22 – von der Piazza dell'Olio nach Novoli.
Linie 20 und 14 – vom Zentrum nach Rifredi.

Weitere Auskünfte sind bei der ATAF (Piazza del Duomo 58r, Tel. 21 23 01) zu bekommen.
Die Tickets kann man in allen Tabakläden (tabaccaio) kaufen und übrigens auch die Briefmarken (francobolli), die nicht, wie anzunehmen, auf der Post zu haben sind.

Bibliotheken

Biblioteca Nazionale Centrale – Öffnungszeiten: Montag-Freitag von 9.00-19.00 Uhr, Samstag von 9.00-13.00 Uhr. Buchausleihe: Montag, Mittwoch, Donnerstag von 9.00-12.00, Dienstag und Freitag von 9.00-12.00 und von 15.00-17.00 Uhr. Die Bibliothek liegt an der Piazza Cavalleggeri 1.
Biblioteca Medicea Laurenziana – Öffnungszeiten: Montag-Freitag von 8.00-14.00 Uhr, Samstag von 8.00-13.00 Uhr. Die Bibliothek liegt an der Piazza San Lorenzo.
Biblioteca dell'Istituto Nazionale di Studi sul Rinascimento – Öffnungszeiten: Montag-Freitag von 9.00-12.30 und von 15.30-18.30 Uhr, Samstag von 9.00-12.30 Uhr. Im August geschlossen. Die Bibliothek befindet sich im Palazzo Strozzi, Via Strozzi.
Biblioteca Comunale – Öffnungszeiten: Montag-Freitag von 9.00-13.00 Uhr und Montag, Mittwoch, Freitag auch am Nachmittag von 16.00-19.00 Uhr. Die Bibliothek liegt in der Via Sant'Egidio 21.
Biblioteca e Archivio del Risorgimento – Öffnungszeiten: Montag-Freitag von 17.00-19.00 Uhr, Samstag geschlossen. Die Bibliothek liegt an der Via Sant'Egidio 21.
Archivio di Stato – Öffnungszeiten: Montag-Freitag von 9.00-14.00 und Montag, Dienstag, Freitag auch am Nachmittag von 15.30-19.00 Uhr, Samstag von 9.00-13.00 Uhr. Das Archiv befindet sich in den Uffizien.

Biblioteca dell'Istituto Tedesca di Storia dell'Arte – Öffnungszeiten: Montag-Freitag von 9.00-19.00 Uhr, Samstags geschlossen. Die Bibliothek liegt in der Via Giusti 44.
Biblioteca dell'Accademia della Crusca – Öffnungszeiten: Montag-Freitag von 8.00-14.00 Uhr. Die Bibliothek befindet sich in der Villa Medici di Castello.
Istituto Gramsci – das Institut ist bis 23.00 Uhr geöffnet, Samstag geschlossen. Es liegt an der Piazza Madonna degli Aldobrandini 1 (bei San Lorenzo).

Buchläden

Marzocco – Via Martelli 22r
Feltrinelli – Via Cavour 12-20r
Libreria Internazionale Seeber – Via Tornabuoni 70r
Libreria del Teatro – Piazza del Pesce 2

Bücher antiquarisch
Libreria Gozzini – Via Ricasoli 49
Libreria Luigi Gonelli – Via Ricasoli 14r
Libreria Caldini – Via Tornabuoni 91r

Gebrauchte Bücher
Salimbeni – Via Palmieri 14r
Libreria dello Studente – Via Laura 68
Und die vielen Buchstände auf den Straßen und Piazzen, z. B. Piazza dei Ciompi

Museen

Galleria degli Uffizi – Öffnungszeiten: Feiertage von 9.00-13.00 Uhr, Wochentage von 9.00-19.00 Uhr, montags geschlossen, sonntags Eintritt frei.
Galleria Pallatina – Öffnungszeiten: Feiertage von 9.00-13.00 Uhr, Wochentage von 9.00-14.00 Uhr, montags geschlossen, sonntags Eintritt frei. Die Galerie befindet sich im Pitti-Palast.
Museo degli Argenti – Appartamenti Monumentali di Palazzo Pitti – Museo delle Porcellane – Galleria d'Arte Moderna befinden sich alle im Pitti-Palast, es gelten die gleichen Öffnungszeiten wie oben.
Galleria dell'Accademia – Öffnungszeiten: Feiertage von 9.00-13.00 Uhr, Wochentage von 9.00-14.00 Uhr, montags geschlossen, sonntags Eintritt frei. Die Galerie liegt in der Via Ricasoli 60.
Galleria dell' Ospedale degli Innocenti – Feiertage von 9.00-13.00 Uhr, Wochentage von 9.30-13.00 und von 14.00-17.30 Uhr. Montags geschlossen. Die Galerie liegt an der Piazza SS. Annunziata 12.
Corridoio Vasariano – wird nur für Gruppen geöffnet. Telefonische Anfrage ist nötig. Tel. 21 83 41. Eingang zu den Uffizien.
Casa Buonarroti – Öffnungszeiten: Feiertage von 9.00-13.00 Uhr, Wochentage von 9.00-14.00 Uhr. Dienstags geschlossen. Das Haus Buonarroti liegt in der Via Ghibbelina 70.

Cappella Medicea (Grab von Michelangelo) – Öffnungszeiten: Feiertage von 9.00-13.00 Uhr, Wochentage von 9.00-19.00 Uhr. Montags geschlossen, sonntags Eintritt frei. Die Kapelle liegt an der Piazza Madonna.

Cupola e Campanile del Duomo – Öffnungszeiten: Im Sommer von 8.30-12.00 und von 14.30-18.00 Uhr, im Winter von 8.30-12.00 und von 14.30-16.30 Uhr. Während des Winters bleiben Kuppel und Turm am Sonntagnachmittag geschlossen.

Chiostri Monumentali di Santa Maria Novella – Öffnungszeiten: Feiertage von 8.00-13.00 Uhr, Wochentage von 9.00-19.00 Uhr, freitags geschlossen, sonntags Eintritt frei. Das Kloster liegt an der Piazza Santa Maria Novella.

Museo Archeologico – Öffnungszeiten: Feiertage von 9.00-13.00 Uhr, Wochentage von 9.00-14.00 nur dienstags von 9.00-19.00 Uhr. Montags geschlossen, sonntags Eintritt frei. Das Museum liegt in der Via della Colonna.

Museo Nazionale Bargello – Öffnungszeiten: Feiertage von 9.00-13.00 Uhr, Wochentage von 9.00-14.00 Uhr. Montags geschlossen, sonntags Eintritt frei. Das Museum liegt in der Via Proconsolo.

Museo della Casa Fiorentina Antica – Öffnungszeiten: Feiertage von 9.00-13.00 Uhr, Wochentage von 9.00-14.00 Uhr. Montags geschlossen, sonntags Eintritt frei. Das Museum befindet sich im Davanzati-Palast, Via Porta Rossa.

Museo del Bigallo – ist nur an Wochentagen geöffnet und zwar von 14.00-19.00 Uhr. Eintritt ist frei. Das Museum liegt an der Piazza San Giovanni.

Museo Bardini und Galleria Corsi – Öffnungszeiten: Feiertage von 8.00-13.00 Uhr, Wochentage von 9.00-14.00 Uhr. Mittwochs geschlossen, sonntags Eintritt frei. Beide liegen an der Piazza de' Mozzi.

Museo di San Marco – Öffnungszeiten: Feiertage von 9.00-13.00 Uhr, Wochentage von 9.00-14.00 Uhr. Montags geschlossen, sonntags Eintritt frei. Das Museum liegt an der Piazza San Marco.

Museo dell'Opera di Santa Maria del Fiore – Öffnungszeiten: Feiertage von 10.00-13.00 Uhr, Wochentage von 9.30-16.00 Uhr im Winter und von 9.30-13.00 und von 15.00-18.00 Uhr im Sommer, sonntags Eintritt frei. Das Museum liegt an der Piazza del Duomo 9.

Museo dell'Opera di Santa Croce – Öffnungszeiten: Feiertage von 9.00-12.00 Uhr, Wochentage von 9.00-12.00 und von 15.00-17.00 Uhr im Winter, von 9.00-12.00 und von 15.00-18.00 Uhr im Sommer, sonntags Eintritt frei. Das Museum liegt an der Piazza Santa Croce.

Museo Stibbert – Öffnungszeiten: Feiertage von 8.00-13.00 Uhr, Wochentage von 9.00-14.00 Uhr. Donnerstags geschlossen, sonntags Eintritt frei. Das Museum liegt in der Via Stibbert 26.

Firenze Com'Era – Öffnungszeiten: Feiertage von 8.00-13.00 Uhr, Wochentage von 9.00-14.00 Uhr. Donnerstags geschlossen, sonntags Eintritt frei. Das Museum liegt in der Via dell'Oriuolo 24.

Fondazione Romano nel Cenacolo di Santo Spirito – Öffnungszeiten: Feiertage von 8.00-13.00 Uhr, Wochentage von 9.00-14.00 Uhr. Montags geschlossen, sonntags Eintritt frei. Das **große Refektorium** ist von der Piazza Santo Spirito (links vom Kircheneingang) aus zu betreten.

Palazzo Medici – Riccardi – Öffnungszeiten: Feiertage von 9.00-12.00 Uhr, Wochentage von 9.00-13.00 und von 15.00-18.00 Uhr. Mittwochs geschlossen, Eintritt frei. Der Palazzo liegt an der Via Cavour 1.

Populäre Feste

Lo Scoppio del Carro – am Vormittag des Ostertages findet auf der Piazza del Duomo eine Art Feuerwerk statt. Ein von zwei weißen Ochsen gezogener Karren wird »gesprengt«. Das Ganze ist eine spannungsreiche Angelegenheit. Vom Hochaltar des Domes führt ein dickes Hanfseil hinaus zum Carro. An ihm schießt die Rakete (la ›**colombina**‹ – das Täubchen) entlang und entzündet die Knallkörper draußen am Carro.

Festa del Grillo – am Himmelfahrtstag treffen sich viele Florentiner im Park delle Cascine, um am Nachmittag die *Merenda* im Grünen einzunehmen. Es gibt viele Stände mit Süßigkeiten, wie Nougat, aus Haselnüssen gefertigte Ketten, Krokant und andere Leckereien. Besonders wichtig sind die Verkäufer der »zirpenden Grillen«. Sie werden in wunderschönen kleinen Holzkäfigen feilgeboten und es ist ein alter Brauch, sie zu Hause oder auch gleich im Park wieder freizulassen, denn sie setzen ihren Gesang »in Freiheit« fort.

I Fuochi di San Giovanni – am 24. Juni finden auf der Piazzale Michelangelo Feuerwerke zu Ehren des Schutzpatrons San Giovanni Battista statt. Man kann sie von vielen Stadtteilen aus beobachten.

Calcio in Costume – findet im Mai (meist der erste Sonntag des Monats) und am 24. Juni auf der Piazza Santa Croce (früher immer Piazza Signoria) statt. Die vier Mannschaften aus den Stadtteilen Santo Spirito (weiß), San Giovanni (rot), Santa Maria Novella (blau) und Santa Croce (grün) spielen eine Art Fußball, der aber mit dem uns bekannten nichts gemein hat. Vielleicht kann man es eher mit Rugby vergleichen. Die Regeln dieses Spiels sind nicht einfach, da viel häufiger die Hände und Arme als die Beine benutzt werden. Dieses traditionelle Spiel in Kostümen zu Ehren des Schutzpatrons San Giovanni beginnt mit dem Versammeln im Kloster Santa Maria Novella. Dort verkleiden sich weit über 500 Bewohner der einzelnen Stadtteile. Danach zieht man durch die Stadt bis zur Piazza Santa Croce. Im Gegensatz zum Jahre 1530, als diese Spiele zum ersten Male ausgetragen wurden und damals als Beweis der Stärke der Bevölkerung gegenüber den Belagerern dienen sollten, sind sie heute eine touristische Attraktion.

Festa delle Rificolone – am Vorabend des 8. September (dem Tag der Geburt der Madonna della S. Vergine) treffen sich viele Jungen und Mädchen auf der Piazza SS. Annunziata, nachdem sie mit bunten Lampions durch die Straßen der Stadt gelaufen sind. Ein alter Brauch sagt, daß die Lampions erst nach Zusammenströmen der Kinder auf der Piazza angezündet werden dürfen.

Festival dell' »Unità« – es findet jedes Jahr im September statt. Im Park delle Cascine spielen Theatergruppen, Musikgruppen, und verschiedene Filme werden gezeigt; es besteht die Möglichkeit, an Diskussionen teilzunehmen und interessante Leute kennenzulernen. Meist gibt es, und das nicht teuer, sehr gute und typische Gerichte zu essen. Auch in anderen Stadtteilen von Florenz veranstaltet die »Unità« von September an Feste.

Festival dell' »Avanti« und **Festival dell' Amicizia** – ersteres findet vorwiegend auf der Piazza della Libertà und letzteres in der Fortezza da Basso statt.

Weiterhin sollte man auf Plakate achten, oder in einem Veranstaltungskalender nachschauen, wann Konzerte, Folk- und Jazzfestivals veranstaltet werden.

Anschriften von Lokalitäten, in denen man im Stehen einen Happen oder auch einen Teller Suppe zu sich nehmen kann.

Im **mercato di San Pierino** (Piazza Ghiberti) kann man für wenig Geld Spaghetti, eine ribollita, zuppa di verdura oder penne all'arrabiata essen.

Via de' Neri 65 – Wein und einen Teller Suppe, im Sommer ein piatto freddo. Sonntags geschlossen.

Via degli Alfani, Ecke Via dei Servi – panzanella, gekochte Eier, Reis, Käse und manchmal auch kalten Braten.

Via dell'Anguillara 70 (Nähe Piazza Santa Croce) – sehr gute panini. Sonntags geschlossen.

Via Lambertesca, Ecke Chiasso dei Baroncelli – Latteria, in der man außer Milch alle Getränke bekommt, auch hervorragende *Panini,* pane nero mit frittiertem Ei und Spinat, Brote mit Tomaten und Mozzarella.

Enoteca Nazionale – Via Ghibellina 87, Tel. 26 36 53

Enoteca Galleria Brunelleschi – Via dei Servi 28, Tel. 2 31 66

Enoteca Murgia – Piazza Santa Maria Novella 15r, Tel. 29 31 49

Enoteca De Rham – Piazza Santissima Annunziata 4, Tel. 29 88 49. Diese Enoteca ist nicht mit den anderen zu vergleichen, denn Armando de Rham verkauft lediglich; sein Weinladen ist kein offener Ausschank, doch bei entsprechendem Interesse macht er schon mal ein Fläschchen auf. Die Weinkeller sind sehr interessant und der Wein ausgezeichnet.

Il Cantinone del Gallo Nero – Via Santo Spirito 6r, Tel. 21 88 98. Hier gibt es außer Wein (alle Chiantisorten) auch die besonders typischen Gerichte der Stadt.

Auch einige **Gelaterien** sollten erwähnt werden:

Bar-Gelateria Alfredo Ricchi – Piazza Santa Spirito, Tel. 21 58 64.

Vivoli – Via Isola delle Stinche 7r, Tel. 29 23 34.

Perchè no? – Via de' Tavolini 19r, Tel. 29 89 69. Hier sind besonders die *semifreddi* zu empfehlen.

Cavini – Piazza delle Cure 22r, Tel. 5 04 51. Diese Gelateria liegt etwas außerhalb des Zentrums, noch hinter der Piazza della Libertà, die Viale Don G. Minzoni entlang erreicht man die Piazza delle Cure. Wenn im Winter der *castagnaccio* gebacken wurde, sollte man ihn auf jeden Fall probieren.

Badiani – Viale dei Mille 20r, Tel. 5 01 49. Diese Straße ist ganz in der Nähe der Piazza delle Cure, also auch ein wenig außerhalb. Man erreicht sie mit der Linie 11 und 17 (vom Dom). Der Bus geht Richtung Stadion.

Alla Siciliana – Via dell'Ariento 3, Tel. 21 48 54. Ganz nah beim Mercato Centrale.

Bar-Gelateria-Latteria – gegenüber der Piazza T. Tasso, an der Viale Petrarca.

Mensen

Casa die San Francesco – Piazza Santissima Annunziata. Es gibt nur mittags etwas zu essen, abends und sonntags bleibt das Haus geschlossen. Man ißt gut und zahlt wenig.

Die Mensa der Universität – Via San Gallo (beginnt an der Piazza S. Lorenzo mit der Via de' Ginori und geht in die Via San Gallo über), Öffnungszeiten: 12.00 bis 14.00 Uhr, 19.00-21.00 Uhr, Sonntag und alle Feiertage geschlossen.

Mensa il Cupolone – Via dei Servi 66r, Sonntag und alle Feiertage geschlossen.

Mensa del Dopolavoro ferroviario – Via Alamanni 6, die sich links vom Bahnhof Centrale entlang bis zur Viale Fratelli Roselli zieht. Die Mensa ist eigentlich nur für Leute, die bei der Bahn beschäftigt sind; doch macht man manchmal auch Ausnahmen. Man ißt gut für wenig Geld. Am Abend besteht nur die Möglichkeit des Self-service, doch für das Mittagessen ist das Restaurant geöffnet.

Restaurants

»Il Latini«
Via Palchetti 6r
(Nähe Palazzo Rucellai)
Tel. 21 09 16
montags geschlossen

Man sitzt an großen langen Tischen. Es gibt gute toskanische Küche von *crostini* bis *dolce della casa.*

»Coco Lezzone«
Via del Parioncino 26r
Tel. 28 71 78
sonntags geschlossen und im August

Es empfiehlt sich, hier etwas früher zu essen, denn der Raum ist sehr klein und zum Warten ist nicht viel Platz. Die Spezialitäten sind nicht gerade billig, doch sollte man sie unbedingt probieren. *Ribollita, panzanella, pappa al pomodoro,* und manchmal gibt es hervorragenden Pilzsalat. Auch die *bistecca alla fiorentina* ist nicht zu verachten.

»Buca dell'Orafo«
Volta dei Girolami 28r
(Nähe Ponte Vecchio)
Tel. 21 36 19
sonntags und im August geschlossen

Will man gemütlich und mit etwas mehr Ruhe essen, sollte man auf jeden Fall vor 20 Uhr oder gegen 22 Uhr kommen. In dem nicht allzu großen Raum sitzt man mit anderen Gästen an einem Tisch. Es gibt eine Auswahl vorzüglicher toskanischer Gerichte auf der Speisekarte.

»Buca Mario«
Piazza degli Ottaviani 16r
mittwochs geschlossen

Hier gibt es keine Platzprobleme. Ein antikes Restaurant mit entsprechenden Preisen. Leute mit großem Hunger und Lust auf eine Florentiner Bistecca sind hier gut aufgehoben. Als Vorspeise Feigen und Melonen mit Schinken und *finocchiona* (eine kräftig gewürzte Hartwurst mit Fenchelsamen).

»Da Omero«
Via Pian dei Giullari 11r
Tel. 22 00 53
dienstags geschlossen

Blumenkohlsuppe, Lammkottelet und Hühnchen auf verschiedene Arten ißt man hier sehr gut.

»Natalino«
Via Borgo degli Albizi 17
Tel. 26 34 04

Sehr gemütliches Restaurant in der Nähe der Piazza P. Maggiore. Familienbesitz. *Trippa* gilt hier als Spezialität, aber auch verschiedene toskanische Gerichte sind zu empfehlen.

»Fagioli«
Corso dei Tintori 47r
Tel. 29 43 77
samstags und sonntags geschlossen

Pappa al pomodoro, zuppa alla contadina, natürlich auch die *ribollita* und vieles mehr sind in dem typisch florentinischen Restaurant auf der Speisekarte zu finden.

»La Beppa«
Via dell'Erta Canina 6r
(zwischen Via di Belvedere und Viale Galileo – S. Miniato –)
Tel. 29 63 90
mittwochs geschlossen

Sehr schön auch im Sommer zum Draußensitzen, Florentinische Spezialitäten, wie *crostini, ribollita,* auch *fritto misto.*

»Mamma Gina«
Borgo S. Jacopo 37r
Tel. 29 60 09

Kein billiges, aber ein sehr gutes Restaurant, das sich in einem Pferdestall aus dem 15. Jahrhundert (natürlich umgebaut) etabliert hat.

Fiesole
Ristorante »Mario«
Piazza Mino da Poppi 9

Es gibt nur wenige Tische, oft muß man Schlange stehen, aber nicht lang, denn der Service geht schnell.

»Le Cave di Maiano«
Via delle Cave 16, in Maiano/etwa 8 km von Florenz entfernt
Tel. 5 91 33
donnerstags und sonntagabends geschlossen, ebenso im August

Sehr gute Küche, vor allem Fleisch. Auch die selbstgemachten Torten ›della casa‹ (je nach Jahreszeit mit verschiedenem Obst), *crostate* genannt, sollte man probieren.

Grassina
»Da Pasqualino«
Via Chiantigiana
Tel. 20 51 095

Restaurant mit großem Garten in herrlicher Lage. Toskanische Spezialitäten. Je nach Jahreszeit *panzanella* oder *ribollita,* auch Wild.

»Tavolazza«
Via Tizzano 50
Tel. 64 13 45

Trattorien

»Le Mossacce«
Via del Proconsolo 55r
Tel. 29 43 61
samstagabends und sonntags geschlossen sowie im August

Man muß oft um einen Sitzplatz anstehen, aber die Bedienung geht rasch. Nach dem Essen kann man sich nicht mehr lange aufhalten, denn dann wird es ungemütlich, da die nächsten schon auf den Sitzplatz warten. Gutes und preiswertes Essen; vor allem die typischen Florentiner Gerichte! Gezahlt wird an der Kasse.

»La Panzanella«
Via della Scala 23r
sonntags geschlossen

Hier gibt es die Spezialitäten von Florenz: *Panzanella, ribollita, pappa al pomodoro, castagnaccio* und *dolce della nonna.*

»Nello«
Borgo Tegolaio 21r
Tel. 21 85 11
sonntags geschlossen

Sehr gute Küche bei kleinen Preisen. Im Sommer ißt man auch im Freien.

»Del Carmine«
Piazza del Carmine 18
Tel. 21 86 01
sonntags geschlossen

Cucina casalinga. Im Sommer stehen auch Tische auf der Piazza.

»Sabatino«
Borgo San Frediano 39r
Tel. 28 46 25
sonntags geschlossen

Nicht mit dem sehr teuren »Sabatini« zu verwechseln! Auch hier findet man die typischen Gerichte auf der Speisekarte. Außerdem *riso alla primavera.*

»Angiolino«
Via S. Spirito
Tel. 29 09 76
montags geschlossen

Toskanische Küche.

»Zà-Zà«
Piazza del Mercato Centrale/Borgo la noce 26r
sonntags geschlossen

Sehr gute und preiswerte toskanische Küche. Man kann auch nur eine Kleinigkeit im Stehen verzehren und dazu einen Wein trinken.

»Mario«
Via Rosina 2r
Tel. 21 85 50
sonntags geschlossen

Mario ist eigentlich mehr eine *fiaschetteria;* man kann aber auch, und das in sehr einladender Atmosphäre, gut essen.

»Oreste«
Via Sant' Agostino 2r
Piazza S. Sprito 16r
Tel. 26 08 80
mittwochs geschlossen

Im Sommer besteht die Möglichkeit, auf der Piazza zu essen.

»L'Orologio«
Piazza Ferrucci 5r
(Nähe Lungarno Cellini)
Tel. 6 81 17 29
sonntags geschlossen und
im August

Familiäre Atmosphäre, eine ›richtige‹ toskanische Trattoria.

»Da Benvenuto«
Via della Mosca
(Ecke Via de' Neri)
Tel. 21 48 33
sonntagabends und mittwochs geschlossen sowie im August

Zu empfehlen sind ›*pasta a modo nostro*‹ und das Gulasch.

»Botteghina Rossa«
Via degli Alfani 24r
sonntags geschlossen nur
abends geöffnet

Ausgesprochen familiär. Recht klein, daher empfiehlt es sich, einen Tisch zu reservieren. Telefon gibt es nicht, man muß also schon hingehen!

»Da Giovanni«
Via Senese
(Via dei Serragli durch die
Porta Romana)

Nicht im Zentrum, aber es lohnt sich, mal einen Abstecher dorthin zu machen. Gute Küche, preiswert und angenehm familiär.

»Quattro Leoni«
Via Toscanella/Ecke Via
dello Sprone

Gute Trattoria, cucina casalinga. Im Sommer kann man draußen sitzen, immer gut besetzt, deshalb ratsam, recht früh hinzugehen.

»Trattoria«
Via Palazzuolo 69r

Man ißt sehr gut für wenig Geld.

»Vittoria«
Via della Fonderia 52r
Tel. 22 56 57
dienstagabends und mittwochs geschlossen

Fischspezialitäten

»Da Giovannino«
Via Pisana 16r
(Porta S. Frediano)
Tel. 22 31 45
mittwochs geschlossen

Im Sommer sehr schöner Garten, wenig Touristen, Familienbesitz. Ausgezeichnete Fischgerichte.

Willi Adelmann, Hermann Albertus, Amadeus Gehlert, Kornelia von Hammel, Hanna Herlyn, Regina Peters, Evelyn Schreiber und Manfred Smiatek studieren Kunstpädagogik an der Universität Bremen

Dietmar Dörfel studierte Kunstpädagogik an der Universität Bremen

Guido Boulboullé lehrt als Kunsthistoriker an der Universität Bremen

Heinz-Jürgen Gerke ist Designer, Fotograf, Buchautor und Lehrbeauftragter an der Universität Bremen

Norbert Lorenz ist Designer und unterrichtet zur Zeit als Kunstpädagoge an einer Bremer Gesamtschule

Birgit Müller ist u. a. freie Mitarbeiterin beim WDR-Fernsehen und Autorin mehrerer Koch- und Ernährungsbücher

Michael Müller ist Kunsthistoriker und seit 1977 Hochschullehrer an der Universität Bremen

Alinari (Florenz): 18, 22, 37, 39, 40, 42, 43, 44, 82, 87, 93, 96, 98, 99, 100, 102, 104, 107, 111, 115 / Anderson (Rom): 19, 112 / Belsler Bildarchiv (Stuttgart): 91 / Bibl. Laurenziana (Florenz): 51, 66, 67, 74 / Bibl. Riccardiana (Florenz): 15, 53, 63, 77, 79 / Brogi (Florenz): 103 / Cipriani (Florenz): 115, 116 / Fotoed. G. Giusti di S. Becocci (Florenz): 110, 111 / Grassi (Siena): 49, 49a, 50 / Kupferstichkabinett der Staatl. Museen (Berlin): 47 / M. Massa (Florenz): 11 / Scala (Florenz): 13, 21, 27, 30, 65, 84, 105 / Sopraintendenza alle Gallerie di Firenze: 45, 52, 54, 73, 86, 89 / The British library: 71

Folgende Abbildungen sind den Büchern entnommen – M. Lopes Pegna, »Firenze dalle origini al Medievo« (Florenz 1962): 10, 12, 36 / Stegmann/Geymüller/Widmann, »Die Architektur der Renaissance in der Toskana« (1885-1908): 41 / J. Wood Brown, »The Builder of Florence« (London 1907): 31 / A. Armanducci, »La Capella di Palazzo Medici« (Editoriale Arsuna, Florenz): 88 / »Firenze Rinascimentale« (Florenz 1979): 5, 59, 76 / E. Hertlein, »Masaccios Trinität« (Olschki Editore, Florenz): 46 / J. Cleugh, »Die Medici« (R. Piper & Co., München): 9, 85, 108 / G. Rouhault Fleury, »La Toscane au Moyen Age« (Paris 1873): 29 / K. Steinbart, »Masaccio« (Wien 1948): 113 / »Firenze: Note di storia e di urbanistica« (Florenz o. J.): 6 / Editore Arnaud (Florenz): Stadtplan.

Personenregister

Der Wissenschaftler und das Irrationale

Herausgegeben von Hans Peter Duerr
1. Band: Beiträge aus Ethnologie und Anthropologie
2. Band: Beiträge aus Philosophie und Psychologie

Die Reaktion auf sein Buch *Traumzeit* brachte Hans Peter Duerr auf die Idee, einen größeren Kreis von Wissenschaftlern verschiedenster Fachrichtung, Couleur und Provenienz – Philosophen, Soziologen, Psychologen, Parapsychologen, Psychiater, Ärzte, Naturwissenschaftler, Ethnologen, Volkskundler, Historiker, Literaturwissenschaftler, Mathematiker, Religionshistoriker, Drogenforscher, Politologen, Theologen, Ökologen – einzuladen, einen Beitrag zu einem der folgenden Themen zu schreiben: Wie verhalten sich Wissenschaftler, wenn sie mit Erfahrungen konfrontiert werden, bei deren Beschreibung oder Erklärung ihnen die wissenschaftlichen Felle davonschwimmen? Tendieren die Wissenschaftler dazu, fremdartige oder sperrige Erfahrungen wegzuinterpretieren oder zu verdrängen? Hat die Wissenschaft einen privilegierten Zugang zur Wirklichkeit? Neoromantische und irrationalistische Strömungen in der modernen Wissenschaft – was ist ihre Bedeutung? Etwa siebzig der Gebetenen waren zu einem solchen Beitrag bereit.

Zwei Bände, zusammen 1373 Seiten, DM 68,–.
Einzelpreis DM 39,80

Syndikat
Autoren- und Verlagsgesellschaft

FLORENZ –
Historisches Zentrum
(Maßstab 1:6000)

1 Palazzo della Signoria (Palazzo Vecchio)
2 Dom (Santa Maria del Fiore)
3 Campanile
4 Baptisterium
5 Museum der Domopera
6 Santa Croce
8 Santa Maria Novella
10 San Lorenzo
11 Orsanmichele
12 Santo Spirito
14 Badia
15 Santa Maria Maggiore
17 Santa Trinità
18 Sanitssimi Apostoli
24 Loggia del Bigallo
25 Palazzo Medici-Riccardi
26 Medici-Kapelle
27 Uffizien
28 Ponte Vecchio
29 Palazzo Pitti
30 Boboli-Gärten
31 Palazzo Pazzi
32 Bargello (Nationalmuseum)
33 Palazzo dell'Antella
34 Palazzo Serristori
35 Nationalbibliothek
36 Archäologisches Museum
37 Palazzo Strozzi
39 Teatro della Pergola

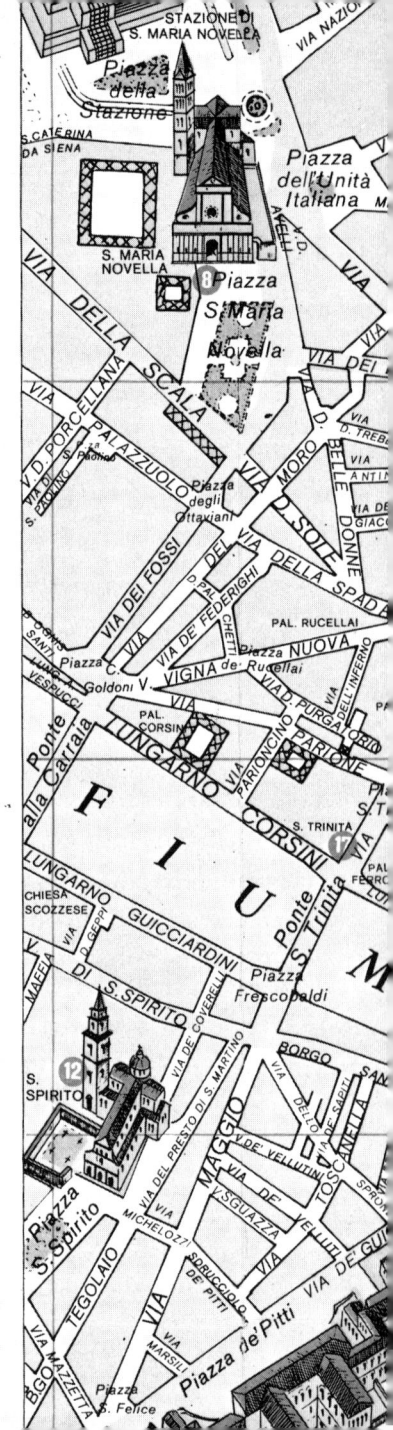